Valerie Schönian
Halleluja

PIPER

Zu diesem Buch

Die junge Journalistin Valerie Schönian lebt in Berlin, wo Glaube und Kirche für sie keine Rolle spielen. Als Franziskus von Boeselager in ihrem Alter war, hörte er den Ruf Gottes. Von April 2016 bis Mai 2017 begleitete Schönian den Priester in seinem Alltag. Zwei Wochen pro Monat zog sie von Berlin-Mitte aufs westfälische Dorf nach Münster-Roxel und lebte dort gleich neben Pfarrhaus und Kirche. Ihre Erlebnisse hielt sie im Blog Valerie und der Priester fest, einem Projekt des Zentrums für Berufungspastoral der katholischen Bischofskonferenz. Die Idee dazu hatte Erik Flügge, Autor von »Der Jargon der Betroffenheit. Wie die Kirche an ihrer Sprache verreckt«. Valerie Schönian war in ihrem Schreiben und in ihren Fragen komplett frei. Die einzige Vorgabe, die sie und Franziskus von Boeselager hatten, war: Durchhalten.

Valerie Schönian, Jahrgang 1990, ist konfirmiert, weil ihre Eltern das für eine gute Idee hielten. Sie studierte Politikwissenschaft und Germanistik in Berlin und absolvierte die Deutsche Journalistenschule in München. Heute lebt sie als freie Journalistin in Berlin und arbeitet als Redakteurin im Leipziger Büro der ZEIT. Von 2016 bis 2017 betrieb sie den Blog »Valerie und der Priester«, für den sie ein Jahr lang den Kaplan Franziskus von Boeselager begleitete.

Valerie Schönian

Halleluja

Wie ich versuchte,
die katholische Kirche zu verstehen

PIPER

Mehr über unsere Autoren und Bücher:
www.piper.de

Von Valerie Schönian liegen im Piper Verlag vor:
Halleluja
Ostbewusstsein

In diesem Buch verwendet die Autorin die männliche und weibliche Sprachform im Wechsel. Gemeint sind jeweils alle Geschlechter.

MIX
Papier aus verantwor-
tungsvollen Quellen
FSC
www.fsc.org   FSC® C083411

Ungekürzte Taschenbuchausgabe
ISBN 978-3-492-24331-5
März 2020
© Piper Verlag GmbH, München 2018
Umschlaggestaltung: FAVORITBUERO, München
Umschlagabbildung: Can Erdal / Valerie und der Priester
Satz: Kösel Media GmbH, Krugzell
Gesetzt aus der Dante
Druck und Bindung: CPI Books GmbH, Leck
Printed in the EU

Als Erinnerung, dass es funktionieren kann.

Inhalt

Prolog

20. Mai 2017

Franziskus fragt, ob es mir gut geht. Er weiß bestimmt, dass es das nicht tut. Seit etwa einer Stunde kann ich kein vernünftiges Gespräch mehr führen, nur meine Augen aufgerissen halten, nicken und hoffen, dass ich nicht gleich anfange zu heulen. »Ich weiß überhaupt nicht, was in mich gefahren ist«, sage ich. Er hat sich kurz in den Kirchgang neben mich gehockt, um mir Mut zuzuflüstern, bevor es losgeht. Ich sitze in der ersten Reihe. Anscheinend ein Anfall von Wahnsinn. Schade. Mein Kopf hat so lange mitgespielt, jetzt hat er sich auf den letzten Metern verabschiedet.

Vielleicht hundert Leute befinden sich in der Kirche, Gemeindemitglieder, Bekannte, Familie, Freunde von Franziskus und mir. Sie sind uns sicher wohlgesinnt. Aber leider hilft das gerade nichts.

Hinter mir sitzen meine Freunde und Kolleginnen, der unkatholische Teil des Publikums. Sie verlassen sich darauf, von ihren Vorderpersonen abschauen zu können, was sie in den nächsten vierzig Minuten tun müssen. In der ersten Reihe gibt es nur mich, meine Eltern und meine Oma. Keine Katholiken, aber vier Schönians. Toll. »Franziskus, ich mache das sicher falsch mit dem Aufstehen und Hinsetzen«, flüstere ich zurück. Franziskus blickt sich um, sagt: »Moment« und verschwindet. Neheeein! Er soll nicht gehen.

Ich schaue nach vorn, ich muss mich beruhigen. Da ist der Altar, das Kreuz, die Fenster mit den bunten Scheiben, durch die ich so oft das Licht habe fallen sehen. Falls ich eine Kirche habe, dann ist es wohl diese, hier in Roxel, ich habe ja in keiner anderen mehr Zeit verbracht. Links steht der Chor. Franziskus meinte, sie hätten keine Zeit, weil sie gerade so viele Auftritte haben, aber vielleicht kämen ein oder zwei für die Solos. Jetzt sind sie fast alle da, um die Lieder zu singen, die ich für die Messe heute aussuchen durfte.

Mir ist ein bisschen schlecht. Eigentlich ist mir ziemlich schlecht. Und ich muss mich ständig räuspern, um das Schlucken zu verbergen. Das liegt zum Teil an der Aufregung. Ich habe schon öfter vor Leuten gesprochen. Aber noch nie in der Kirche, nie neben Franziskus, nie über meinen Glauben. Aber es liegt auch an dem Bewusstsein, dass es das jetzt war. Dass ich morgen fahren und nicht mehr zurückkommen werde.

Franziskus steht wieder neben mir. »Meine Familie kommt nach vorn«, sagt er. Und da sind sie schon, Wilderich, Maria-Inez und Franziskus' Schwestern setzen sich rechts neben mich in die erste Reihe. Sie lächeln, ich lächle zurück, schaue zu Franziskus, sage: »Danke.« »Du schaffst das«, sagt er und lächelt, sein Franziskus-Lächeln. Dann geht er, um sich umzuziehen. Als nach ein paar Minuten die Musik zu spielen beginnt, atme ich einmal tief ein, stehe auf, drehe mich um und schaue auf Franziskus, den Priester, der im Mittelgang dem Altar entgegengeht.

Orientierungslos

Welten übereinanderlegen

April 2016

Wo fängt man ein Verstehen an?

Als ich Franziskus frage, ob er »Deine-Mutter-Witze« kennt, fragt er zurück, ob er schon einmal Witze über seine Mutter gemacht haben soll. Ich weiß nicht, wie ich darauf reagieren soll. Also frage ich weiter.

»Schaust du *Game of Thrones?*«

»Kenne ich nicht.«

»Und Serien auf Netflix?«

»Wie?«

»Dem Streamingdienst. Du bezahlst ein paar Euro im Monat und kannst Tausende Serien und Filme sehen.«

»Keine Zeit.«

Man könnte jetzt sagen, es gibt Wichtigeres, was man einen Priester fragen müsste: Wer bin ich, wer sind wir, wo ist Gott, und wo war er eigentlich in Auschwitz. Mach ich auch noch. Aber nachdem mir bewusst wurde, dass ich tatsächlich ein Jahr mit einem katholischen Priester verbringen werde, es also wirklich noch katholische Priester gibt und sie in dieser Welt leben, wollte ich erst mal herausfinden, welche meiner Normalitäten denn auch für ihn normal sind. Ich stelle mir unsere beiden Lebensrealitäten als zwei Schablonen vor, die ich jetzt übereinanderlege, um zu sehen, wo es Überschneidungen gibt. Denn ich habe wirklich keine Ahnung, wie ein Priester lebt. Klar, wir haben in den vergangenen Jahren sonntagvormittags vermutlich nie das Gleiche gemacht. Doch sonst? Es hätte ja sein können, dass auch Priester jeden Abend Filme und Serien streamen, wie jeder. Dass nur keiner darüber spricht, weil es so selbstverständlich ist. Oder nicht? War völlig klar, dass sie es nicht tun – ob wegen fehlender Zeit oder der Gefahr plötzlich aufblitzender nackter Haut –, und nur ich weiß das nicht?

Ich habe mir vorgenommen, Franziskus wirklich alles zu fragen, vom ersten Gedanken morgens bis zum letzten abends, weil meine Selbstverständlichkeiten in Franziskus' Leben ja nicht greifen. Dann dachte ich, vielleicht tun sie das ja doch. Und ich bin nur voller Vorurteile, weil der Mann einen weißen Plastikstreifen unter seinen Hemdkragen gesteckt hat.

Aber jetzt scheint er nicht einmal zu wissen, was ich meine, wenn ich »Deine-Mutter-Witze« sage.

Franziskus, groß, blond, schlank, glasklare blaue Augen, schaut über das Lenkrad seines Peugeot 1007 in die Landschaft Nordrhein-Westfalens. Er ist 38 Jahre alt, wirkt aber jünger. Auf seiner Nase sitzt eine beinahe rahmenlose Brille, vor seinem Kehlkopf steckt das kleine Stück weißes Plastik, wie man es aus Filmen kennt, das sogenannte Kollar. Es zu tragen ist keine Pflicht für Priester, Franziskus trägt es immer.

Wir sind unterwegs zu seinem Steuerberater, zwei Stunden Fahrt liegen vor uns, Zeit genug für ein bisschen Schablonieren der Welten. Am Rückspiegel zwischen Franziskus und mir baumelt ein Kreuz aus Holz, auf dem Zigarettenanzünder darunter klebt ein Bild von Maria und

Jesus mit Heiligenschein. Im Handschuhfach liegen CDs, auf einer davon steht »Dein Reich komme«.

Eben, bevor wir losgefahren sind, hat Franziskus diese CD eingelegt und angefangen, laut mitzusingen. Für ihn war das ein Lobpreis. Für mich klang es nach Kelly Family und »Moonlight Shadow«. Ich habe aus dem Fenster geschaut und versucht zu wirken, als ob ständig Menschen, die ich kaum kenne, anfangen, neben mir zu singen.

Es waren auch Franziskus' Gebete, die dazu führten, dass wir jetzt hier nebeneinandersitzen. Es ist ein paar Wochen her, dass das Zentrum für Berufungspastoral der katholischen Kirche ihn anrief und fragte, ob er Lust habe, bei dem Projekt »Valerie und der Priester« der zweite Part zu sein. So heißt der Blog, den ich während dieses Jahres schreibe. Die Idee dahinter: zwei Lebensrealitäten einander begegnen lassen. Die Lebensrealität derer, die die katholische Kirche für ein Antiquariat veralteter Ideen halten, und derer, die alles für Gott geben, weil ihnen der Glaube so viel gibt. Bevor Franziskus zusagte, bat er um Bedenkzeit. Bedenkzeit heißt Bet-Zeit. Er hat, so nennt er das, Gott befragt, um herauszufinden, ob er das wirklich tun soll: ein Jahr mit mir, einer Journalistin, einer Frau, verbringen. Gott hat zugestimmt. Mein Bauchgefühl war auch einverstanden. Jetzt ziehe ich jeden Monat für zwei Wochen von Berlin in ein kleines Hotel, eine Minute von Franziskus' Pfarrhaus entfernt, eine Minute von der Kirche. Ich habe zugesagt, mich auf seine Welt einzulassen, die Welt der katholischen Kirche und des Glaubens. Und Franziskus hat zugesagt, sich nicht nur in seinen Job, sondern auch in sein Leben blicken zu lassen und all meine Fragen zu beantworten. Die jetzt am Anfang noch harmlos sind.

»Wie oft betest du am Tag?«

»Mindestens fünf Mal.«

»Wie oft schaust du aufs Smartphone?«

»Vielleicht alle 20 Minuten.«

»Ist das Verhältnis nicht etwas kritisch für einen Priester?«

»Ich kann ja auch geistliche Dinge mit dem Smartphone tun. Es ist ein Werkzeug im Alltag.«

»Was sind denn Alltagsgegenstände, die jeder Priester braucht?«

»Auto, Telefon, Computer. Gebetbuch ...«

»Alltagsgegenstände!«

»Das Gebetbuch ist ein Alltagsgegenstand.«

»Hast du schon mal was kaputt gemacht, als du wütend warst?«

»Nein – manchmal muss ich die Wut schon auch rauslassen, das passiert aber höchstens ein, zwei Mal im Jahr. Dann knalle ich auch mal die Tür zu, stampfe auf oder haue auf den Tisch. Oder schreie, aber nur wenn niemand in der Nähe ist.«

Immerhin. Vor ein paar Tagen stand ich in der Kaffeeschlange beim Bäcker, und einer, der aussah, als mache er das öfter, drängelte sich vor. Ich bin kurz etwas ausgerastet, aber zum Glück nur innerlich. Danach habe ich mich gefragt, ob ein Priester wohl auch dazu fähig ist – zum geräuschlosen Drei-Minuten-Tobsuchtsanfall. Wie ich mich seit ein paar Wochen oft frage, was eigentlich ein Priester jetzt gerade tun oder denken würde.

»Was denkst du denn, wenn du liest, dass wieder Hunderte Menschen im Mittelmeer ertrunken sind?«

»Hoffentlich hört das bald auf.«

»Denkst du dann nicht an Gott?«

»Na, doch: Hoffentlich hört das bald auf, Gott. Immer wenn ich etwas mit Hoffnung sage, hat das einen Gottesbezug.«

»Wirst du da nicht wütend auf Gott?«

»Ich werde wütend auf die Menschheit. Gott ist daran nicht schuld.«

Gott ist nicht schuld? Wenn Gott der allmächtige Lenker der Welt ist, wieso soll er dann ausgerechnet mit diesen Toten nichts zu tun haben? Und das findet Franziskus nicht einmal erklärungsbedürftig? Ich verkneife mir eine Bemerkung. Diese Aussage ist nicht das Erste, was nicht in meine Lebenswelt-Schablone passt, seit ich vor vier Tagen in Roxel angekommen bin.

Roxel ist die Dorfidylle mit knapp 10 000 Einwohnern, in der Franziskus lebt und arbeitet und die sich Stadt nennt, weil sie zu Münster gehört. Franziskus wohnt in »Pastors Garten«. Das steht tatsächlich auf einem Schild vor seinem Haus; es meint aber das Seniorinnenheim nebenan, das auf demselben Gelände liegt. Pastors Garten ist genau, wie es klingt: gepflasterte Wege, grüne, geradlinige Hecken, zweistöckige rote Backsteinhäuser mit großen Glasfenstern. Keine Graffitis an der Wand, keine Zigarettenstummel auf dem Boden. Franziskus lebt im Pfarrhaus. Direkt daneben steht eine lebensgroße steinerne Marienfigur, die Jesus im Arm hält. Ich hätte es mir nicht besser ausdenken können.

Franziskus arbeitet für die Pfarrei St. Liudger. Zu der gehören neben Roxel die Münsteraner Ortsteile Albachten, Mecklenbeck und Aaseestadt. Die liegen ein paar Kilometer voneinander entfernt, Franziskus fährt mit dem

Auto viel hin und her. Er ist der Kaplan der Gemeinde, das heißt eine Art Hilfspfarrer.

Als ich vor ein paar Tagen das erste Mal mit Franziskus die Kirche in Roxel betrat, stand ich plötzlich allein im Mittelgang und führte Selbstgespräche. Weil er einfach am Eingang stehen geblieben war, sich bekreuzigte und auf die Knie fiel. Zuerst wollte ich zurückgehen und es ihm nachmachen, als hätte ich nur kurz meine Manieren vergessen. In der Türkei habe ich in der Moschee ja auch ein Kopftuch umgelegt. Nicht auffallen auf fremdem Terrain. Dann fiel mir ein, dass das bescheuert wäre, schließlich hat das für mich keine Bedeutung, und man lernt schon in der Schule, dass man nicht alles nachmachen soll. Also ließ ich es bleiben. Franziskus stand eh schon wieder neben mir und beantwortete die Frage, als sei nichts gewesen.

Etwas Ähnliches ist mir auch am Mittagstisch mit Franziskus passiert. Ich erzählte gerade, dass ich Ketchup liebe und es für mich als Vegetarierin daher kein Problem sei, wenn es Fleischsoße gebe. Aber mein Redeschwall knallte unangenehm gegen Stille. Franziskus stand hinter seinem Stuhl und wartete geduldig. Ich stellte mich hinter meinen. Er sagte »Im Namen des Vaters, des Sohnes und des Heiligen Geistes«, dankte Gott für das Essen, den Tag, den Gast. Ich starrte auf die Salatschüssel, meine Zehen drückten sich gegen meine Schuhe, um das unangenehme Gefühl irgendwohin zu lenken. Er endete mit »Amen«, ich wünschte guten Appetit.

»Hast du ein Tattoo?«, frage ich im Auto.

»Nee.«

»Wenn du eins hättest, welches?«

»Ein Herz mit einem Kreuz vielleicht. Auf jeden Fall was Christliches.«

»Was ist das Highlight deiner Woche?«

»Jeden Morgen mit Freude aufzustehen und zu erwarten, was passiert.«

»Du willst mir sagen, du stehst jeden Morgen mit Freude auf?«

»Zumindest mit einer Erwartung. Aber die hat einen freudigen Charakter.«

»Wann hast du zuletzt gelogen?«

»Ich übertreibe mal oder sage irgendetwas zu schnell, ohne es genau zu wissen. Ich hab neulich das Ladegerät von jemand anderem genommen, ohne zu fragen. Keine Lüge, aber eine klassische kleine Sünde.«

»Beichtest du die beim nächsten Mal?«

»Ja, hab ich schon.«

»Wirklich? Das ist aber doch eine ziemliche Kleinigkeit.«

»Ja, trotzdem ist es eine Unehrlichkeit. Ich hätte ja fragen können. Auf dem Niveau bewegen sich aber auch meine Lügen.«

»Wenn ich jemanden nicht treffen will, darf ich mir dann einen Vorwand ausdenken?«

»Zu sagen, du hast Kopfschmerzen, wäre schon ziemlich platt.«

»Aber wenn ich die Person wirklich nicht sehen will?«

»Dann solltest du die Wahrheit so verpacken, dass es die Person nicht verletzt.«

»Aber das geht ja nicht immer.«

»Okay, dann würde ich sagen, besser eine Notlüge, als jemanden zu verletzen. Aber da muss man dann wirklich aufpassen. Wenn du zu jemandem nicht ehrlich bist und er das mitbekommt, ist das ja noch viel schlimmer.«

Zumindest ist er nicht so dogmatisch, dass er selbst die nett gemeinte Notlüge verbieten würde, das beruhigt mich. Dass mich so etwas schon beruhigt, wiederum nicht.

»Was sind Eigenschaften, die du nicht magst?«

»Wenn jemand Potenzial hat, das aber nicht zur Geltung kommt, weil er so träge ist. Menschen, die sich nicht entfalten, sondern vor dem Fernseher dödeln, die nicht machen, was in ihnen steckt. Wenn Menschen verschlossen sind, skeptisch oder zynisch. Das sind alles Sachen vom Teufel. Sie sind giftig und schädlich für Beziehungen.«

Hat er gerade »Teufel« gesagt? Gott – okay. Aber Teufel? Das klingt, als würde er mir erklären, dass ich artig sein müsse, weil der Weihnachtsmann sonst keine Geschenke bringt.

»Wie sieht der Teufel denn aus?«

»Das weiß keiner.«

»Hat er schon mal zu dir gesprochen? Oder wie läuft das?«

»Das ist keine Stimme. Er führt einen in Versuchung. Er ist der Verdreher, der Verwirrer, das nimmt man schon wahr.«

»Wann hast du das zuletzt wahrgenommen?«

»Gestern zum Beispiel. Da war ich mit zwei Freunden im Theater. Und da zeigten sie eine Sexszene auf der Bühne. Da ist dann die Frage, ob ich hingucke oder nicht.«

»Hast du nicht?«

»Nein, nicht so genau, ich kann mir das ja vorstellen.«

Ich weiß, dass das die Stelle ist, an der man als Journalistin nachhaken sollte. Was hast du dir denn vorgestellt, was macht das mit dir und was hat das mit dem Teufel zu tun? Aber ich bin erst einmal so irritiert von dieser Antwort, dass ich meinen Mund nicht aufbekomme. Vermutlich, weil alle Körperkraft wieder in meinen Zehen steckt, die sich gegen meine Schuhe drücken.

Vor Kurzem war ich in einer feministischen Theaterperformance in Berlin. Hätte ich bei Nacktszenen nach unten geschaut, wären das Einzige, was ich in den neunzig Minuten gesehen hätte, meine Schuhe gewesen. Ich setze das Gespräch über Sex auf meine innere To-do-Liste.

»Weißt du spontan einen Witz?«, frage ich.

Ich will nicht schon wieder nichts sagen und Witze helfen immer.

»Josef von Arimathäa kommt nach Hause zu seiner Frau und sagt: ›Jesus ist gestorben und ich hab ihm unser Grab zur Verfügung gestellt.‹ Die Frau sagt: ›Wie, und was ist, wenn wir mal sterben?‹ Und da sagt er: ›Keine Sorge, Schatz, ist nur für drei Tage‹.«

Wir schweigen. Ich überlege, ob das der richtige Moment ist, Franziskus in die wundersame Welt der »Deine-Mutter-Witze« einzuweihen.

»Hast du verstanden?«, fragt er mich in die Stille hinein.

Hab ich, Jesus ist nach drei Tagen von den Toten auferstanden, aber leider macht es das nicht besser. Ich grinse vielsagend, nicke und lache. Er lacht zum Glück mit.

Überhaupt klappt das mit den Witzen bisher nicht so richtig zwischen uns. Als Franziskus neulich in die Kirche kam und seine Mütze noch aufhatte, sagte er, er begehe ein Sakrileg. In meinem Hirn ratterte es: Sakrileg, das war etwas Schlechtes, das weiß ich aus den Dan-Brown-Verfilmungen mit Tom Hanks. Und so was ist schon ein Sakrileg? »Echt?«, fragte ich. »Nein, war ein Scherz«, sagte Franziskus und grinste. Hätte ich erraten können, kann man sagen. Andererseits: Als Franziskus ein andermal sagte: »Der Herr wird's richten«, lachte ich, wie man so lacht, wenn einer einen Spruch macht. War aber kein Spruch.

Wir sind da, Franziskus geht mit seiner Kiste voll Zettelchaos zu seinem Steuerberater, ich setze mich in die nächste Bäckerei, um auf ihn zu warten. Und denke an einen anderen Witz: Treffen sich ein Priester und eine Journalistin.

Zwei Menschen, ein Jahr

Eigentlich begann dieses Jahr mit einem Missverständnis. Für das Projekt wurde eine Journalistin gesucht, die links sein sollte, feministisch und kirchenfern – weil das alles erst mal wie das Gegenteil von katholisch klingt. Was ich allerdings selbst beinahe vergessen hatte: Komplett kirchenfern bin ich eigentlich nicht. Auch ich habe eine Geschichte mit der Kirche, eine kleine zumindest. Aber wie viel zählt die, wenn ich seit mehr als zehn Jahren nicht mehr daran gedacht habe?

Ich bin in Magdeburg aufgewachsen, in der gottlosen Gegend Sachsen-Anhalt, oder gottverlassenen, je nachdem. Der Katholikenanteil in der Bevölkerung liegt hier 2016 bei 3,5 Prozent. Deutschlandweit sind es 29 Prozent. In Nordrhein-Westfalen, wo Franziskus lebt, sogar 39 Prozent.

Von den 48,4 Millionen Christen, die in Deutschland leben – das sind 59 Prozent der Bevölkerung –, besuchen übrigens nur etwa 10 Prozent der Katholiken und 3,6 Prozent der Evangelischen sonntags einen Gottesdienst.

Trotzdem habe ich in Magdeburg ein katholisches Gymnasium besucht, aber wegen Gymnasium, nicht wegen katholisch. Das »katholisch« hieß vor allem, dass wir in der ersten Stunde öfter Schulgottesdienste hatten. Die waren bis zur siebten Klasse Pflicht, ab der achten gingen wir nicht mehr hin.

Getauft bin ich evangelisch. Ich war elf Jahre alt, und es passierte in einem Schwung mit meinem Bruder und meiner Mutter, weil meine Eltern kirchlich heiraten wollten. Sie sind die Art von Christen, die in der Kirche einmal »Ja« gesagt haben, aber nicht einmal zu Weihnachten wiederkommen. Mit vierzehn Jahren wurde ich konfirmiert. Ich wollte das eigentlich nicht, meine Eltern aber schon. Es ging dabei mehr um die Frage, wer in der Familie das Sagen hat, als um Religion. Aus der Zeit des Konfirmationsunterrichts ist mir die Freundin geblieben, mit der ich das erste Mal an Bieren nippte und zu Zigaretten hustete. Ein Gott nicht. Trotzdem zählt mich die evangelische Kirche noch zu ihren Mitgliedern, weil ich nie ausgetreten bin.

Was sich aber im Laufe dieses Jahres ändern wird.

Als Franziskus fünfzehn Jahre alt war, Pubertätsalter, suchte er Sinn und fand Gott. Er stellte einen Ordner zusammen, wie man das manchmal in dem Alter macht, mit Dingen, die einem wichtig sind. Ich hatte auch so einen, mit Zeitungsausschnitten über meine Lieblingsbands. In Franziskus' Ordner waren Texte abgeheftet wie »Meine Zeit steht in deinen Händen« und »Laudate omnes gentes«. Gebetslieder. Er wollte Halt und hielt sich am katholischen Glauben fest, samt Traditionen und Regeln.

Ich kam im gleichen Alter zu dem Schluss, dass die meisten Traditionen und Regeln grundsätzlich überdacht gehören. Weil nicht alles gut ist, nur weil es schon immer so war. Auch ich suchte Sinn. Auch ich fühlte mich verloren. Woran ja weniger die Pubertät schuld ist als vielmehr die Welt, deren Ungerechtigkeit man nur zum ersten Mal erkennt. Ich bekam eine Ahnung davon, dass die Welt nicht besser wird, nur weil Mama und Papa das sagen.

Franziskus besann sich auf seinen anderen Papa.

Meine Freunde und ich wurden wütend. Wütend, dass vieles auf der Welt scheiße läuft und nicht nur schlechten Menschen Schlechtes passiert. Wir wollten, dass sich das ändert. Dass sich was ändert. Wir wollten ändern. Wir färbten uns die Haare bunt und klebten uns »Gegen Nazis«-Aufnäher auf die Hosen und Taschen, um der Welt – oder zumindest unserer grauen Heimatstadt – zu zeigen, dass wir nicht alles akzeptieren.

Heute sind meine Haare nicht mehr bunt, aber geblieben ist die Überzeugung, dass vieles auf dieser Welt anders sein sollte, gerechter. Dass alle Menschen die gleichen Rechte und Freiheiten besitzen, egal woher sie kommen, wie sie aussehen, was sie können, was nicht, wie sie leben, wie sie lieben. Wenn jemand anderer Meinung ist, dann versuche ich gewöhnlich, ihn oder sie zu überzeugen. Das klappt manchmal. Wenn nicht, halte ich eine emotionale, wütende Valerie-Predigt – ich schaffe dann bis zu zehn Wörter pro Sekunde – und trinke mein Bier im Zweifel das nächste Mal mit jemand anderem. Weil ich mir ja mal versprochen habe, nicht alles zu akzeptieren.

Daher habe ich bei einigen Fragen Angst, sie Franziskus zu stellen. Ich weiß nicht, wie ich damit umgehen soll, wenn er antwortet, was ich befürchte.

Franziskus ist katholisch aufgewachsen, richtig katholisch. Keine bunten Haare, dafür Erstkommunion, Firmung und Sonntagsgottesdienste. Abends saß die Familie – Mutter, Vater, zwei Töchter, zwei Söhne – manchmal zusammen, um in der Bibel zu lesen.

Franziskus erzählt, dass es eine Zeit gab, in der er nicht so viel mit Gott zu tun hatte. Damit wollte er mir wohl sagen, dass er das kirchenferne Leben kennt. Was ich anders sehe. Denn Franziskus war sich immer sicher, dass diese Welt Gottes Werk ist, selbst wenn er nicht regelmäßig gebetet hat. »Glaubst du, du hast eine Vorstellung von meinem Leben?«, frage ich ihn irgendwann einmal. »Ich denke schon. Ich habe ja auch mal studiert.«

Mit 22 begann Franziskus ein duales BWL-Studium bei Hamburg. Vorher war er bei der Bundeswehr und in Neuseeland unterwegs. Nicht einmal seine Mutter fand, dass die Studienwahl zu ihm passte. Den praktischen Teil seines Studiums absolvierte er in Köln, wo er anfing, an Gebetskreisen teilzunehmen. Nach und nach wurde seine Beziehung zu Jesus Christus, so sagt er das, intensiver. Und irgendwann fing er an, sich zu fragen: Wenn Jesus so stark in mein Leben tritt, will er vielleicht mehr von mir? Zwei Jahre lang ging das so. Seinen Freunden und Eltern erzählte Franziskus nichts davon. Auch nicht seiner Freundin. Ja, er hatte eine Freundin. Er sagt, er war verliebt in sie. Aber nach einem halben Jahr machte er mit ihr Schluss. Da stand etwas zwischen ihnen. Ein paar Monate später, im April 2004, saß Franziskus in einem Kloster und betete, und auf einmal war es ihm sonnenklar: Ich werde Priester.

Seit vier Tagen begleite ich Franziskus jetzt. Renne ihm dabei hinterher, wie er durch das Leben von anderen rennt. Ehe, Taufe – für andere ein Lebensereignis, für den Priester ein Vormittagstermin im Kalender. Wir besuchen alte Menschen und junge, ich esse mit den Messdienerinnen das erste Eis des Jahres und lerne in einer Schulstunde um 7.50 Uhr, dass man im Gottesdienst kniet, um sich vor Gott klein zu machen, und dann beim »Halleluja« aufsteht.

Ich war in den ersten vier Tagen in fünf Messen, mehr als in den letzten zehn Jahren zusammen, vielleicht mehr als in meinem ganzen bisherigen Leben. Viele fragen mich schon jetzt, was Priester tun, wenn sie nicht sonntags »Messe feiern«, so heißt es auf Katholisch, wenn Priester Gottesdienste leiten. Unter anderem: jeden Tag eine Messe feiern, was nicht alle Priester tun, Franziskus aber schon. Und er feiert auch dann, wenn unter der Woche nur eine Handvoll Menschen kommen. An sie verteilt er dann die Hostie, die er zuvor gewandelt hat. Und von der die Katholiken glauben, sie sei der Leib Christi. Also, wirklich. Als ich Franziskus dazu einmal etwas fragen wollte und ansetzte mit: »Und das ist jetzt theoretisch der Leib Christi?«, antwortete er: »Auch praktisch.«

Während meiner ersten Messe saß ich allein in einer Kirchenbank hinten links, sonst waren kaum Leute da, es war unter der Woche. Nach vielleicht 30 Minuten, Franziskus sagte gerade etwas hinter dem Altar, ich machte mir Notizen, stand auf einmal eine Frau neben mir. Sie stellte sich vor: »Elfriede« und streckte mir die Hand entgegen. Ich verstand den Nachnamen nicht, griff aber zu, sagte: »Valerie Schönian.« Sie guckte verwirrt, ich lächelte und fragte: »Wie war Ihr Name noch mal?«

Die Dame hatte sich nicht vorgestellt. Ich schaute mich in der Kirche um, alle gaben einander die Hand. Das gehörte zum Gottesdienst, sie sagten »Friede sei mit dir«.

Nennt sich Friedensgruß, machen sie in jeder Messe. Die Frau, die wahrscheinlich nicht Elfriede heißt, ließ sich nichts anmerken. Wir gaben uns noch einmal die Hand. Friede sei mit dir.

Mittlerweile ist mein Notizblock schon fast voll. Ich habe furchtbaren Spaß daran, alle Wortspiele aufzuschreiben, die man sonst wegen Floskelhaftigkeit nie benutzen darf: Was zur Hölle. Oh mein Gott. Gott sei Dank. Halleluja. Ansonsten finden sich darin sehr viele x. Immer dann, wenn ich ein Wort nicht verstanden habe, nicht weiß, wie man es schreibt oder wie man es verwendet. Zum Beispiel »die Hostie x« – was macht denn eine Hostie? Steht, liegt, thront sie? Und was tut man mit ihr? Sie essen, zu sich nehmen, verspeisen? Mein theoretischer Sprachschatz stößt hier ganz praktisch an seine Grenzen. Eucharistie oder Kommunion: Was genau das ist? Kein Plan. Genauso bei Katechese, Liturgie. Dass Franziskus' Priesterkragen »Kollar« heißt, habe ich mir notiert, als ich nicht noch ein drittes Mal nachfragen wollte. Ich fühle mich wie ein grobmaschiges Nudelsieb: Auf den ersten Blick denkt man, alles ist drin, und dann schaut man drunter und sieht, was alles durchgerutscht ist. Jeden Abend liege ich mit Tabernakel-Monstranz-Kopfschmerzen im Bett.

Normalerweise bereite ich mich auf meine Termine vor. Diesmal habe ich nicht mal den Hefter aus dem Religionsunterricht gelesen. Das war die Idee bei diesem Experiment: Die Auftraggeber sagten, lass alles auf dich zukommen, Valerie, wirf dich hinein. Geh mit deinem jetzigen Wissensstand an die Sache, als ob ihr euch zufällig begegnet wärt.

Als ob ich jemals zufällig einem Priester begegnet wäre.

Franziskus' spirituelle Matrix

Als wir wieder im Auto sitzen, auf dem Heimweg nach Münster, hat es angefangen zu regnen. Wir müssen uns beeilen, damit Franziskus pünktlich für die Messe um 18 Uhr zurück ist. Gerade haben wir beim Bäcker noch gemeinsam mittaggegessen. Dabei ist eine Stille entstanden, die fast unangenehm war, weil sich unser Zusammensein ohne Frage-Marathon plötzlich so privat anfühlte. Schließlich durchbrach Franziskus das Schweigen und fragte, ob ich einen Führerschein hätte und ob ich schon einmal einen Unfall gehabt hätte, weil ich manchmal so kritisch gucke bei seinen Überholmanövern. Doch das liegt eher daran, dass er 130 fährt, während er auf dem Navi herumtippt, und mein Gottvertrauen dafür wirklich nicht ausreicht.

Jetzt bin ich wieder dran.

»Warum machst du mit bei diesem Experiment, Franziskus?«

»Ich will zeigen, woher diese personale Liebe zu Jesus Christus kommt. Ich hoffe, dass einige vielleicht den Glauben neu entdecken. Dass sie sehen, dass sie unendlich geliebt werden, dass wir zu etwas Großem berufen sind und dass Gott dort mit hineinspielt.«

»Verstehst du Menschen, die nicht glauben?«

»Ich kann das kognitiv und rational erklären. Aber nicht

emotional. Ich denke: Hallo, mach doch mal die Augen auf, ist das hier etwa alles Zufall? Ist das hier etwa alles ohne Sinn? Siehst du nicht ... Gott? Aber ja, das ist eine meiner großen Fragen.«

»Welche?«

»Warum die Menschen ihn nicht sehen. Wenn man mit Gott noch nie in Berührung gekommen ist, okay. Aber viele kennen die Kirche und sind nah dran am Glauben. Es kommt auch irgendetwas an, aber es verändert nicht viel bei ihnen.«

So, wie ich Franziskus nicht verstehe, versteht er vielleicht auch mich nicht.

»Wann hast du das letzte Mal bereut, Priester zu sein?«

»Noch nie.«

»Gab es nicht mal eine Situation, in der du gern getauscht hättest?«

»Nein.«

Ich weiß nicht, ob ich das glauben kann. Fragend schaue ich zu ihm rüber und warte.

Nach einer kleinen Pause fügt er hinzu: »Also, klar, es wäre schön gewesen, Familienvater zu sein. Aber was ich als Priester erlebe, kann ich als Vater nicht erfahren. Bereut habe ich meine Entscheidung nie.«

»Könnte ich dich in diesem Jahr irgendwie überzeugen, vom Glauben abzukommen?«

»Klar ist das möglich, aber ich halte es für unwahrscheinlich. Genauso möglich wäre es, dass du zum Glauben findest.«

»Was ist das Wichtigste in deinem Leben?«

»Meine Familie.«

»Und das Schönste?«

»Ich habe nichts zu verlieren, weil Gott mich liebt.«

Franziskus' Smartphone klingelt, ich schaue aus dem Autofenster. Die Regentropfen ziehen Bahnen über die Scheibe, langsam, als ob wir nicht zu spät dran wären.

Vor ein paar Tagen lag ich gestresst in meinem Bett und dachte: Oh mein Gott. Du verbringst jetzt ein Jahr mit einem Priester. Und alle schauen zu. Was ich alles falsch machen könnte, was alles nicht klappen könnte, wen ich alles enttäuschen könnte. Panik.

Wenn Franziskus mal so im Bett liegen sollte, dann könnte er sich immer damit beruhigen, dass Gott ihn liebt, egal, was passiert. Wie der Schutz des Elternkokons, wenn man klein ist: Sie sagen, es ist gut, und man glaubt es, weil andere Meinungen sowieso nicht zählen. Nur wächst Franziskus da nie heraus. Es kann eigentlich nichts mehr schiefgehen in seinem Leben. Kein Scheitern von Karriere- oder Familienzielen; keine Fragen, wohin mit mir oder woher die Altersvorsorge. Er ist Priester. Die Dinge sind geklärt. Das ist schon beneidenswert. Und es ist leichter. Oder?

Draußen wird der Regen heftiger, Franziskus startet neue Manöver, um 18 Uhr muss er hinter dem Altar stehen. Wie immer. Jeden. Einzelnen. Tag.

Ist das wirklich beneidenswert? Will man das? Wie kann Franziskus das wollen? Genau zu wissen, wie der Rest seines Lebens aussehen wird? Nie wieder mit einer Frau Händchen zu halten? Niemals mehr jemanden bei einem schlechten 8oer-Jahre-Hit zum ersten Mal zu küssen? Niemandem abends den letzten Kuss zu geben, bevor man sich umdreht, um in Löffelchenstellung einzuschlafen? Hat er keine Angst, etwas zu verpassen? Dass da mehr sein könnte im Leben?

Ich war nie der Typ, der etwas verpasst. Ich will Erinnerungen sammeln. Weil nicht die Jahre das Leben lang machen, sondern die Erinnerungen, selbst wenn es schlechte sind. Und jeder Moment hat das Potenzial, eine Erinnerung zu werden. Wenn das Leben ein Motto haben müsste, wäre meines vielleicht etwas ganz Banales wie: Schlafen können wir, wenn wir tot sind.

Für einen Priester geht es mit dem Tod vermutlich erst richtig los. Wer für Gott lebt, lebt für das Jenseits. Vielleicht würde mir ein Priester sagen, mein Leben sei zu sehr auf das Diesseits ausgerichtet. Vielleicht haben Menschen, die so etwas sagen, aber auch einfach kein gutes Diesseits.

Mir wird bewusst, wie wenig ich Franziskus' Entscheidung nachvollziehen kann. Und wie wenig ich ihm glauben kann, dass er sie nie bereut hat. Ich frage mich, was passieren muss, damit man sich für dieses Leben in Verzicht entscheidet, ohne freie Sonntage und Familie, ohne Sex. Es kann ja sein, dass Franziskus' Leben einfacher ist als meines. Weil man eben nie allein ist und der Herr es schon richten wird. Aber das Leben in der Matrix ist auch leichter. Also, in der aus *Matrix*, dem gleichnamigen Film: eine schöne Simulation, von anderen gelenkt, eine Traumwelt. Aber will man das? Ein fremdbestimmtes Leben? Warum? Weil man mit den Möglichkeiten, der Komplexität und der Grausamkeit nicht klarkommt? Nicht damit klarkommt, dass Dinge passieren, die keinen Sinn haben, dass wir nicht geschützt sind, dass die geflüchteten Männer und Frauen im Mittelmeer im Moment ihres Todes nicht geborgen waren? Sondern allein? Ist die Entscheidung für ein Priesterleben nicht einfach eine Realitätsflucht?

Wir kommen vor der Kirche in Münster an, in der Franziskus heute die Messe feiert. Ich will eigentlich direkt weiter nach Roxel, weil ich ziemlich erledigt bin. Aber Franziskus sprintet durch den Regen in die Kirche. Ich denke: Wennschon, dennschon, und schleiche hinterher, Messe sechs in Woche eins.

Es sind wieder nur eine Handvoll Leute da, wie immer unter der Woche bin ich die Jüngste. Ich setze mich wie die letzten Male hinter alle anderen. So fällt es nicht auf, dass ich nicht aufstehe oder knie. Die Kirchenkulisse ist schön, da kann man nichts sagen. Eigentlich seltsam, bedenkt man den gefolterten Mann, der hier überall hängt.

Die Messe beginnt pünktlich um 18 Uhr. Von vorne links betritt Franziskus den Altarraum, jetzt im weißen Gewand, der Priester. Er feiert die Messe – hebt die Bibel hoch, nimmt sie wieder runter, liest, nimmt sie hoch, dann die Schale hoch, runter, das Gleiche mit dem Wein. Viel Hoch-und-runter. Sowohl bei Franziskus als auch bei den Gottesdienstteilnehmerinnen in den Bänken: knien, stehen, sitzen, stehen, sitzen, knien. Glaube hält fit.

Franziskus spricht Formeln vor, die ich im nächsten Jahr noch so oft hören werde.

»Lamm Gottes, du nimmst hinweg die Sünde der Welt«, sagt er, und die Gemeinde, eher das Gemeindchen, spricht mit.

»Erbarme dich unser.

Lamm Gottes, du nimmst hinweg die Sünde der Welt, erbarme dich unser.

Lamm Gottes, du nimmst hinweg die Sünde der Welt. Gib uns deinen Frieden.«

Wenn ich versuche, mir klarzumachen, was Franziskus

da glaubt, kann ich das eigentlich nur verrückt finden und nicht ernst nehmen. Oder? Würde mir in jeder anderen Situation jemand erzählen, er sehe in einem pappigen Plätzchen den Heiligen Geist, würde ich das Weite suchen. Erst recht, wenn er diesem Plätzchen sein Leben verschreiben würde.

Wieso wird man heutzutage Priester? Als ein vernunftbegabter Mann, der privilegiert ist, weder arm noch ungebildet? Wie kann man sich für ein Leben in Verzicht entscheiden, wenn man alles andere hätte machen können? Franziskus hat sich einer Institution verpflichtet, zu der mir als Erstes Tebartz-van Elst, veraltete Rollenbilder und der Missbrauchsskandal einfallen. Wenn mir Menschen, die über Meere geflüchtet sind, davon erzählen, dass sie trotz allem, was sie erlebt haben, an Gott glauben, denke ich: Ihr habt ja keine Wahl. Was bliebe euch denn sonst? Aber Franziskus – er hatte doch eine?

Es ist kein Geheimnis, dass ich Franziskus' Entscheidung nicht verstehe, deswegen bin ich ja hier. Aber die Wahrheit ist: Mein Unverständnis ist größer, als ich mich traue, es in Worte zu fassen. Ich halte die Worte zurück, weil ich nicht weiß, wie das alles ausgehen wird. Und weil ich Franziskus nicht vorführen will für das Vertrauen, das er mir entgegenbringt.

Als ich hier in dieser Kirchenbank sitze, ahne ich noch nicht, was im nächsten Jahr passieren wird. Weiß noch nichts von all den Momenten, in denen ich bei Franziskus gegen Wände laufe; von meiner Wut, die manchmal so groß sein wird, dass ich nicht wissen werde, wohin mit mir; oder von den ohnmächtigen Momenten, in denen ich an allem zweifle.

Aber ich rechne auch nicht damit, dass sich Fragen bei mir, ganz persönlich, auftun werden; dass ich ein Jahr später wieder hier sitze, auf alles zurückblicke – und dankbar sein werde; dass ich sagen werde: Ich habe mich geirrt. Ich werde sehen, was ich jetzt nicht sehe.

Eine Ahnung davon bekomme ich vielleicht schon in diesem Moment, während ich Franziskus beobachte. Wie er auf diese Hostie schaut, so, als ob er das zum ersten Mal tun würde. Da liegt Zärtlichkeit in seinem Blick, Liebe.

Ich nehme mir vor, die Welt durch Franziskus' Augen betrachten zu wollen. Nicht nur die Antworten zu hören, die man nachlesen kann: »Ich bin Priester geworden, weil Gott mich gerufen hat.« Sondern in ihn hineinzuschauen. Ich will ihn verstehen, wirklich verstehen. Ein Jahr habe ich Zeit. Ein Jahr, um herauszufinden, was das mit ihm macht, wenn ich ihm all meine Fragen stelle. Und um zu sehen, was es mit mir macht, wenn ich seine Antworten höre.

Nicht untergehen im katholischen Flow

Der Weg von meinem Leben in das von Franziskus dauert viereinhalb Stunden. Los mit dem Zug vom Berliner Hauptbahnhof, umsteigen in Hamm / Westfalen, dann vom Hauptbahnhof in Münster mit dem Bus weiter nach Roxel. Mehrmals im Monat mache ich mich auf diesen Weg. Der ständige Wechsel war von Anfang an geplant. In Berlin kann ich zwischendurch kurz sichergehen, dass meine Welt noch existiert. Mein Leben in Münster spielt sich vor allem in Roxel und den Nachbarorten Albachten und Mecklenbeck ab, es fühlt sich manchmal unwirklich an. Wenn meine Freunde samstagabends tanzen gehen, sitze ich jetzt in der Kirche. Wenn sie am Sonntagmorgen nach Hause kommen, sitze ich schon wieder hier. In den großen steinernen Gebäuden, die für sie weiterhin nur Kulisse ihres Alltags sind, verbringe ich jetzt meine Zeit.

Aber es ist ein gutes Unwirklich. Weil ich neugierig bin, diese andere Welt kennenzulernen, und darauf, wie sich dieses Jahr entwickeln wird. Katholikinnen tippen, dass ich Nonne werde. Meine Freunde, dass Franziskus seinen Priesterkragen an den Nagel hängt.

Ich halte mich aus den Wetten raus. Sowieso bin ich in den ersten Wochen weiter viel zu sehr damit beschäftigt, dass mir die katholische Decke unter der Last der ganzen neuen Wörter, Bräuche und Gewohnheiten nicht auf den Kopf fällt. Nicht unterzugehen im katholischen Flow, in Franziskus' Flow. Sein Tag beginnt um sieben Uhr morgens und endet oft erst nach 24 Uhr. Dazwischen sitzt er zum Beispiel in Kirchen- und Gemeindegremien, am Schreibtisch zum Predigtschreiben oder auf Sofas von Gemeindemitgliedern, um Hochzeiten, Taufen und anderes zu besprechen. Und er betet natürlich. Neben den bereits erwähnten Tischgebeten und der täglichen 18-Uhr-Messe noch drei bis fünf weitere Male am Tag, je nachdem, wie viel Zeit er hat. Das ergibt ein bis drei Stunden täglich. Jeden Morgen geht er für eine Stunde in die hauseigene Kapelle ein Stockwerk unter seiner Wohnung, drei mal drei Meter groß, für eine private Anbetung.

Die Anbetung ist ein wichtiger Bestandteil von Franziskus' Alltag. Dabei betet er die geweihte Hostie an, für ihn der Leib Christi. Von außen sieht das so aus: Franziskus sitzt vor einer kleinen runden Oblate und schweigt. Seiner Meinung nach tritt er dabei in Kommunikation mit Gott. Das macht Franziskus fast täglich in seiner Kapelle, dazu noch manchmal in der Kirche. Als ich mich anfangs mal dazusetzte, musste ich feststellen, dass ich Stille körperlich unangenehm finde. Ich konnte nicht viel denken außer: Leise atmen, unauffällig bleiben, hoffentlich knurrt mein Magen nicht. Deshalb entschied ich, die Anbetung bleiben zu lassen, zumindest fürs Erste. Ich hatte das Gefühl, mich vor Franziskus rechtfertigen zu müssen, und erklärte ihm, dass die Anbetung wohl nicht sinnvoll sei, wenn alle nur still seien und ich so viel im Kopf hätte. Er antwortete: »Das ist eben die Frage: Willst du mitmachen und dich darauf einlassen, oder willst du von außen schauen?«

Ich wusste nicht, was ich antworten sollte.

Zu Franziskus' Alltag gehört auch das Zusammenleben mit zwei anderen Priestern im Pfarrhaus: Christian Schmitt, 50 Jahre alt, und Timo Weissenberg, 44. Sie sind wie Franziskus Mitglieder der Gemeinschaft »Emmanuel«. Was nicht das Gleiche ist wie eine Gemeinde, wie ich erst lernen musste. Zu welcher Kirchengemeinde man zählt, richtet sich meistens nach dem Wohnort. Gemeinschaften sind Gruppen innerhalb der Kirche, die keinen festen geografischen Bezug haben. So etwas wie Orden, von denen man die Franziskaner oder die Dominikaner kennt. Aber noch mal anders. Geistliche Gemeinschaften entstanden vor allem in den 1960er-Jahren neben dem üblichen Gemeinde- und Ordensleben. Sie sind eine Art katholische Bewegung. Priester, geweihte Schwestern, Brüder und auch Laien, also Nicht-Geweihte, schließen sich, oft international, mit dem Ziel zusammen, ihren Glauben intensiver zu leben und zu gestalten.

Als ich das alles zum ersten Mal hörte, beschäftigte ich mich noch nicht weiter damit. Erst später erfahre ich, dass Gemeinschaften innerhalb der katholischen Kirche umstritten sind. Ihnen wird vorgeworfen, sich vom üblichen Gemeindeleben abzugrenzen. Einen elitären Klub im Klub zu bilden sozusagen. Dadurch würden sie die Kirche spalten. Diese Kritik hat auch mit der großen Debatte innerhalb der katholischen Kirche zu tun: dem Richtungsstreit zwischen liberalen und konservativen Katholikinnen. Von diesem Streit ist bisher kaum etwas bis in meine Welt vorgedrungen, außer dass Papst Franziskus, der Liberale, von Konservativen kritisiert wird. Aber ich wusste nicht, wie bestimmend das Thema für viele Katholiken ist – und damit Millionen von Menschen.

Wie viele geistliche Gemeinschaften es gibt, lässt sich nicht genau sagen. Auf der letzten Liste des Vatikans, die aber mehr als zehn Jahre alt ist, waren es 122. In Deutschland gibt es laut Bischofskonferenz 80 geistliche Gemeinschaften mit insgesamt hunderttausend Mitgliedern. Emmanuel wurde 1972 in Paris gegründet. Laut eigenen Angaben hat sie heute rund 11500 Mitglieder in 67 Ländern. Die Gemeinschaft soll ziemlich konservativ sein, und damit auch Franziskus. Ich habe zuerst nicht verstanden, was das bedeutet. Weil ich dachte: Natürlich ist Franziskus konservativ. Er ist ja auch katholischer Priester.

Eine der Gemeinschaftsregeln von Emmanuel besagt, dass Mitglieder nicht allein leben sollen. Auch die Priester nicht. Deswegen sitzen wir beim Mittagessen eben oft zu viert am Tisch. Christian Schmitt hat hier in der Gemeinde St. Liudger eine halbe Pfarrstelle und ist daneben zuständig für alle Emmanuel-Priester in Europa. Timo Weissenberg ist der zweite Pfarrer. Das Pfarramt ist etwas Institutionelles, »Pfarrer« nennt man die Leiter einer Pfarrei, im Evangelischen wie im Katholischen. Das Priesteramt ist etwas Spirituelles, man erhält es durch die Weihe vom Bischof, das gibt es nur im Katholischen. In der katholischen Kirche muss jeder Pfarrer auch Priester sein; aber nicht jeder Priester ist Pfarrer. Franziskus als Kaplan zum Beispiel ist zwar Priester, aber (noch) kein Pfarrer.

Das Pfarrhaus nenne ich deshalb jedenfalls »Priesterhaus«, das passt besser. Die ursprüngliche Projektidee war, dass ich dort lebe, aber weil kein Platz für mich ist, wohne ich in meinem Hotel, das eine Minute entfernt liegt.

Bei den Terminen mit Gemeindemitgliedern, zu denen ich Franziskus begleite, setze ich mich neben ihn und versuche, niemanden zu stören. Das heißt lächeln und schweigen und nach unten schauen, wenn Franziskus am Ende eines jeden Termins vorschlägt, gemeinsam das Vaterunser zu beten. Es sind viele Termine, viele Menschen und immer ein bisschen zu wenig Zeit, weil Franziskus sich genauso gerne verquatscht wie ich.

Im Kindergarten sitzen Franziskus und ich in einem Kreis auf etwas zu kleinen Stühlen. Wir besuchen die Igelgruppe. Franziskus hat verschiedene Marienbilder und -statuen dabei. Er erzählt den Kindern, dass Maria, die da auf dem Bild, die Mutter von uns allen ist. Dann holt er ein Kettchen mit Kugeln daran hervor und zeigt ihnen, wie man den Rosenkranz betet: einmal das Vaterunser oder das Ave-Maria bei jeder Kugel; wenn man fertig ist, greift man eine Kugel weiter. Ich frage mich, mit Mühe auf dem kleinen Stuhl das Gleichgewicht haltend, was diese Regeln beim Beten sollen. Wieso kann man nicht einfach so mit Gott sprechen? Was soll das Kettchen? Und sind die Kinder dafür nicht zu jung? Aber ich setze mich auch bei den Bären und Raupen dazu und sage nichts.

Im Haus eines Paares, beide in meinem Alter, sitzen wir auf dem Sofa. Sie wollen heiraten. Ich habe ein Bier in der Hand, das sie mir angeboten haben, vor Franziskus liegt ein sogenanntes Eheprotokoll. Das gehen sie zusammen durch. Das Paar muss Fragen beantworten wie: Tut ihr das freiwillig? Wollt ihr euch ehren? Werdet ihr eure Kinder katholisch erziehen? Und: Seid ihr fähig, Sex miteinander zu haben? (Im Eheprotokoll steht es so: Es solle geprüft werden, ob ein »Ehehindernis« vorliegt, wozu die »Unfähigkeit zum ehelichen Akt« gehört.) Ich lächle und lasse mir nichts anmerken. Als Franziskus dann anfängt, darüber zu sprechen, wie reizvoll es sein kann, eine Zeit lang enthaltsam zu leben, schaue ich auf den Hund des Paares. Schöner Hund. Die beiden lachen und sagen, dass sie »das« sowieso schon ein paarmal gemacht hätten.

Auf einem anderen Sofa in einem anderen Haus geht Franziskus mit einer Familie den Gottesdienstablauf für die Taufe des Sohnes durch, die sogenannte Liturgie. Das heißt, sie suchen Gebete und Bibeltexte aus, Fürbitten und Lieder. Es gibt eine Auswahl für jedes Element der Messe: für Kyrie, Gloria, Lesung, Halleluja, Evangelium, Glaubensbekenntnis, Fürbitten.

Auf die gleiche Art plant Franziskus, wieder auf einem anderen Sofa, eine weitere Hochzeit. Und noch eine auf einer anderen Couch. Im Mai steht der Sommer bereit, da wird viel geheiratet. Bis jetzt hat Franziskus in seinen drei Jahren als Priester dreizehn Paare verheiratet, Taufen waren es mehr als fünfzig.

Knapp achtzig Menschen hat Franziskus bisher beerdigt, also mindestens einen pro Dienstwoche. Dabei begleite ich ihn erst einmal nicht. Einerseits, weil man Menschen, die gerade jemanden verloren haben, nicht mal eben fragt, ob man eine Journalistin mitbringen darf. Andererseits bin ich Mitte zwanzig. Und ich habe das Glück, dass in meiner Umgebung nicht viel gestorben wird. Daher fühle ich mich lieber weiter unsterblich und gehe dem Thema Tod aus dem Weg.

Aber ich werde mich nicht das ganze Jahr davor drücken können, es gehört eben zum Priesterleben dazu. Genauso wie die Besuche bei alten und kranken Menschen.

Franziskus und ich besuchen Margarete De Palo an ihrem 91. Geburtstag. Franziskus hat Blumen dabei. Grazyna Sawczak, 53, öffnet uns die Tür und weist uns sofort an, sie nur Grazyna zu nennen. Sie ist die polnische Pflegekraft von Frau De Palo, aber offensichtlich so viel mehr als das. Frau De Palo liegt in ihrem Zimmer im ersten Stock im Krankenbett. Aufstehen kann sie seit zwei Jahren nicht mehr. Das Kopfende ihres Bettes ist hochgeklappt, sodass sie in den Raum schaut, direkt auf den Fernseher, auf dem ein gerahmtes Bild von ihr und Grazyna steht, von der letzten Kreuzfahrt. Auf dem Tisch darunter liegen Kochsalzlösung, Pflaster und eine Schere. Fünf Jahre leben die beiden Frauen schon gemeinsam in diesem Haus. Zuerst hat Grazyna nur geputzt, jetzt nennt sie Frau De Palo ihre »Oma«.

Frau De Palo reagiert nicht mehr oft, ihre Brust hebt und senkt sich langsam, ihr Mund steht offen. Franziskus hat seine Hand auf ihre gelegt und erzählt von dem schönen Wetter zu ihrem Geburtstag. Sie scheint es nicht zu merken, aber als er seine Hand wegnehmen will, greift sie wieder zu. Irgendwann sagt sie, in einem Atemzug, der eher ein Keuchen ist: »Ist gut« und »danke«.

Am lebendigsten sieht Frau De Palo aus, wenn Grazyna in den Raum kommt. Die gibt ihr etwas zu trinken, mit einem Strohhalm, und sagt strahlend: »Zwölf Jahre lebst du noch, bis zu meiner Rente, ja?« Frau De Palo antwortet wieder in einem Keuchen: »Schau'n wir mal!« Wir lachen.

Franziskus hat Frau De Palo schon einmal besucht, zu ihrem 90. Geburtstag. Ab einem hohen Alter werden Gemeindemitglieder an ihren Geburtstagen oft von jemandem aus der Pfarrei besucht. Grazyna erzählt, seit Franziskus ihrer Oma gesagt habe, dass Gott sie liebe, sei die im Reinen mit sich und habe sich nicht mehr beschwert.

Nach den Geburtstagsglückwünschen setzen wir uns für Kaffee und Kuchen ins Wohnzimmer. Wir wollten 30 Minuten bleiben, Grazyna lässt uns erst nach 90 Minuten, zwei Kaffee und zwei Stück Kuchen gehen. Was aber völlig in Ordnung ist.

Solche Momente mit Menschen gehören zu den besten hier. Weil ich ihnen sonst nie begegnet wäre und kurz in fremde Leben schauen kann, die selbst ein ganzes Buch verdient hätten. Zum Beispiel das von Grazyna, die seit zehn Jahren in Deutschland lebt, ihre eigenen Söhne und Enkel nur zweimal im Jahr sieht, aber ihre Pflegeomas hier – Frau De Palo ist schon die zweite – mit Liebe überschüttet.

Es ist schön zu sehen, wie Franziskus bei seinen Besuchen die Menschen kurz glücklich macht, einfach dadurch, dass er da ist. Wie auch Erika Kiffmeyer, der Franziskus die Krankenkommunion bringt. »Kommunion« nennt man das Empfangen der geweihten Hostie während der Messe. Krankenkommunion bedeutet, dass Franziskus zu Menschen geht, die es selbst nicht mehr in die Kirche schaffen, und ihnen eine geweihte Hostie bringt. Ein paar Hostien bleiben nach einer Wandlung meist übrig. Sie werden in der Kirche aufbewahrt, in einer Art geweihtem Safe, dem sogenannten Tabernakel.

Erika Kiffmeyer ist 87 Jahre alt und lebt in einem Seniorenheim. Fast eine Stunde sind wir bei ihr. Sie liegt auf dem Bett, halb auf der Seite. Manchmal muss sie sich an dem Griff über ihr ein bisschen hochziehen, weil auch das

Liegen wehtut. Franziskus hat seinen Stuhl dicht ans Bett gerückt, redet langsam und deutlich. Ich sitze mit meinem Stuhl am Bettende.

»Was macht das Leben?«, fragt sie.

Franziskus erzählt von der Osternacht, wie festlich das gewesen sei.

»Wir hatten sechs Taufen und eine Konversion in Albachten. Das war fantastisch.«

Frau Kiffmeyer lächelt, ein zufriedenes Lächeln. »Das ist schön.«

Nach zwanzig Minuten fragt Franziskus, ob sie einen Gottesdienst feiern wolle. Er legt seine Hand auf das Ledertäschchen mit der Hostie drin. Frau Kiffmeyer zieht sich hoch.

Franziskus beginnt mit dem Kreuzzeichen, sagt dann: »Der Herr sei mit euch.« Sie antwortet: »Und mit deinem Geiste.« Es ist der übliche Ablauf eines Gottesdienstes: beten, singen, Predigt, Vaterunser, Kommunion. Nur sind sie eben zu zweit. Franziskus hat manchmal die Augen geschlossen, hält seine Handflächen nach oben. Frau Kiffmeyer heftet ihren Blick die ganze Zeit auf Franziskus, als ob sie nichts verpassen wolle. Dabei hat sie all das doch schon so oft gesehen.

Franziskus endet mit: »Gelobt sei Jesus Christus.« Frau Kiffmeyer antwortet: »In Ewigkeit, Amen.« Ihre Augen werden feucht. Sie könnte weinen vor Dankbarkeit, sagt sie: »Dass Sie mich nicht vergessen haben, das freut mich so sehr.«

Manchmal vergesse ich, was es für die Menschen hier heißt, dass Franziskus Priester ist. Er ist nicht nur ein netter Besuch, sondern ihre Verbindung zu Gott. Es berührt

Frau Kiffmeyer, wenn sie mit Franziskus beten kann. Und mich auch, wenn ich ihr dabei zuschaue.

Karin Franck besuchen wir in einem anderen Seniorinnenheim. Sie ist eine Freundin von geweihten Schwestern, die Franziskus kennt, und war obdachlos, bevor sie hierherkam. Frau Franck liegt unter zwei Decken und trägt einen Pulli. An ihren Händen erkennt man, wie dünn sie ist. Ihre Augen schauen in Franziskus' Richtung, ohne ihn anzusehen.

»Sie waren schon einmal hier«, sagt sie.

»Ja, ich habe Ihnen die Krankenkommunion gebracht.«

»Haben Sie die denn heute wieder dabei?«

»Wir feiern unten gleich eine Messe, danach kann ich sie Ihnen bringen.«

»Das wäre schön.«

Franziskus hat eine Hand auf ihre gelegt, mit der anderen streichelt er ihr über die Schulter, sie schaut vor sich hin.

»Gut, dass Sie gekommen sind«, sagt sie.

Wieder eine Pause.

»Gott ist bei Ihnen, das wissen Sie?«, sagt Franziskus.

»Ja, dass du gekommen bist, hat er gemacht.«

Auf einmal duzt sie ihn.

Franziskus hat keine Hostie mitgebracht, weil er gleich während der Messe im Heim welche wandeln wird. Sie findet im Gemeinschaftsraum statt. Stühle und Rollstühle stehen dort nebeneinander vor dem Tisch, den Franziskus als Altar benutzt. Darauf sitzen Menschen, dünn, zitternd, mit weißen Haaren, wenn sie noch Haare haben. Eine Frau hat so müde Augen, dass jeder ihrer Wimpernschläge nach Arbeit aussieht.

Ich habe noch nie so alte Menschen gesehen. Diese Frauen und Männer hier trifft man nicht mehr auf der Straße. Ich habe das Bedürfnis, zu verschwinden und mich ins Leben zu stürzen. Und ich fühle mich furchtbar deswegen. Wie kann Franziskus das ständig machen?

Während der Messe hätte ich Schweigen erwartet, aber die Herren und Damen sprechen alle Gebete mit und singen sogar; die meisten müssen dabei nicht einmal ins Liederbuch schauen. Als der Elfriede-Moment dran ist, der Friedensgruß, legt eine Dame der anderen die Hand auf die Schulter. Sie sitzen hintereinander, aber können nicht mehr einfach so aufstehen, die vordere Dame kann sich nicht einmal umdrehen, aber sie greift zur Hand auf ihrer Schulter und drückt einmal zu.

Dass Millionen Menschen sich täglich überall auf der Welt während des Friedensgrußes die Hand reichen, das ist irgendwie verrückt. Und wunderschön.

Nach einigen solchen Terminen bin ich emotional völlig ausgelaugt. Es ist ungewohnt, ständig Menschen zu treffen, die sich wahrscheinlich fragen, ob diese Begegnung mit dem Priester die letzte ist. Wenn ich ihnen gegenüberstehe und mir vorstelle, dass sie nächste Woche nicht mehr da sein könnten, ist das beklemmend. Weil diese Augenblicke so endgültig scheinen. Und einen an die eigene Endlichkeit erinnern und an die Endlichkeit der Menschen, die man liebt. Und weil das Ende eben oft nicht happy aussieht, sondern irgendwie trostlos.

Aber die Begegnungen sind auch unglaublich rührend. Denn in dieser scheinbaren Trostlosigkeit gibt es Momente von Nähe. Die Hand auf der Schulter. Grazyna und Frau

De Palo. Das Lächeln, weil Franziskus da ist. Sie bedanken sich so oft bei ihm.

Er tut hier wirklich einen »Dienst«, wie er es nennt, einen guten Dienst. Auch wenn immer ein bisschen zu wenig Zeit dafür ist.

Als wir einmal Zeit für ein Gespräch zu zweit haben, will ich mit Franziskus über seinen Terminkalender sprechen, über die Gewichtung darin. Ich meine, natürlich muss er beten als Priester. Aber würde nicht auch mal eine Stunde am Tag reichen statt dieser zwei oder drei? Dann hätte er mehr Zeit für Frau Kiffmeyer, Frau Franck und Frau De Palo. Franziskus will doch Gott dienen – und Gott findet man im Nächsten. Der Dienst an den Menschen ist doch viel konkreter als so ein Gebet.

»Könntest du deine Zeit nicht irgendwie …«, ich zögere, nachdem ich ihm meinen Punkt erklärt habe, aber sage es dann einfach, »… sinnvoller nutzen?«

»Es wäre sogar sinnvoll, noch mehr zu beten. Ich tue meinen Dienst ja aus der Beziehung mit Gott heraus. Ich möchte mich führen lassen und Gott ermöglichen, durch mich zu handeln.«

»Aber du könntest ihn ja noch mehr durch dich handeln lassen, wenn du mehr Zeit hättest für Menschen wie Frau Kiffmeyer.«

»Ohne meine Gebetszeiten würde ich meinen Tag gar nicht schaffen.«

Dazu muss man sagen, dass Franziskus ein Mensch ist, der Ruhezeiten braucht. Nicht übermäßig viele, wohl nicht mal so viele wie der Durchschnitt. Ein Priesterleben ist aber nicht durchschnittlich, sondern absolut stressig.

Ich frage mich, ob das selbstlos von ihm ist oder eher willenlos.

»Bei meiner Priesterweihe habe ich ja außerdem versprochen, ein Mann des Gebets zu sein«, sagt er weiter.

»Was passiert, wenn du dich nicht daran hältst?«

»Es gibt niemanden, der mich maßregelt. Aber es war eben mein Gelübde. Wenn ich mich nicht daran halte, muss ich das vor Gott und meinem eigenen Gewissen verantworten.«

Was für eine Vorstellung: niemals einfach etwas auslassen zu können, weil Gott ja doch alles sieht. Was man sich vorgenommen hat und doch nicht tut. Was man tut, obwohl man es lieber lassen sollte. Und, oh Gott, nicht einmal mehr die Gedanken sind frei.

»Hast du denn schon einmal gebetet, und es hat konkret etwas gebracht?«, frage ich.

»Ja, oft. Bei Konflikten oder in Krankheitsfällen, wo man das nicht mehr vermutet hätte. Und vor allem bringt es immer etwas, wenn ich für andere bete oder sie für mich. Allein das hilft ja schon. Doch Gebete werden natürlich nicht immer erhört.«

»Aber dann ist es ja ziemlich sinnlos.«

»Nein, denn hören wird Gott sie immer.«

»Und unter welchen Bedingungen erhört er sie?«

»Das ist ein Geheimnis.«

»Was passiert, wenn alle Menschen dafür beten, dass es keine Kriege mehr gibt?«

»Es kann trotzdem wieder passieren. Das liegt ja auch an der Freiheit, die Gott uns lässt.«

»Okay, aber da frage ich mich: Es gibt Menschen, die haben nichts Schlimmes getan, und ihre Gebete werden trotzdem nicht erhört. Geflüchtete Männer, Frauen und Kinder, die auf dem Mittelmeer ertrinken. Die haben sicherlich auch vorher Stoßgebete zum Himmel geschickt. Was hat ihnen das gebracht?«

»Sie haben ihre Beziehung zu Gott anerkannt und waren dadurch nicht komplett hilflos. Sie konnten sich an ihrem Glauben festhalten. Sie haben sich selbst transzendiert auf einen anderen …«

»Dieser andere hat aber nicht geholfen, Franziskus.«

»Er war für sie aber trotzdem Ansprechpartner. Und das ist ja ein Anker. Warum Gott nicht eingegriffen hat, kann ich jedoch nicht beantworten.«

»Weil das Leid vielleicht einfach sinnlos ist.«

»Ich glaube, dass alles einen Sinn hat, auch wenn das zynisch klingt. Nur ist es schwer, das zu akzeptieren, weil wir es einfach nicht begreifen können.«

Eigentlich wollte ich mit Franziskus über seine Gebetszeiten sprechen, jetzt kommen wir gleich zur ganzen Theodizee-Frage: Wie kann Gott denn bitte all das Leid auf der Welt zulassen, wenn er doch gleichzeitig allmächtig und barmherzig sein soll? Ich sage: Entweder allmächtig oder barmherzig. Franziskus sagt: Es geht beides. Meine Argumente: Kriege, Vergewaltigungen, Hungertod, Krebs, Tsunamis. Und natürlich: Auschwitz. Franziskus' Beleg? Er glaubt es halt.

Eigentlich könnten sich auch unsere pubertären Ichs gegenübersitzen. Ich frage: Warum ist das so? Er akzeptiert, dass er es nicht weiß, aber sagt sich, Papa wird's schon wissen. Er hat entschieden, in der Sinnlosigkeit der Ungerechtigkeit einen Sinn zu sehen.

»Aber ist das nicht irgendwie unbefriedigend?«, frage

ich. »Zu sagen: Okay, da passiert etwas Schlimmes, ich weiß nicht, warum. Aber es wird schon seinen Sinn haben. Also hinterfrage ich es nicht, sondern bete einfach weiter.«

»Klar ist es unbefriedigend. Aber es ist eben unsere menschliche Existenz. Wir sind nicht Herr aller Dinge. Es bleibt ein Geheimnis.«

Ein Bekannter hat mir gesagt, ich solle mich, wenn wir auf das Thema kämen, wieso diese Welt oft so beschissen ist, bloß nicht damit abspeisen lassen, dass die Wege des Herrn unergründlich seien.

Aber wie soll ich mich nicht abspeisen lassen? Ich könnte Franziskus jetzt all meine Belege aufzählen, er würde immer das Gleiche sagen: Er weiß nicht, wieso es so ist, aber er glaubt trotzdem. Er glaubt an den guten und barmherzigen Gott. Und er glaubt so fest an die Existenz dieses Gottes, dass sein Glaube für ihn ein Wissen ist. Was Franziskus nicht versteht, ist halt ein Geheimnis, unergründlich – Totschlagargument.

Das ist, als würde er auf die Sonne zeigen und sagen, sie ist blau. Ich sage Nein. Er sagt, dass er es aber glaubt. Wie sollte ich das widerlegen? Über Glauben lässt sich nicht streiten.

Außerdem will ich das gar nicht. Ist ja schön für ihn, dann glaubt er eben, egal was passiert.

Ich beschließe, mit Franziskus das Thema Glaube und Beten nicht weiterzudiskutieren. Was dazu führt, dass wir erst mal überhaupt nicht mehr darüber reden.

Erst Monate später merke ich, dass das ein Fehler war.

Meine Distanz ist dahin

Zumindest kommen Franziskus und ich gut miteinander aus. Genau weiß ich zwar nicht, wie man merken soll, ob ein Priester einen mag – er ist schließlich zu allen nett, muss er ja, Nächstenliebe und so –, aber wenigstens ich habe angefangen, ihn zu mögen. Das liegt vermutlich auch an unseren Gemeinsamkeiten. Wir haben beide eine furchtbare Orientierung, sind immer etwas zu spät dran und können uns nicht kurz fassen. Und wir sind vergesslich, ich lasse meinen Regenschirm liegen, er seine Bibel.

An dem schönsten Tag während unserer ersten Wochen sind wir gemeinsam in Köln, Franziskus' Lieblingsstadt, hier wirkt er ganz gelöst. Erst zeigt er mir, wo es in Hauptbahnhofnähe das beste Bier – pardon, Kölsch! – gibt, dann setzen wir uns dahin, »wo man als Köln-Besucher sitzen muss«: auf die Treppen vor dem Dom. Der ist ein riesiges gotisches Meisterwerk. Ich habe keine Ahnung von Architektur, aber das ist ab sofort meine neue Lieblingskirche. Eigentlich meine erste Lieblingskirche. In der Hand halten wir unsere Burger, einmal mit, einmal ohne Fleisch. Franziskus hat mir Geld geliehen, weil ich keines dabeihatte. Ich reiche ihm ein Taschentuch, als er sich mit der Soße bekleckert.

In Köln hat Franziskus' intensiver Weg zu Gott begonnen. Weil er hier anfing, an den Gebetskreisen teilzunehmen, und sich deswegen auch hier zum Priester ausbilden ließ, neun Jahre lang. Er liebt diese Stadt nicht nur wegen des Kölschs und des Trubels, sie hat für ihn auch eine himmlische Bedeutung.

Für mich ist die Stadt, die dem Himmel am nächsten kommt, gerade Berlin. Ich liebe die Anonymität, die im eigenen Kiez aber verschwindet. Kleinstadtflair unter Großstadtbedingungen. Ich liebe auch, dass man stets alles machen kann, aber nichts muss. Die Stadt schreibt einem nicht irgendwas vor, sie ist einfach da und bereit. Franziskus und ich vereinbaren, während auch meine Soße vom Burger tröpfelt, dass er mich im Laufe des Jahres mal besuchen wird. Ich will ihm nicht die Hauptstadt zeigen, sondern mein Berlin. Mit seinem Kollar würde er es vermutlich sogar ins Berghain schaffen, Berlins bekanntesten Klub, weil der Kragen als neuer Trend durchgehen könnte.

»Heute ist übrigens mein Diakonenweihetag«, sagt Franziskus, nachdem wir eine Weile über unsere Lieblingsstädte gesprochen haben. Wenn die Priesterweihe die Hochzeit mit Gott ist, ist die Diakonenweihe vielleicht so etwas wie die Verlobung.

»Ähm, herzlichen Glückwunsch?«, frage ich, weil ich nicht weiß, ob man das sagt. Wir lachen.

Es gibt auch in Roxel viele schöne Momente. Als Franziskus' Mitbewohner mir das Du anbieten, als dann also Timo, Christian, Franziskus und ich bei Wein und Käse zusammensitzen und über – tatsächlich – Gott und die Welt sprechen. Als Franziskus mich zum Pizzaessen mit

Freunden einlädt, wir Doppelkopf spielen und Franziskus und ich ähnlich vernichtend untergehen. Oder die Wallfahrt nach Paderborn mit 50 Messdienerinnen aus der Pfarrei, einen Tag lang sind wir dort mit Tausenden anderen Jugendlichen unterwegs. Es gibt Workshops, Musik und Regen – und als ich wegen akuten Koffeinentzugs mehr als eine Stunde lang in einer Kaffeeschlange ausharren muss, warten einige der Messdiener mit mir. Das Pfarrfest am Tag danach gehört auch in diese Aufzählung: ein Bierstand, ein Essensstand, zwei Hüpfburgen und die Gemeindemitglieder, von denen ich jetzt schon so viele kenne, dass ich nicht mehr auffalle. Oder der Abend des Jugendschützenfests, als ich schon früher mit dem Fahrrad Richtung Hotel aufbreche und ich, die ich an die Lichter Berlins gewöhnt bin, mir auf diesem dunkelsten Feldweg aller Zeiten denke: Wenn jetzt etwas passiert, merkt Franziskus es erst morgen Nachmittag, da haben wir den nächsten Termin. Kurz nach meiner Ankunft im Hotel bekomme ich dann eine Nachricht von ihm, er fragt, ob ich es gut nach Hause geschafft hätte. Als Franziskus mir irgendwann eine riesige Packung Taschentücher schenkt, weil ich immer erkältet bin, schreibe ich einer Freundin: »Ich glaube, ich bin angekommen.«

Es sind solche kleinen Momente, die erst mal völlig unwichtig erscheinen, wenn man doch eigentlich einen Priester und die ganze katholische Kirche verstehen will. Weil es bei den Taschentüchern um nichts Großes geht, sondern nur darum, dass ich, Valerie Schönian, mich angekommen und angenommen fühle.

Ich weiß gar nicht, ob das so geplant war. Auch nicht, ob es gut ist: mich hier als Mensch so hineinzuwerfen.

Schließlich sollte man als Journalistin ja eine professionelle Distanz zu seiner Geschichte bewahren. Meine ist schnell dahin.

Es wird Augenblicke geben, in denen ich das bereue, weil ich dadurch alles viel zu sehr an mich heranlasse. Und es wird die Einsicht kommen, dass es nicht anders ging. Denn diese Momente sind nicht unwichtig für diese Geschichte. Die Nähe zu den Menschen hier bildet das Fundament, das ein Verstehen erst möglich macht. Weil man nur versucht, etwas ernst zu nehmen, was man eigentlich kaum ernst nehmen kann, wenn die Menschen es einem wert sind.

Ich lerne weiterhin Katholisch. Der Frühsommer steht im Zeichen vieler christlicher Feiertage: Christi Himmelfahrt, Pfingsten, Fronleichnam, und das sind nur die, von denen man schon einmal gehört hat. An einem Abend an der Berliner Spree mit Freunden, fünf Wochen nach Projektstart, stelle ich fest, dass ich zumindest das Blutige-Anfängerin-Stadium überwunden habe, als ich erkläre: Nein, Himmelfahrt und Pfingsten sind nicht das Gleiche; 40 Tage nach Ostern fährt Jesus Christus in den Himmel auf, an Pfingsten kommt der Heilige Geist herunter, und ja, dieser katholische Feiertag, den sie da zum Beispiel in Bayern und Nordrhein-Westfalen haben, heißt wirklich »Fronleichnam« – scherzhaft »Happy Kadaver Day« genannt. Es geht den Katholiken dabei um die geweihte Hostie, also den Leib Christi, also Jesus Christus. Und hier kommt die sogenannte Monstranz ins Spiel: Eine Monstranz sieht aus wie ein Kerzenständer mit einer goldenen Sonne obendrauf, in deren Mitte stellt man die geweihte

Hostie. Solche Monstranzen stehen auch während der Anbetung auf dem Altar oder in der kleinen Hauskapelle. An Fronleichnam wird die Monstranz durch die Straßen getragen. Damit wollen die Katholiken ihren Glauben demonstrieren, »sich als Christen outen«, sagt Franziskus – das Wort »Outing« passt heutzutage in Deutschland schon ganz gut, finde ich.

Auch die Erstkommunion-Feiern finden in dieser Jahreszeit statt. Dabei dürfen Kinder, neun Jahre alt, das erste Mal die Kommunion empfangen. Man kann auch sagen: an der Eucharistie teilnehmen, also am katholischen Abendmahl. Man hofft, dass sie ab diesem Alter verstehen können, was da passiert – auch wenn das vermutlich selbst viele Erwachsene nicht begreifen.

»Erklär das doch mal für Doofe«, bitte ich Franziskus irgendwann. »Was ist die Hostie nach der Wandlung – Laib oder Leib?«

»Von der chemischen Zusammensetzung her ist sie weiterhin Brot. Aber wir glauben, dass das Wesen des Brotes nach der Wandlung anders ist, dass darin Jesus Christus ist. Das kann man nicht für Doofe erklären, weil es total unglaublich ist.«

Diese unglaubliche Logik führt übrigens auch dazu, dass ich während der Kommunion in der Messe oft die Einzige bin, die sitzen bleibt. Nur Menschen katholischen Glaubens bekommen die geweihte Hostie, den Leib Christi. Ich könnte auch zu Franziskus gehen und mir ein Kreuz über die Stirn malen, mich segnen lassen. Aber ich bin trotzig. Wenn sie mir die Hostie nicht geben wollen, nur weil ich nicht katholisch bin, will ich auch den Segen nicht.

»Was würdest du machen, wenn ich während der Kommunion nach vorn kommen und meine Hand aufhalten würde?«

»Dann würde ich dir die Kommunion vermutlich nicht verweigern. Aber ich würde danach mit dir sprechen und dich fragen, ob du weißt, was das bedeutet, wofür das steht.«

Noch vor einem Monat hätte ich nie gedacht, dass ich mir mal über die Kommunion Gedanken machen würde. Sie ist aber zu einem Thema für mich geworden, weil ich mich in jeder Messe ein paar Minuten lang wie ein Fremdkörper fühle. Stempel: Die gehört nicht dazu. Auch innerhalb der katholischen Kirche wird viel über die richtige Art des Abendmahls diskutiert. Dass überhaupt alle Katholiken in jeder Messe die Kommunion empfangen, ist auch erst seit dem sogenannten Zweiten Vatikanischen Konzil so, das von 1962 bis 1965 stattfand. Bis dahin mussten sie in der Regel erst beichten und durften zwölf Stunden vorher nichts essen. Ich finde es besser, wie es jetzt ist. Liberale Katholiken auch. Franziskus fand es früher nicht besser, wie er sagt, aber findet es auch jetzt nicht ideal. Einer der Punkte, in denen er wohl mit Konservativen übereinstimmt.

»Ich finde es schwierig«, sagt er, »dass jeder – oft ohne die Bedeutung zu kennen – einfach in jeder Messe die Eucharistie empfängt. Das wird der unfassbaren Größe dieses Sakramentes nicht gerecht.«

Sakramente sind katholische Zeichen der Gegenwart Gottes. Dazu zählen in der römisch-katholischen Kirche: Taufe, Firmung, Beichte, Krankensalbung, die Weihe, die Ehe und eben die Eucharistie, also die Gegenwart Jesu in der Kommunion.

»Man sollte sich bewusst machen«, spricht Franziskus weiter, »was da passiert, sich darauf einlassen und auch innerlich vorbereiten.«

»Aber es glauben doch sicher auch nicht alle Katholiken daran, dass das wirklich Jesus Christus ist.«

»Ja, und das ist für mich das Hauptproblem.«

»Und du glaubst das? Ich meine: Wirklich? Für viele Protestanten ist es doch auch nur ein Symbol.«

»Ja, ich glaube, dass Jesus Christus in der Kommunion leibhaftig da ist. Ich glaube ja auch, dass Gott in ihm Mensch geworden ist. Dann wird doch wohl auch eine solche Wandlung kein Problem für ihn sein.«

Als Vorbereitung auf die Erstkommunion müssen auch die neunjährigen Mädchen und Jungen das erste Mal beichten. In diesem Jahr warte ich zusammen mit ihnen hinten in der Kirche darauf, dass sie nacheinander zu Franziskus oder Timo können, die auf zwei Stühlen in verschiedenen Ecken der Kirche sitzen – nicht im Beichtstuhl. Sie sind jetzt nicht mehr nur Mitbewohner, sondern ganz Priester. Einige der Kinder sind sehr aufgeregt, und ich weiß nicht, was ich davon halten soll. Eine Bekannte, die katholisch aufgewachsen ist, hat mir von ihrer ersten Beichte erzählt: Sie hat sich etwas ausgedacht, weil ihr nichts eingefallen ist. Und war dann – dank des psychischen Drucks durch den Priester – völlig fertig, weil sie ja jetzt sogar in der Beichte gelogen hatte und nicht wusste, ob sie das noch einmal beichten kann.

Während der Beichte selbst darf ich nicht zuhören. Aber eine Jugendliche, die die Kinder betreut und jetzt zum zweiten Mal gebeichtet hat, erzählt mir danach, dass sie sich erleichtert fühle.

»Aber du warst seit fünf Jahren nicht beichten«, frage ich. »Hat dich das, was du gebeichtet hast, die ganze Zeit belastet?«

»Ich habe nicht bemerkt, dass es das hat. Aber jetzt fühle ich mich leichter.«

Weil ich das schwer nachvollziehen kann, frage ich sie nach einem vergleichbaren Beispiel.

Sie antwortet: »Wenn man in der Schule sitzt und weiß, man hat etwas vergessen, aber kommt nicht darauf, was. Dann heißt es auf einmal, dass du in der ersten Stunde ein Referat hast. Das ist wie das Gefühl vor der Beichte. Und das Gefühl nach der Beichte ist, wenn der Lehrer krank ist und man doch keines halten muss.«

»Du hast bei Franziskus gebeichtet. Ist das nicht seltsam, deine sogenannten Sünden jemandem zu erzählen, den du kennst?«

»Nee, eigentlich nicht.«

»Wieso nicht?«

»Er ist dann irgendwie nicht Franziskus. Er wirkt anders. Er ist mehr.«

Priester Franziskus.

Neben meinen guten Momenten mit dem Menschen Franziskus gibt es auch seltsame. Nicht nur die, die mit Schweigen oder Beten zu tun haben, sondern auch die, die daher rühren, dass wir Frau und Mann sind.

Manchmal läuft Franziskus vor mir und bleibt dann vor einer geöffneten Tür einfach stehen. Ich halte dann ebenfalls an, ganz automatisch, und bin verunsichert: Warum bleibt er stehen? Kommt da eine Klippe? Fällt gleich etwas vom Himmel? Aber Franziskus will mir nur den Vortritt lassen, er hat gelernt, dass man das bei Frauen tut, das macht er völlig unbewusst. Und so stehen wir beide kurz seltsam irritiert vor geöffneten Türen, während es in unseren Köpfen rattert. Genauso stehen wir manchmal auch neben meinem Koffer, wenn wir gleichzeitig zugreifen wollen, um ihn die Treppe hinunterzutragen. Franziskus will nur höflich sein. Und ich ja auch, finde es dann aber doch zu affig, ich schleppe schließlich keine Steine mit mir herum.

Diese Mann-Frau-Sache schwebt über vielem. Alle anderen scheint es zu faszinieren, dass er als Priester versprochen hat, keinen Sex zu haben, und jetzt viel Zeit mit einer Frau verbringt, deren bloße Anwesenheit anscheinend schon eine Gefahr für sein Versprechen darstellen könnte. Ich finde das lächerlich. Aber einige meinen das ernst. Auf einer erzkonservativ katholischen Seite wurde unser Blog kritisiert mit der Anmerkung: Wenn man auf Diät ist, setzt man sich ja auch nicht vor ein Stück Sahnetorte. Ich bin in diesem Bild die Sahnetorte.

Was Franziskus darüber denkt, weiß ich nicht. Ich hoffe inständig, dass er mich nicht mit Torten vergleichen würde. Aber was sind Frauen für ihn? Evas und Verführerinnen? Nur weil sie Brüste haben?

In meinem Bekannten- und Freundeskreis kann sich jedenfalls niemand vorstellen, ein sexloses Leben zu führen. Auch Selbstbefriedigung ist bei Priestern nicht erlaubt. Und man muss sich ja schon fragen, wieso es Franziskus zu einem besseren Priester machen soll, auf Familie zu verzichten. Und wieso er deshalb auch auf Sex verzichten muss.

Weil das Thema sowieso omnipräsent ist und jeden interessiert, beschließe ich, ihn darauf anzusprechen.

»Meinst du denn, das mit dem Zölibat lässt sich ein Leben lang durchziehen?«, frage ich.

»Ja, klar. So leben ja viele.«

Na ja, man hört auch immer wieder anderes. Aber das sage ich nicht, ich will schließlich auf etwas anderes hinaus.

»Was ist denn der Sinn dahinter?«

»Ich schenke mein Leben ganz Jesus Christus und stelle mich ganz in den Dienst der Menschen.«

»Aber wieso kannst du nicht beides haben, Jesus dienen und eine Familie gründen?«

»Wenn du Familie hast, steht die immer an erster Stelle. Jetzt kann ich für Gott und die Gemeinde ganz anders verfügbar sein.«

»Aber du sagst immer, Priester seien auch nur Menschen. Sexualität gehört zum Menschen. Und ihr klammert das einfach aus.«

»Ich klammere nichts aus. Sexualität bedeutet ja auch, Beziehungen zu Menschen zu leben, und das mache ich. Außerdem tut kein Priester so, als ob ihn das nicht mehr betreffen würde. Daher geht man einigen Situationen einfach aus dem Weg, um sich nicht in Versuchung zu bringen.«

Ah, wir sind wieder bei der Nacktszene im Theater. Oder doch bei der Sahnetorte?

»Dann unterdrückt ihr es also.«

»Ich unterdrücke meine Sexualität nicht. Da ist nichts in mir, was auf einmal ausbrechen könnte. Als Mensch kann ich mich eben dafür entscheiden, enthaltsam zu sein. Wir sind keine Tiere. Alle Menschen können keusch leben – und sollten das meiner Meinung nach auch.«

Auch Menschen, die nicht den Zölibat befolgen, können keusch leben, solange sie nur Sex haben, wenn sie verheiratet sind; und eben nur mit dem einen Ehepartner.

»Was ist das Problem mit Sex, der nicht in festen Beziehungen stattfindet?«, frage ich.

»Also, rein biologisch kann man erst mal Kinder bekommen.«

»Dagegen kann man ja etwas tun.«

»Aber die Frage ist, ob Sex dafür geschaffen ist, dass wir einfach nur unsere Bedürfnisse befriedigen. Die Sexualität ist die höchste und schönste Ausdrucksweise zwischen Mann und Frau. Es geht darum, sich ganz dem anderen zu schenken.«

»Man kann sich auch ganz schenken, ohne für immer den gleichen Partner oder die gleiche Partnerin zu haben. Und ohne zu heiraten.«

»Das machen heute viele Leute so. Aber ich weiß nicht, ob sie damit wirklich und tatsächlich glücklich sind. Ich glaube, sie sind glücklicher, wenn sie einen Mann oder eine Frau gefunden haben, mit dem oder der sie ihr ganzes Leben teilen können.«

»Du kannst doch nicht einfach behaupten, das mache unglücklich, wenn so viele anders darüber denken.«

»Ich will damit sagen, dass Sex mehr ist als nur Spaß.«

»Aber wieso darf Sex denn nicht nur Spaß sein?«

»Spaß soll ja dazugehören.«

»Sex hat doch auch einen Selbstzweck: Ich habe ein körperliches Bedürfnis, das lebe ich aus und habe Spaß daran, ohne gleich Kinder zu bekommen.«

»Das hört sich für mich ziemlich animalisch an. Ich bezweifle, dass das unserer Würde als Mensch ...«

»Spaß am Sex zu haben?« Ich unterbreche ihn – hat er gerade »animalisch« gesagt?

»Sex ist eben auch die höchste Form der Kommunikation, bei der ich mich ganz dem anderen Menschen hingebe. Es ist ein Unterschied, ob ich mit einer Prostituierten oder meiner Ehefrau schlafe.«

»Selbst wenn du das so siehst, liegen da ja wohl noch einige Möglichkeiten dazwischen. Zum Beispiel: Ich lerne jemanden kennen, weiß, das ist wahrscheinlich nicht die Liebe meines Lebens, aber wir schlafen doch trotzdem miteinander, vielleicht nur einmal, weil wir das beide gerade wollen und weil es schön ist.«

»Ich will das ja niemandem verbieten.« Er verdreht genervt die Augen, zum ersten Mal. Entschuldigung – aber warum verdreht *er* denn jetzt die Augen?!

»Die Kirche wird immer als großer drohender Zeigefinger wahrgenommen. Darum geht es nicht. Sex ist etwas sehr Schönes, Wunderbares. Aber eben nichts Beliebiges, das man einfach so austauscht. Und das keine Konsequenzen hat für mein Selbstempfinden.«

Und damit sind wir wieder bei der blauen Sonne. Ich sage etwas, er sagt etwas anderes, wir kommen nicht weiter. Aber ich habe keine Lust, mit ihm darüber zu streiten. Ich denke ehrlich gesagt nur: Glaub eben, was du meinst, wenn es dich glücklich macht. Ob er und andere Katholiken Sex haben oder nicht, hat zumindest keine Bedeutung für meine Lebensrealität. Die Aufbauschung des Themas durch Worthülsen – »ein Geschenk«, »ein Geheimnis«, »die höchste Form der Kommunikation« – finde ich seltsam, ja. Aber das macht mich wenigstens nicht wütend. Im Gegensatz zu anderen Themen.

Widerstand

Scheiß Moral

Es gibt immer mehr Situationen, in denen ich mich zusammenreißen muss. Das liegt einerseits daran, dass ich das Gefühl habe, meinen Ärger für mich behalten zu müssen, und er sich daher langsam anstaut. Aber auch daran, dass ich mittlerweile in der Lage bin, die katholische Decke – wenn auch nur mit ganzem Körpereinsatz – über mir zu halten. Die erste Überforderung ist verschwunden – und hat etwas anderem Platz gemacht: einem drückenden Gefühl in der Magengegend. Es versucht mich daran zu erinnern, dass ich doch nicht alles akzeptieren wollte.

Über Sex und Glauben streite ich nicht weiter mit Franziskus, sondern lasse unsere Meinungsverschiedenheiten einfach so stehen. Die Stereotype-Schleuder *Warum Männer schlecht zuhören und Frauen schlecht einparken* in Franziskus' Bücherregal bleibt von mir unkommentiert. Ich schweige, wenn er sagt, Bilder von homosexueller Liebe in Schulbüchern seien »gefährlich«, oder wenn er weiblichen Patenkindern Ponyzeitschriften schenkt, »weil sie halt Mädchen sind«, und selbst als da der Flyer *Die Gender-Ideologie* auf seinem Schreibtisch liegt, schnaufe ich nur kurz.

Wäre ich in Berlin in eine dieser Situationen geraten, würde ich augenblicklich eine Diskussion beginnen. Ach was: einen Streit. Bin ich beruflich unterwegs, ist das etwas anderes. Aber in dieser Geschichte hier stecke ich ja mittlerweile nicht mehr nur als Journalistin.

Was Franziskus und die katholische Kirche genau unter der »Gender-Ideologie« verstehen, ist mir lange schleierhaft.

Gender bezeichnet das soziale Geschlecht in Abgrenzung zum *sex*, dem biologischen Geschlecht. *Sex* meint im Grunde nur, dass Frauen Brüste und eine Vulva haben. Das soziale Geschlecht ist das, was darüber hinausgeht und dazu führt, dass Mädchen Ponyfiguren geschenkt bekommen und Jungs Feuerwehr-Spielzeugautos. Dabei wird in der Wissenschaft davon ausgegangen, dass vieles, wenn nicht alles, am Gender sozial konstruiert ist. Wie viel, darüber lässt sich sicher streiten und sicher auch gut mit Franziskus. Aber: Dass nicht alles an unserem Geschlecht biologisch ist, kann wohl niemand bestreiten. Kein X-Chromosom bringt ein Mädchen auf die Idee, sich Mascara auf die Wimpern zu schmieren.

Was daran »Ideologie« sein soll, weiß ich nicht. Für mich ist Gender eine Perspektive, die mir hilft, einen anderen Blick auf gewohnte Kategorien und ihre Berechtigung zu werfen. Im Falle meines Sexgesprächs mit Franziskus hieße das unter anderem, darauf aufmerksam zu machen, dass dieses voreheliche Sexverbot in der Vergangenheit und im westeuropäischen Raum praktisch nur für Frauen galt. Und dass Männer und Frauen, die Sex haben, immer noch unterschiedlich bewertet werden. Männer sind Kings, Aufreißer. Und Frauen – na ja. Queens auf jeden Fall nicht.

Zurück zu den Geschenken für Franziskus' Patenkinder: Ich habe weder etwas gegen Feuerwehrautos noch gegen Ponys. Problematisch finde ich, was für Zuschreibungen damit vorgenommen werden, was für Erwartungen sie ausdrücken: Feuerwehrautos haben eine laute Sirene und sind da, wo es brennt. Sie sind mächtig und cool. Ponys sehen hübsch aus, sind süß und müssen beschützt werden. »Typisch« weibliche und »typisch« männliche Dinge werden in der Gesellschaft verschieden bewertet. Das fängt bei Spielzeugen an und endet bei der Arbeit, sodass Frauen noch immer für exakt den gleichen Job sechs Prozent weniger verdienen als Männer. Vergleicht man das Einkommen von Männern und Frauen 2016 branchenübergreifend, sind es sogar unfassbare 21 Prozent – und das im 21. Jahrhundert!

Ich glaube nicht, dass Franziskus seinem Patenmädchen verbieten würde, Feuerwehrfrau zu werden, wenn es das wollte. Darum geht es nicht. Sondern darum, dass diese »Mädchen halt«-Geschenke nicht fragen, woher etwas kommt, wohin etwas führt, und ein bestimmtes, erwartetes Verhalten stärken und fördern. Sie stellen Dinge als natürlich da, die es nicht sind. Es ist eine vermeintliche Kleinigkeit. Aber so viele dieser Kleinigkeiten begünstigen eine Struktur, in der Frauen das schwache Pinke-Pony-Geschlecht sind und bleiben.

Mit Franziskus konnte ich darüber noch nicht sprechen, weil bisher keine Zeit war. Ich mache ihn auch nicht jedes Mal darauf aufmerksam, dass mich solche Bemerkungen stören. Im Kleinen wirkt's schnell lächerlich, das Große dauert ein paar Minuten. Deswegen brodelt es aber irgendwann in mir. Ich nehme mir vor, das »Frauenthema«, wie ich es der Einfachheit halber ihm gegenüber nenne, bald anzusprechen. Es geht mir aber auch um Rollenbilder, um Stereotype, um die Frage, wie sehr unser Geschlecht und unsere sexuelle Orientierung unser Leben bestimmen dürfen, unser gesellschaftliches Ansehen, unsere beruflichen Chancen. Darum, ob Selbstverständliches wirklich selbstverständlich ist oder ob es nicht anders sein könnte, besser.

Als Franziskus und ich das Thema – eher die Themen – nach ein paar Wochen das erste Mal im Gespräch streifen, sitzen wir auf seinem Balkon und essen Käsebrote. Es geht ursprünglich um Mutter- und Vatertag, und in diesem Zusammenhang fällt von Franziskus der Satz: »Die Bindung vom Kind an die Mutter ist ja nun einmal eine andere, das ist ganz natürlich.«

Buff, peng, pow – die Natürlichkeitskeule, einfach so, im zweiten Hauptsatz. Ich bin kurz sprachlos. Arme Väter, die demnach ganz natürlicherweise keine so enge Bindung zu ihren eigenen Kindern haben können. Und arme Mütter, denn mit dieser Natürlichkeitsbehauptung lässt sich auch leicht rechtfertigen, warum Frauen doch lieber zu Hause bei den Kindern bleiben sollten, statt zu arbeiten. Wo etwas als »natürlich« angesehen wird, entsteht ganz schnell eine Erwartung, ein Zwang von außen. Und das bei einer Sache, die doch jeder Mensch für sich selbst entscheiden sollte. Mit einer solchen Argumentation lässt sich am Ende auch begründen, warum Frauen schlechter bezahlt werden – ist ja eh nur der Zuverdienst.

Franziskus erklärt seine Aussage mit seinen Erfahrungen: Kinder würden eben meist mehr an ihren Müttern hängen. Klar ist das im Moment so. Wie könnte es auch anders sein, wenn es doch vor allem die Frauen sind, die zu Hause bleiben und daher mehr Zeit mit den Kindern verbringen. Aber bleibt der Vater zu Hause, ist das selbstverständlich auch umgekehrt möglich. Dass kaum Väter zu Hause bleiben, liegt daran, dass es als natürlich betrachtet wird, dass das vor allem Mütter tun. Und weil es vor allem Mütter tun, scheint es natürlich zu sein. Ein ewiger Kreislauf. Aber noch lange kein natürlicher. Sicher gibt es biologische Gegebenheiten, aus denen resultieren aber meiner Meinung nach noch lange keine »natürlichen« Aufgaben für Mann oder Frau.

Zurück zum Balkon. Ich frage also nach, was Franziskus meint, er antwortet, ich reagiere, zwanzig Minuten geht es hin und her, das Thema kommt von der Mutterbindung auf Erziehung generell, mit vielen Wiederholungen und Kreisumdrehungen auf beiden Seiten, die man eigentlich so zusammenfassen könnte: Ich finde, das Wichtigste für ein Kind sei, dass es in Liebe, leiblicher, emotionaler und finanzieller Sicherheit aufwächst – und nicht, welches Geschlecht oder welche sexuelle Orientierung die Elternteile haben. Franziskus findet, Ausnahmen bestätigten zwar die Regel, aber das gottgewollte Ideal sei eben: Mutter-Vater-Kind – und das sei auch das Beste für das Kind. Diesmal kann ich nicht denken: Soll er halt glauben, was er will. Seine katholische Moral ragt nämlich in meine Lebenswelt hinein. Durch die Erwartungen, die damit an Frauen und Männer gestellt werden. Und auch durch die Bewertung von homosexuellen Beziehungen – die diskriminiert selbst unreligiöse Menschen aus meinem Freundinnen- und Bekanntenkreis. Während wir dort auf dem Balkon sitzen, dürfen homosexuelle Paare immer noch keine Ehe eingehen oder Kinder adoptieren.

Ziemlich genau ein Jahr nach diesem Balkongespräch werde ich in Berlin vor dem Bundestag stehen und mit anderen den Gesetzesbeschluss feiern, der das ändert. Ich werde mit der Frau neben mir ins Gespräch kommen: einer Katholikin, überzeugt, gläubig – und eben lesbisch.

Weil Franziskus und ich hier nicht weiterkommen, nehmen wir uns vor, Zahlen zu recherchieren. Wenn eine Diskussion so endet, zeigt das, wie weit die Überzeugungen auseinanderliegen. Es kann kein Verständnis hergestellt werden, daher braucht es Beweise.

Franziskus muss los, wir lächeln, nett, aber ohne Konsens.

Danach fühle ich mich das erste Mal hilflos. Dabei ist noch gar nichts Schlimmes passiert. Das war ja erst der Anfang einer Diskussion, aber er deutet schon auf ein mögliches Ende hin, vor dem ich mich die ganze Zeit fürchte: dass unsere Blicke auf die Welt so verschieden sein könnten, dass sie vielleicht zu verschieden sind, unversöhnlich. Wenn dem so ist, weiß ich nicht, wie der Rest des Jahres ablaufen soll. Wie sollen denn unsere Gespräche über »das Frauenthema« in Zukunft aussehen? Das da auf dem Balkon war ja kein Austausch mit der Option, am Ende etwas vom Gegenüber mitzunehmen. Das war ein Austausch von zwei »Es ist so«-Positionen. Aber wie könnte ich von meiner abweichen, wenn ich weiß, dass ich recht habe? Und wie könnte Franziskus von seiner abweichen, wenn er weiß, dass er recht hat?

Sollen wir diesem Thema also aus dem Weg gehen? Unmöglich. Es lauert überall: in seinem Bücherregal, in den Momenten vor den geöffneten Türen, in jeder Messe, wenn ich nach vorn schaue und dort nur Männer stehen. Außerdem ist es uns beiden zu wichtig, um es zu ignorieren. Für mich geht es um Gerechtigkeit. Für ihn geht es um Gottes Schöpfung.

Ich sollte mich nicht so fühlen, ich lasse das alles viel zu nah an mich heran. Ich muss Franziskus doch nicht überzeugen, wir müssen keine Freunde werden. Aber eben wegen der schönen Momente mit ihm und den Menschen hier reagiere ich in den nicht so schönen Momenten so emotional. Je mehr ich angezogen werde, desto mehr werde ich auch wieder abgestoßen.

Es ist ein paar Tage nach dem Balkon-Gespräch, als ich in der Messe stehe und auf einmal wieder vierzehn Jahre alt bin, im wütenden Alter.

Eigentlich ist es ein schöner Gottesdienst. Familienmesse, die Kirche ist voll, viele Kinder sind da. Ich stehe auf, wenn die anderen aufstehen; sitze, wenn sie knien; und während sie singen, schaue ich selbstsicher ins Gesangsbuch. Einige Lieder kenne ich noch aus meinen Schulgottesdiensten: »Lasst uns miteinander singen, loben, danken dem Herrn« oder der Klassiker: »Laudato si«. Auch die Fürbitten mag ich, weil sie für Menschen und besonders Kinder im Krieg bitten. In seiner Predigt spricht Franziskus von Liebe, was ja schön klingt. Gott sei die Liebe. Liebe deinen Nächsten, so einfach ist das, und die Welt wird besser. Beim Vaterunser nehmen sich alle an die Hand, auch mein Banknachbar reicht mir seine. Ich nehme sie. Manchmal bin ich kurz davor mitzusingen. Einfach mal fallen lassen in dieser Atmosphäre und mitmachen.

Aber dann ist da ein Riegel. In meinem Kopf. Er schiebt sich vor diesen Gedanken, schiebt sich vor alles. Auf ihm steht: Das hier gilt nicht allen. Sie meinen nur den Nächsten, der so ist wie sie. Sie meinen nur die Liebe, die so ist wie ihre.

Mir fallen die Nachrichten von Menschen ein, die mir geschrieben haben, wie die katholische Kirche sie verletzt hat: weil sie mal dazugehören wollten, aber nicht in das Ideal passten, sich so lange falsch fühlten, bis es nicht mehr auszuhalten war und sie von selbst entschieden zu gehen. Und auf einmal kommt mir diese ganze Messe, die ich eben noch so schön fand, die Lieder, die Bitten, der Weihrauch, die Worte über Liebe, das alles kommt mir vor wie ein Schauspiel. Nicht echt. Scheinheilig.

Mir geht plötzlich alles auf die Nerven. Ich bin anti. Anti alles. Ich will meine Haare pink färben und schreien, einfach damit hier mal jemand pinke Haare hat und schreit. Damit mal irgendetwas anders ist.

Dieses immer gleiche Stehen, Sitzen, Knien. Die gleichen Gebete. Menschen, die gleich sind. Der Ablauf, der immer gleich ist. Gleich, gleich, gleich. Sie glauben an Jesus, der Revolutionär war, aber machen selbst nie etwas anders. Sie feiern ihn, weil er sich Aussätzigen zugewandt hat, und machen es doch selber nicht. Ich mutiere binnen zwanzig Minuten vom gerührten zum schlechtgelauntesten Menschen auf diesem Erdball. Ich bin wütend. Ich will hier raus.

Ich schaue Franziskus an. Diesen Mann, der ganz, ganz langsam – wie jeden einzelnen Tag – das Brot hochhält. Und der zwischen zwei anderen Männern steht, auch Priester. Weil da oben eben immer nur Männer stehen, weil Frauen dieses Amt nicht ausüben dürfen – dabei sind die Kirchenbänke voll mit Frauen. Was soll das, Franziskus? Ich schreie ihn innerlich an: Wieso müsst ihr Menschen ausschließen? Von diesem Amt? Von der Kommunion? Von der Ehe? Was sollen diese Regeln, die doch nur Menschen verletzen? Weil das mal vor 2000 Jahren aufgeschrieben wurde? In der Bibel steht auch, dass Gott die Erstgeborenen der Ägypter getötet hat!

Hätte Jesus das getan, ja? Hätte er auch all diesen Weihrauch gewollt, dieses ganze 2000 Jahre alte Schauspiel? Was sollen diese vielen Stunden, die du hier in der Kirche verbringst? Was bringen eure Gebete für den Frieden? Betet halt, wenn es euch hilft – aber tut nicht so, als ob das irgendetwas ändern würde! Wenn euch die Liebe so wichtig ist, dann handelt gefälligst auch danach! Würde Jesus einem Mann sagen, er darf nicht mit dem Menschen zusammen sein, den er liebt, nur weil dieser Mensch auch ein Mann ist? Würde er einer Frau, die Priesterin werden will, sagen: Tut mir leid, dieses hohe Amt der katholischen Kirche ist nichts für dich, weil ...? Ja, weil *was*? Weil du eben zwei Brüste hast?! Nein, würde er nicht! Und das weiß ich sicher, obwohl ich nur mal vor fünfzehn Jahren eine Kinderbibel gelesen habe!

Ich stehe da in der Kirche in Roxel, vorne spricht Franziskus die Wandlungsworte, neben mir sprechen die Menschen irgendetwas hinterher, um mich herum spielt Musik, und über mir, da bröckelt die Decke wieder. Aber nicht die katholische Decke. Sondern die Decke meiner Toleranz und Akzeptanz. Sie bricht unter all diesen katholischen Regeln, unter dieser ganzen Moral. Dieser Moral, die so vieles nicht akzeptiert. Dann bin ich ab jetzt auch nicht mehr dazu bereit.

Ich will hier nicht mehr stehen. Ich will nicht, dass

irgendjemand denkt, ich fände das okay. Ich finde es nicht okay. Dass da vorn nur Männer stehen. Dass Homosexuelle ausgeschlossen sind von der Kommunion. Dass wiederverheiratete Geschiedene keinen Job mehr in katholischen Institutionen bekommen. Dass katholische Krankenhäuser Frauen die Pille danach verweigern. Das Buch in Franziskus' Regal. Den Mythos über die »Gender-Ideologie«. Die Vorurteile. Diese ganze blöde katholische Moral. Ich bin nicht einverstanden, ich gehöre nicht dazu, nein.

Als die Messe vorbei ist, stolpere ich fast hinaus.

Atmen.

Eigentlich wollte ich mit Franziskus erst später darüber sprechen, was die Ungleichberechtigung zwischen den Geschlechtern in der katholischen Kirche soll. Wegen der Spannung. Weil es natürlich der Kontrast ist, den alle spannend finden: Feministin und katholischer Priester. Aber es geht nicht. Es muss jetzt sein. Weil ich sonst platze.

Damit wir uns über einige Themen detaillierter unterhalten können, räumt Franziskus mir Platz in seinem Kalender frei. Zwischen den einzelnen Terminen ist dafür zu wenig Zeit. Anfang Juni, nach zwei Monaten miteinander, sitzen wir zusammen, um die folgende Woche zu besprechen. Ich sage ihm, dass ich als Nächstes gern »das Frauenthema« mit ihm diskutieren würde. Ich sage ihm auch, dass ich die genaue Richtung noch nicht weiß, nur dass es bestimmt nicht zwischen Mittag und Gebet passt. Franziskus nickt nur.

Später am Abend ruft er mich an und sagt, er habe noch einmal darüber nachgedacht: ob das jetzt wirklich eine so gute Idee sei. Es gebe doch anderes, was erst mal wichtiger sei. Ihm gehe es darum, nach dem Sinn dieses Jahres zu fragen. Sollte nicht der Alltag eines Priesters abgebildet werden? Diese Themen würden seinen Alltag nicht betreffen. Es seien nur »die Reizthemen«, nach denen Menschen außerhalb der Kirche ihn immer zuerst fragen würden. Aber sie seien ihm persönlich nicht wichtig.

»Für mich ist es aber wichtig«, sage ich in den Hörer hinein. Ich will normal klingen. Es funktioniert nicht. »Ich bin nun mal eine Frau!«

Das Gespräch hat gerade keinen Sinn. Franziskus schlägt vor, morgen noch einmal zu reden.

Er ruft mich vormittags an, fragt, ob er mich vom Hotel abholen solle und wir spazieren gehen. Das hat er noch nie gemacht.

Viele Monate später erzählt er mir, dass ihm bewusst geworden sei, wie emotional das Thema für mich ist. Und dass da etwas auf der Kippe stand.

Als ich aus dem Hotel komme, wartet Franziskus schon auf mich. Wir laufen los, erst schweigend, dann erklärt er sich noch einmal. Sagt, er meinte nur, dass Themen wie die Frauenrolle oder Homosexualität immer von außen gesetzt würden. Und ob dieses Jahr nicht die Möglichkeit biete, eben mal auf andere Themen zu schauen, die seinen Alltag als Priester wirklich beträfen.

Während er redet, halte ich mir mit der Hand den Mund zu, damit ich ihn nicht unterbreche. Dann sage ich: »Es geht ja aber darum, wie ich deinen Alltag wahrnehme. Und mich betrifft das Thema täglich. Es verdeckt mir die Sicht auf anderes. Ich stecke hier schon als Mensch drin, vielleicht zu tief, und damit das weiter funktioniert, muss ich mal über die Dinge reden, die ich permanent im Kopf habe.« Ich zähle ihm ein paar davon auf – Sprüche wie »Er ist halt ein Mann«; der Gender-Ideologie-Flyer; das Buch *Warum Männer schlecht zuhören und Frauen schlecht einparken;* dass immer nur Männer hinter dem Altar stehen; und eben alles, was mich in der Messe vor ein paar Tagen innerlich aufschreien ließ – und warte ab, wie er reagiert. Die ganze Zeit hatte ich Angst davor, dass er mich nicht ernst nehmen, sich über mich lustig machen würde, dass er Gender-Wissenschaften zum Teufel jagen, selbst wütend werden oder einfach sagen würde, er hat halt keine Lust, darüber zu sprechen.

Aber Franziskus hört sich alles an, was ich sage, widerspricht mir nicht, sieht nicht genervt aus, guckt nicht blöd, nickt nur verständnisvoll. Dann sagt er: »Ich habe nicht wahrgenommen, dass dich das so umtreibt.«

Krass. Wie kann er das nicht gemerkt haben?

»Tut mir leid, dass es gerade so viel ist«, sage ich. »Und so ungefiltert.«

»Nein, das ist gut, das muss ja auch mal raus.«

Wir laufen eine Weile durch Roxel, und meine Wut verschwindet. Diese Seelsorge-Sache beherrscht Franziskus. Er sagt, wir könnten gern über »das Frauenthema« reden, gern bei nächster Gelegenheit, wann immer ich wolle. Gut, abgemacht.

Am Abend feiert Franziskus die Messe mit Firmlingen im Nachbarort, ich sitze mit im Kreis. Die Lieder hat die Runde selbst ausgesucht, wieder ist eines dabei, das ich kenne. Der Text lautet: »Wir müssen aufstehen, aufeinander zugehen, / voneinander lernen, miteinander umzugehen. / Aufstehen, aufeinander zugehen / und uns nicht entfernen, wenn wir etwas nicht verstehen.« Als ich vielleicht vierzehn Jahre alt war, gehörte dieses Lied mir und meiner besten Freundin. Wir malten ständig sich hinsetzende und aufstehende Strichmännchen in unsere Mathehefte.

Ich kann nicht anders, meine Füße machen mit, mein Mund bewegt sich. Ich schaue auf den Liedzettel, obwohl ich den Text auswendig kenne. Als ich einmal kurz zu Franziskus blicke, guckt auch er gerade – er lächelt. Wie ich.

Später auf dem Heimweg erzähle ich ihm, warum mich das Lied so gefreut hat. Er sagt, er habe das Lied gar nicht gekannt. Gelächelt habe er, weil er fand, dass das so gut auf uns passt.

Schleudertrauma

Der Schnaps ist schuld, unser Gepäck muss noch einmal durch die Sicherheitskontrolle. Franziskus packt zwanzig kleine Flaschen Roxel-Likör mit weißer Schokolade in eine Extra-Kiste und schiebt seine Tasche noch einmal durch den Flughafen-Scanner. Vielleicht ist es die Kombination aus Kollar und Hochprozentigem, die den Mann hinterm Monitor zum Lächeln bringt. Ich zaubere noch zwei große Flaschen à siebenhundert Milliliter hervor. Jetzt ist alles gut, wir bekommen Zutritt in den Abflugbereich des Düsseldorfer Flughafens.

Die Schnapsflaschen sind Mitbringsel für Freunde in München. Dort wird ein Mitglied aus Franziskus' Gemeinschaft zum Priester geweiht. Bis eben standen wir noch im Zelt des Roxeler Schützenfests, in dem es am Nachmittag für alle, denen es am Abend zu bierig wird, Kaffee und Kuchen gab. Die älteren Herren und Damen mit liebem Erdbeertorte-Lächeln saßen verteilt an vier Tischen, Franziskus wollte überall kurz Hallo sagen. »Facelifting« nennt er das, der Gemeinde zeigen, dass man Mensch und nahbar ist. Dreißig Minuten wollten wir bleiben. Nach knapp sechzig hat er jedem Tisch noch einmal eine volle Kanne Kaffee vom Buffet geholt.

Dass er mich zum Spaziergang vom Hotel abgeholt hat, ist erst ein paar Tage her. Wir konnten noch nicht weiter über die Themen reden, die ich angesprochen habe, aber die Stimmung zwischen uns ist trotzdem wieder gut. So ist das eben: Manche Dinge müssen warten, bis ihre Zeit gekommen ist. Der Alltag läuft weiter und so sieht man sich wieder von anderen Seiten.

Wir verreisen für drei Tage. In seinem Handgepäck hat Franziskus trotzdem gleich zwei verschiedene Mess-Outfits, das lange weiße und das lange schwarze. Sein Handy liegt dafür zu Hause, was mal wieder wunderbar typisch ist. Auf diesem Handy hat er Apps wie die Bibel und das Stundengebet. Die Symbole auf seinem Display hat er als Kreuz angeordnet. Der Bildschirmschoner auf meinem Laptop ist ein Sticker, der das Tanzverbot an kirchlichen Feiertagen kritisiert.

Die Maschine hat zwei Reihen mit je zwei Sitzen. Ich sitze am Fenster, Franziskus am Gang. Die Stimme von oben bittet um unsere Aufmerksamkeit: So gehen die Gurte zu, so auf, es gibt sechs Notausgänge und Leuchtstreifen.

»Du merkst dir, wo die Notausgänge sind, Franziskus, ja?«

Ich hasse fliegen. Die Stimme sagt uns, wo im Fall eines Druckverlusts die Sauerstoffmasken zu finden sind, und wünscht einen guten Flug. Ich schaue aus dem Fenster auf die Straße, auf der wir herumrollen. Dann drehe ich mich zu Franziskus.

»Hast du … Oh, betest du gerade?«

»Ja, aber egal.«

»Nein, voll in Ordnung. Bitte bete weiter: Bete für diesen Flug.«

Sicher ist sicher.

»Alles gut, bin fertig.«

»Was hast du gebetet?«

»Segne uns, Gott, auf dieser Reise, genau wie unser Gespräch und auch alle Begegnungen, die vor uns liegen.«

»Hast du Flugangst?«

»Nee.«

Um das kurz klarzustellen: Ich habe auch keine wirkliche Flugangst. Ich brauche keine Tabletten und bekomme keine Panikattacken. Aber ich fühle mich einfach wohler, wenn ich nicht in einer Blechbüchse sitze, die Tausende Meter über dem Boden in der Luft hängt.

»Ist das Gottvertrauen?«, frage ich.

»Man hat Flugangst oder hat sie nicht, so wie Höhenangst. Aber ich glaube, selbst wenn es richtig schlimm wäre, würde ich nicht in totale Panik ausbrechen.«

Blink, Anschnallzeichen-Ton.

»Hast du so etwas wie Todesangst?«, frage ich.

Wir fliegen jetzt Richtung Himmel, da sind diese Fragen erst mal wichtiger und naheliegender.

»Als Jugendlicher und junger Erwachsener gab's Momente, in denen ich mir meiner Endlichkeit öfter bewusst wurde. Also in etwa: Ja, stimmt, dann bin ich nicht mehr da. Wie ist das, was passiert mit mir? Es war keine Angst, eher ein komisches Gefühl. Aber das habe ich lange nicht mehr gehabt.«

»Kannst du dich auf den Tod freuen?«

»In gewisser Weise ja, weil ich weiß, dass es danach weitergeht. Danach ist uns etwas verheißen, das wunderschön ist.« Durchsage: Wir starten. »Aber ich sehne den Tod nicht herbei, ich freue mich auch über jeden Augenblick, den ich noch hier bin.«

Wir werden schneller und schneller. Ich mache die Augen zu und kralle mich, befürchte ich, etwas sehr in den Griff. Franziskus grinst.

»Und bei dir?«, fragt er.

»Wenn man oben ist, ist es ja in Ordnung. Es fällt mir bis dahin nur schwer, etwas anderes zu denken als: Du bist in der Luft, du bist ein Mensch, du solltest hier nicht sein.«

»Ich will dich auch gar nicht ablenken. Wenn du willst, lass ich dich ganz in deiner Todesangst allein.«

»Was ist denn dein Lieblingstransportmittel?«

»Zug.«

»Schon mal einen Bungeejump gemacht?«

»Nee.«

»Willst du?«

»Weiß nicht, glaub nicht. Ich bin schon auch ein ziemlicher Schisser.«

»Du hast doch keine Angst vor dem Tod.«

»Nicht vor dem Tod. Aber du stehst dann da oben und guckst da runter ... Also, du bringst mich nicht einmal dazu, vom Zehn-Meter-Brett zu springen.«

Wir steigen immer höher, das Flugzeug wackelt, wir sind in den Wolken. Ich schaue in den Nebel, dann wieder zu Franziskus.

»Sind wir jetzt im Himmel?«

»Das erklärt sich leichter auf Englisch: Wir sind im *sky*, aber nicht im *heaven*. Der *heaven* ist eine weitere Dimension, eine Wirklichkeit, die wir nicht sehen. Sie ist über uns, um uns, in uns, rechts und links von uns – einfach überall. Dort sind die verstorbenen Seelen, Engel und eben Gott.«

»Das hat nichts mit dem Himmel da draußen zu tun?«

»Nein, obwohl der auch sehr schön ist.«

Die dicken Wolken liegen jetzt unter uns, wir sehen nur noch Licht. Die Sonne ist gefühlt nicht mehr als ein paar Armlängen entfernt.

Es gibt auch unter Katholikinnen verschiedene Vorstellungen davon, was nach dem Tod genau geschieht. Franziskus betont, dass er nicht für alle sprechen könne. Und auch, dass er kein guter Theologe sei. Er erklärt es sich so: Nach dem Tod werde man mit dem eigenen Leben konfrontiert, mit den guten Momenten, den schlechten, mit seinen Gedanken, seinem Handeln, den Sehnsüchten und Sünden. Man durchlaufe einen Reueprozess, der schmerzhaft sein könne – weil das alles im Licht der Liebe Gottes passiere und uns das unsere Unvollkommenheit vor Augen führe. Gott sei bereit, uns alles zu vergeben, aber wir müssten auch seine Barmherzigkeit annehmen und uns selbst vergeben.

Der Himmel ist im katholischen Glauben der Ort absoluter Gottesnähe. Als Gegenpol glauben sie auch an die Hölle als einen Ort der absoluten Gottesferne. In die kommt man aber nur, wenn man das selbst will. Die aufgeklärte Theologie nimmt an, dass Gott uns absolute Freiheit schenkt; weshalb der Mensch auch nach dem Tod frei ist, sich gegen Gott zu entscheiden. Weil sie aber nicht glauben, dass das jemand im Angesicht des Herrn tun würde, gehen sie quasi davon aus, dass die Hölle leer ist. Und alle im Himmel sind.

Die Phase bis dahin, von der Franziskus sprach, kennt man unter dem Begriff »Fegefeuer«, lateinisch *purgatorium*, »Reinigungsort«.

»Aber die Vorstellung vom Fegefeuer hat sich ja immer

wieder geändert«, sage ich. »Wie kommst du dazu, gerade diese Version zu glauben?«

»Die alte Vorstellung von Teufelchen und Peitsche ist nicht kompatibel mit meinem Glauben. Aber das, was die Kirche heute sagt, macht für mich einfach Sinn. Ich habe die Liebe Gottes erfahren und kann mir vorstellen, dass das so ist. Und die Kirche hat sich das nicht ausgedacht, diese Vorstellungen vom Fegefeuer gehen auf Jesus Christus zurück.«

»Wie stellst du dir den Himmel vor?«

»Es ist ein Zustand, ein irgendwie dynamischer. Ich denke dabei vor allem an Emotionen – eine Kombination aus Frieden und Freude, sodass man ganz geborgen ist in der Liebe. Ein Licht, das alles erleuchtet, einen wärmt. Und ich glaube, dass ich dort die Heiligen sehen werde. Nicht in Hose und Hemd, sondern als Wesen.«

»Und Gott ist auch da?«

»Ja, also, das Antlitz Gottes wird irgendwie sichtbar sein.«

»Was bringt denn das Leben, wenn der Tod anscheinend viel besser ist?«

»Der Tod ist nicht besser. Aber er ist gut, er gehört zum Leben dazu. Es ist alles eins. Es ist wichtig, dass wir das Beste aus unserem Leben machen, aber der Tod ist nichts Schlimmes, wovor wir Angst haben müssen. Er ist ein Tor zur Liebe Gottes.«

Es ist klar, dass Franziskus mit dem Tod besser umgehen kann als ich, wenn er glaubt, dass er alle im Himmel wiedersehen wird. Beneidenswert. Kann ich das auch glauben? Ich habe mir bisher keine Vorstellung davon gemacht, was nach dem Tod passieren könnte. Klar, als ich mir irgendwann einmal meiner eigenen Endlichkeit bewusst wurde, hat mich das natürlich auch beklommen gemacht. Aber jetzt denke ich so gut wie nie darüber nach. Weil ich sowieso nicht wissen kann, was dann sein wird. Und weil es sich so weit weg anfühlt. Aber wenn meine Familie und ich am Grab meines Opas und meiner Uroma stehen, sprechen wir mit ihnen. Führen wir Selbstgespräche?

Der Flug dauert eine gute Stunde und verläuft ohne weitere Vorkommnisse. Als wir gelandet sind, verabschiedet sich die Stimme: »Take care, servus and goodbye.« Willkommen in München.

Franziskus kommt bei Schwestern und Brüdern aus seiner Gemeinschaft unter. Keine biologischen Schwestern und Brüder, aber sie nennen sich gegenseitig so. Ich schlafe bei einer Freundin. Es ist schon spät, als ich ankomme, sie hat selbst noch Besuch von einer Bekannten. Zur Begrüßung überreiche ich die Flasche guten Roxel-Likörs, mit der wir uns zu dritt in den Innenhof setzen. Ziemlich schnell kommt das Gespräch auf mein aktuelles Projekt, und genauso schnell geraten ich und die Frau, die ich gerade erst kennengelernt habe, in eine Diskussion. Beinahe zwei Stunden lang. Über die Kirche. Und ich stehe plötzlich auf der Seite der Verteidigung. Es fing damit an, dass sie sagte, »die Kirche« sei nichts Gutes, und ich eigentlich nur anmerken wollte, dass man nicht pauschalisieren dürfe, aber schon während der Anmerkung eigentlich davon ausging, dass uns das sowieso allen klar sei und sie es nur so dahergesagt habe. Aber sie meinte es so.

Sie hat die Bibel gelesen, den Koran und die Diskussion,

die jetzt folgt, schon oft geführt, das merkt man. Sie wird nicht laut, aber energisch. Und ihre Kritik ist hart.

Sie kritisiert die Kirche als Institution: zu viel Macht, zu viel Geld vom Staat, wie ein profitorientiertes Unternehmen. Sie kritisiert die Scheinheiligkeit: Armut predigen und sich das Geld vom Staat einsammeln lassen für eine Arbeit, die genauso gut konfessionslose Organisationen übernehmen könnten, die ihren Mitarbeitern aber nicht vorschreiben würden, ob sie sich scheiden lassen dürfen oder nicht. Sie kritisiert die Lehre an sich: »die Wahrheit« für sich beanspruchen, alle paar Jahrzehnte etwas anderes erzählen und den Widerspruch selbst nicht merken. Sie kritisiert die Bibel: Entweder sei die eben das Wort Gottes und wörtlich zu nehmen – was sich bei all den Morden und den Frauenbildern wirklich niemand wünschen könne. Oder sie sei interpretierbar, dann sei sie auch nicht das Wort Gottes, und die Kirche hätte keine Ausreden, sich nicht zu modernisieren. Sie kritisiert das Handeln der Kirche: Der Papst reise nach Afrika und warne vor Kondomen. Er nehme damit die Erkrankung, den Tod von Menschen in Kauf. Alles für seine Lehre. Peng, peng, peng, auf einen ihrer Punkte folgt direkt der nächste.

Ich grätsche immer wieder in die Pausen hinein, um zu betonen, dass man trotzdem nicht pauschal »die Kirche« im Ganzen verurteilen dürfe. Viel mehr fällt mir nicht ein. Was soll ich ihr auch antworten? Es ist erst ein paar Tage her, dass ich selbst in der Messe stand und schreien wollte. Trotzdem kann ich das, was sie sagt, nicht so stehen lassen. Ich hätte das Gefühl, Franziskus zu verraten. Und auch Frau De Palo, die Messdiener, Timo, Christian, alle anderen. Aber leider bin ich eine lausige Verteidigerin, nicht einmal von der Unschuld des eigenen Mandanten überzeugt.

Vieles werde ich in Zukunft besser erklären können. Dass die Bibel nicht wortwörtlich zu verstehen ist zum Beispiel. Durch sie wirkt Gott, so der Glaube, aber die Texte darin wurden von Menschen aufgeschrieben. Deshalb klingt auch das Leben Jesu in jedem Evangelium ein wenig anders – die Evangelisten bringen ihre Persönlichkeit mit hinein. Außerdem ist das Alte Testament nur durch das Neue zu verstehen. Aber was das heißt, weiß ich in diesem Moment selbst noch nicht.

»Ich bin keine Theologin und kann dir nicht erklären, wie die Bibel zu verstehen ist«, sage ich. »Und auch auf die anderen Punkte kann ich nicht perfekt antworten, weil ich mich dafür zu wenig auskenne. Ich kann nur sagen: Ich kenne jetzt Menschen, die an diese Kirche glauben, und wenn du pauschal die Kirche verurteilst, verurteilst du auch sie, und das ist nicht in Ordnung.«

»Ich verurteile aber nicht deren Glauben. Menschen können glauben, was sie wollen, meinetwegen an Einhörner. Aber die Kirche an sich hat zu viel Macht und propagiert eine Lehre, die in sich widersprüchlich ist.«

»Das kannst du nicht trennen. Wenn du *die* katholische Kirche angreifst, greifst du auch die katholischen Gläubigen an, die an ebendiese Kirche glauben. Und es gibt sehr wohl auch Gutes in der Kirche.« Ich erzähle von dem Gemeinschaftsgefühl, das man in der Kirche erlebt, dem Zwischenmenschlichen, den kleinen Momenten. Sie antwortet: »Das passiert doch alles nur innerhalb der Gemeinde. Und für keinen anderen.«

Sie spricht genau die Exklusivität an, die meine Decke

hat brechen lassen. Würde ich hier mit Franziskus sitzen, könnte die ganze Kritik, die sie äußert, von mir kommen. Aber das sage ich ihr nicht. Ich sage nur wieder: »Nein, es ist falsch, wenn du pauschal die ganze Kirche angreifst und verurteilst.«

Irgendwann verabschieden wir uns, es ist zwei Uhr morgens. Im Bett hallen die schweren Vorwürfe aus dem Gespräch in mir nach. Und erzeugen wieder das drückende Gefühl im Bauch. Weil ich ja in vielen Punkten ihrer Meinung bin oder mich das Gleiche frage. Und mich wundere, was ich hier tue. Lasse ich mich instrumentalisieren? Für eine Institution, die so vieles propagiert, was ich ablehne? Wenn ich hier sitze und die Kirche verteidige gegen Argumente, die von mir stammen könnten: Mache ich mir selbst etwas vor? Um diesen Job irgendwie zu rechtfertigen? Vor mir selbst, vor anderen? Habe ich es denn ernst gemeint, als ich sagte, dass die katholische Kirche auch viel Gutes hat?

Die meisten Fragen werde ich an diesem Abend nicht beantworten können, sondern erst Monate später.

Was ich aber jetzt schon weiß: Verteidigt habe ich »die Kirche« nicht wegen meines Jobs, sondern weil sie jetzt ein Gesicht für mich hat. Beziehungsweise viele Gesichter. Früher hätte ich pauschale kritische Bemerkungen über die katholische Kirche einfach überhört oder ihnen zugestimmt. Weil ich damit nichts verbunden habe, und niemanden. Jetzt schon. Und ich weiß ja auch, dass diese Menschen sich über die Vorwürfe, mit denen ich in unserer Diskussion konfrontiert wurde, schon einmal Gedanken gemacht haben müssen. Dass es also Antworten geben muss. Nur: Ich kenne sie noch nicht.

Ich muss mir eingestehen, dass ich vieles noch nicht verstanden habe. Ich kann meinen Freundinnen Feiertage erklären. Wenn sie mir exakt die Fragen stellen, die ich auch Franziskus schon gestellt habe, kann ich seine Antwort wiedergeben. Aber sobald ihre Fragen darüber hinausgehen, bin ich ratlos. Kurz überlege ich, die ganze Bibel, die christliche Geschichte und kirchliche Struktur zu studieren und Franziskus eben mit allem, was mich irritiert, zu konfrontieren. Aber das ist wie mit dem Matheunterricht in der Schule. Da lernt man den Lösungsweg einer Aufgabe, denkt, man weiß, wie es läuft. Dann taucht die Aufgabe in der Klausur etwas abgewandelt auf, und man merkt, dass gar nichts läuft, sondern man nur auswendig gelernt, nicht verstanden hat. Selbst wenn ich mich mit allem, worüber ich jetzt nichts weiß, auseinandersetzen würde, hieße das nicht, dass ich Franziskus als Menschen verstanden hätte, die Welt durch seine Augen sehen könnte. Es muss einen anderen Weg geben.

Am nächsten Tag findet im Dom München-Freising die Priesterweihe statt. Diese Hochzeit mit Gott unterscheidet sich von einer zwischen Mann und Frau dadurch, dass sie wesentlich länger ist und es mehr Weihrauch gibt. In jedem Bistum werden einmal pro Jahr Priester geweiht – vorausgesetzt, es gibt genug sogenannte Priesteramtskandidaten, die man weihen kann. Es werden immer weniger. Die Priesterausbildung dauert mindestens sieben Jahre. Aussteigen kann man jederzeit, viele tun es auch – wegen Zweifeln an sich selbst, am Zölibat oder ihrer Berufung. Es ist eine Entscheidungsphase, in der es darum geht zu überprüfen, ob die Berufung echt ist.

Der Freisinger Dom ist komplett voll, viele Leute stehen – hinter den Bänken, auf der Treppe oder an der Seite wie ich. Eine Dame neben mir war so clever, einen Klappstuhl mitzubringen. Kardinal Reinhard Marx, Vorsitzender Deutschen Bischofskonferenz, leitet die Messe. In seiner Predigt erzählt er von einer Sehnsucht, die es in der Welt gebe. Einer lebendigen Sehnsucht. Einer Sehnsucht nach der Gestalt des Priesters. Priester seien ein Brückenschlag zu Gott. Er bedankt sich, dass die Kandidaten nicht taub waren, dass sie ihre Berufung gehört haben.

Acht Männer werden heute geweiht, einer davon ist der Emmanuel-Bruder von Franziskus. Sie treten nacheinander vor Kardinal Marx, um ihm, seinen Nachfolgern und der katholischen Kirche die Treue zu schwören. Der Wortlaut des Versprechens steht in dem Buch, das ein Messdiener aufgeschlagen vor Marx hält. Beim ersten Mal schaut der Kardinal noch flüchtig hin, danach spricht er die Worte auswendig. Es sind immer die gleichen. Es gab zwar im Ablauf der Priesterweihen immer wieder Änderungen. Beispielsweise wurden sie wie alle Messen bis zum Zweiten Vatikanischen Konzil komplett auf Latein gehalten, wobei der Priester mit dem Rücken zur Gemeinde stand. Aber trotz solcher Änderungen ist der grundsätzliche Ablauf seit Jahrhunderten der gleiche. Ein Gedanke, bei dem man schon weiche Knie bekommen kann.

Die Kandidaten legen sich auf den Boden. Sie machen sich klein vor Gott, während die Gemeinde die Heiligen »anruft«. Die Gemeinde singt: »Heilige Maria, bitte für uns«, »Heiliger Markus, bitte für uns«, »Heiliger …«, und so weiter. Das macht sie mit sehr vielen Heiligen. Insgesamt dauern die Anrufe acht Minuten.

Dann folgt die sogenannte Handauflegung. Der Moment, in dem Franziskus und all die anderen Priester in Aktion treten. Die Priesteramtskandidaten knien sich zuerst nacheinander vor Kardinal Marx, der sie segnet. Danach knien die acht Kandidaten in einer Reihe, und alle bereits geweihten Priester kommen von hinten nach vorne, um ihnen ebenfalls die Hände aufzulegen. 23 Minuten lang geht das so. Irgendwann mache ich im Kopf mit: Schritt, Schritt, Drehung zum nächsten Kandidaten, Hände runter, Hände hoch, Drehung weg, Schritt, Schritt, Drehung zum Kandidaten, Hände runter, hoch. Der Chor hört irgendwann auf zu singen, sodass der Rhythmus im Kopf lauter wird.

Danach geht alles ganz schnell. Der Chor setzt wieder ein, die Menschen singen mit, die Kandidaten bekommen ein rotes Gewand übergelegt – und auf einmal sind diese acht Männer Priester. Sie wandeln, wie sie glauben, dann gemeinsam zum ersten Mal die Hostien und den Wein, verteilen die Hostien zum ersten Mal an die Gemeinde, sprechen am Ende des Gottesdienstes zum ersten Mal gemeinsam den Segen. Das Beste an der Messe ist der glückliche Blick der Männer in diesen Momenten.

Es ist schon verrückt, das alles zu sehen. Bis vor Kurzem war mir diese Welt noch so fremd, sie hatte nichts mit mir zu tun, und jetzt stehe ich hier. Wie ein Film, aber ich bin mittendrin. Mein Leben in Berlin wirkte noch nie weiter weg. Irgendwie zieht die Freude einen an, diese Feierlichkeit, wobei ich nicht beurteilen kann, wie viel das mit dem Weihrauch zu tun hat. Gleichzeitig bekomme ich das Gespräch von letzter Nacht nicht aus dem Kopf.

Am Abend treffe ich einen Freund und eine Freundin in einer Bar in München. Wieder sprechen wir über die katholische Kirche. Nach Bier Nummer zwei merke ich an, dass es als Katholikin doch ganz praktisch sei: Man könne alles beichten, dann ist es wieder gut und man kommt in den Himmel. Es sollte nur eine lockere Bemerkung werden. Aber meine Freundin sagt sofort entschieden: Nein. Man spüre in der Kirche einen ständigen Druck. »Du bist sündig, du hast etwas falsch gemacht, schäme dich.« Ihrer Mutter habe das als Kind immer Angst gemacht. Nach Bier Nummer vier versucht unser Freund, den Glauben zu verstehen. Wir stehen draußen auf dem Bordstein, der Securitymensch – in München hat das jede Bar – hat uns schon zweimal ermahnt, dass wir leiser sein sollen, als er sagt: »Das ergibt doch schlicht keinen Sinn. Wo soll Gott denn sein? Was soll Gott denn sein? Man kann ja behaupten, man glaube an die Liebe, aber Gott?«

»Die Liebe ist für sie ja Gott«, sage ich.

»Und das ist halt Glaube«, sagt meine Freundin, jetzt die Erklärende, »Wissenschaft greift da nicht, das ist nicht logisch.« Das ist halt Glaube.

Nur ein paar – zu wenige – Stunden später sitze ich wieder im Auto, mit Franziskus und einem Paar, Frau, Mann. Sie sind jünger als ich, katholisch, verheiratet, ein Kind. Wir fahren nach Altötting, einem katholischen Wallfahrtsort und dem Zentrum der Gemeinschaft Emmanuel in Deutschland. Dort wird Franziskus' frisch geweihter Priesterbruder heute seine Primiz feiern, seine erste eigene Messe, Franziskus vergleicht sie mit der Hochzeitsnacht.

Die Primiz dauert mehr als zwei Stunden. Eigentlich ist

es eine schöne Feier, wieder vor allem wegen des Lächelns des neuen Priesters. Und wegen der Lieder, er hat sie selbst komponiert.

Aber ich leide langsam an einem Schleudertrauma. Zwischen den für mich normalen Abenden mit Freunden, bei denen die katholische Kirche Kritik und Unverständnis auslöst, und den Hunderten Menschen hier, die Teil dieser Kirche sind und das ernst meinen. Und die ich ja auch ernst nehmen will. Trotzdem kann ich die Kritik nicht verdrängen, vor allem wenn mir die Dinge, die mich stören, so entgegenschlagen, wenn ich nach vorn schaue. Ich sehe nur: Männer. Männer, Männer, Männer. Wir stehen hier und besingen das Patriarchat. Wenn das in ein paar Jahrzehnten hoffentlich endlich der Vergangenheit angehört, werden die Menschen diese Szene vermutlich genauso unfassbar finden wie wir heute den Umstand, dass Frauen früher eine Erlaubnis von ihrem Ehemann zum Arbeiten brauchten. Wobei »früher« Quatsch ist. In Westdeutschland können Frauen erst seit vierzig Jahren arbeiten, ohne ihren Mann fragen zu müssen (in der DDR war das ab 1950 möglich). 1975 wurde im Bundestag über das Gesetz abgestimmt, es gab 240 Ja-Stimmen und 197 Nein-Stimmen. Die Parteien, die »christlich« in ihrem Namen tragen, stimmten übrigens geschlossen dagegen.

Ich gehe während der Messe raus, um kurz frische Luft zu schnappen. Dabei werde ich von jemandem angesprochen, der weiß, dass ich die unkatholische Journalistin bin, die Franziskus begleitet. Er scheint im ersten Moment sehr interessiert an meiner Sicht auf die Dinge. Wir gehen zum Bäcker, er gibt mir ein Brötchen aus, sagt, dass er die Kirche mit diesem toten Mann oben in der Ecke auch lange seltsam gefunden habe – und dass sich das geändert habe. Er legt Zeugnis ab, so heißt das auf Katholisch, wenn man von seinem Glauben berichtet. So erzählt er, wie seine Beziehung fast daran zerbrochen sei, dass er heimlich gebetet habe. Und wie er dann betete, dass sie nicht zerbricht – und es funktionierte. Ich höre gern zu, erst mal, ich mag Geschichten. Bis ich irgendwann merke, dass das nicht nur seine Geschichte ist, sondern ein Bekehrungsversuch. Er erzählt, wie alles auf einmal Sinn ergab für ihn. Er will sagen: Es ergibt auch Sinn für dich. Und dann spricht er ernsthaft davon, wie aktuell die Bibel noch heute sei. Und wie sinnvoll diese ganze Frau-Mann-Aufteilung: Maria als Frau und Bild für die Kirche; Jesus als Mann und *der* Priester schlechthin. Genau das, womit man mich überzeugen kann. Ich sage, dass das für mich keinen Sinn ergebe, breche das Gespräch – hoffentlich höflich, er war ja eigentlich sehr nett – ab, danke ihm noch für das Gebäck und gehe wieder rein.

Ich bin wieder im Anti-Modus. Was unpassend ist, weil mir das Schlimmste heute noch bevorsteht: das Gespräch mit Franziskus über das »Frauenthema«.

Das Frauenthema

Vor Franziskus steht ein Teller mit Hähnchenbrust und Salat, vor mir liegt ein Berg Käsespätzle. Wir sitzen auf der Terrasse eines Restaurants ein paar Hundert Meter von der Kirche entfernt, in der die Primiz vor einer Stunde endete. Meine Laune ist übel. Eigentlich kein guter Moment für so ein Gespräch. Aber wir haben es für heute Nachmittag verabredet, anders wäre es nicht möglich gewesen – in ein paar Stunden geht das Programm schon weiter, morgen fahre ich direkt nach Berlin und wir sehen uns für zwei Wochen nicht.

Aber ich habe keine Lust, das Gespräch zu beginnen. Was mich nervt, habe ich gesagt. Was Franziskus sagen wird, glaube ich zu wissen. Ich mag keine Gespräche, deren Ausgang ich schon kenne. Ich habe auch lange überlegt, wo ich anfangen könnte. Bei der Frage, was genau »Gender-Ideologie« heißen soll? Bei Erziehung? Sprache? Stereotypen? In der Messe eben habe ich mich entschieden. Ich hole einmal tief Luft.

»Okay, und warum dürfen Frauen keine Priester werden?«

Ich sage das mitten in einen banalen Wortwechsel hinein und in einem Ton, als ob ich an ein bereits geführtes Gespräch anknüpfen würde. Aber das hat wohl nur in meinem Kopf stattgefunden.

»Die Priester repräsentieren Jesus, und Jesus war ein Mann.«

Ach, Mensch, das habe ich heute doch schon einmal gehört.

»Neulich sagte mir ein anderer Priester, Menschen sollten sich immer fragen: Was würde Jesus dazu sagen? Ganz ehrlich: Was würde Jesus heute dazu sagen, dass Frauen vom Priesteramt ausgeschlossen werden?«

»Das weiß ich nicht. Vielleicht würde er sagen, dass sie zu einem Leben im Glauben berufen sind oder zu einem geweihten Leben als Schwester.«

»Ich habe jetzt einiges über Jesus gehört. Ich denke nicht, dass er heute zu Frauen, die Priesterinnen werden wollen, sagen würde: Geht halt nicht, du bist eine Frau, du hast kein Recht dazu.«

»Das Priestertum ist kein Recht. Es ist daher auch keine Diskriminierung.«

»Wenn man nur nicht Priester werden darf, weil man eine Frau ist, dann ist das sehr wohl eine Diskriminierung.«

»Priester stehen für Jesus, der ein Mann war. Frauen sind zu anderem berufen. Sie schenken Leben. Sie werden durch Maria repräsentiert, die für die Kirche steht. Das Weibliche ist in der Kirche genauso wichtig wie das Männliche. Aber Frauen und Männer sind eben nicht gleichartig.«

Cool bleiben, Valerie.

»Es geht nicht um Gleichartigkeit. Es geht darum, dass jeder Mensch in seiner Andersartigkeit gleich viel wert sein sollte. Das Priesteramt ist das höchste und wichtigste, es steht Gott am nächsten.«

»Es ist nicht das höchste Amt. Alle Christen sind vor Gott gleich wichtig, es hat nur jeder eine andere Aufgabe.«

»Die Priester spenden aber die Sakramente.«

»Damit vergegenwärtigen sie Jesus, ja. Aber er wird genauso im Ehepaar vergegenwärtigt, in der geweihten Schwester, im Bruder, in zwei Menschen, die sich lieben. Nur eben in einer anderen Weise.«

»Das ändert nichts daran, dass einige vielleicht statt Ehefrau lieber Priesterin sein würden.«

»Ich kenne keine gläubige Frau, die selbst Priester werden möchte.«

Also, mir haben in den vergangenen Wochen allein zwei geschrieben.

»Wenn es dir eine sagen würde, würdest du bestimmt nur erwidern, das sei kein wahrer Ruf von Gott. Das ist eine sich selbst erfüllende Prophezeiung: Die Kirche behauptet, Priesterinnen gebe es nicht. Und wenn dann eine sagt, sie habe den Ruf gehört, wird geantwortet, das könne nicht der Ruf Gottes sein, denn der berufe ja keine Frauen ins Priesteramt.«

»Ich würde lange mit der Frau reden, um herauszufinden, wie sie die Berufung ihrer Erfahrung nach erlebt hat. Ich glaube ihr ja erst mal, dass sie nicht bewusst lügt, dass das ihre tatsächliche Wahrnehmung ist. Also frage ich mich, wie sich das, was sie hört, von dem, was ich höre, unterscheidet. Man muss dazu sagen: Auch nicht jeder Mann, der sagt, er höre die Berufung, kann einfach Priester werden. Wir werden jahrelang ausgebildet, und es wird geprüft, ob die Berufung wirklich von Gott kommt.«

»Was ist, wenn viele Frauen ihre Berufung einfach nicht

hören? Es gibt ja auch immer weniger Priester. Will Gott einfach weniger Priester haben? Wohl kaum. Kardinal Marx meinte bei der Weihe gestern, dass viele Männer taub für die Berufung seien. Das könnte ja auch für Frauen gelten, weil sie gar nicht erst auf die Idee kommen, da die katholische Kirche von vornherein sagt, es gehe nicht.«

»Eine Frau kann für mich vor allem deswegen nicht Jesus darstellen, weil sie eine Frau ist. Jesus war und ist halt ein Mann. Auch die allermeisten Frauen, die ich kenne, können sich das Frauenpriestertum nicht vorstellen. Weil das nicht ihrem Glauben entspricht und sie eben auch sehen, dass Jesus sich in einem Mann offenbart hat.«

»Nicht in einem Menschen?«

»In einem Mann. Das ist auch ein Mensch.«

»Ich verstehe nicht, wieso das Geschlecht so hervorgehoben werden muss. Jesus hatte anscheinend lange braune Haare. Du bist blond und darfst auch Priester sein.«

»In der Bibel steht nicht, wie lang die Haare von Jesus waren. Aber dort steht, dass er zum Abendmahl nur Männer zusammengerufen hat.«

»Und warum sollte Gott nur Männer berufen?«

»Warum dürfen Männer keine Kinder kriegen?«

»Das Argument habe ich schon öfter gelesen. Was soll das? Das eine ist Natur, das andere könnte geändert werden.«

»Wer hätte das Recht, das zu ändern?«

»Der Papst. Oder ein Konzil. Es werden ja Dinge geändert. Bis vor fünfzig Jahren haben Priester nur mit dem Rücken zur Gemeinde gefeiert. Früher hieß es, Nicht-Katholiken kommen in die Hölle, und das Zölibat gab's auch nicht immer. Das sind alles Dinge, die die katholische Kirche geändert hat. Dann könnte man auch das Frauenpriestertum einführen.«

»Das ist eine andere Kategorie, diese anderen Änderungen haben die Kirche an sich nicht tangiert.«

»Wer entscheidet das? Du kannst doch nicht sagen, das eine tangiert die Kirche und das andere nicht. Veränderung ist Veränderung.«

Cool bleiben: gescheitert.

»Bei deinen Beispielen hat die Kirche nur etwas an ihrer eigenen Auslegung geändert. Hat also das geändert, was sie selbst mal festgelegt hatte. Es steht jedoch nicht direkt in der Bibel. Dort steht aber: Jesus hat zum letzten Abendmahl nur Männer, die Apostel, zusammengerufen. Mit der Einführung des Frauenpriestertums müssten wir dem Wort Gottes widersprechen.«

»Hätte Gott vor 2000 Jahren eine Frau geschickt und die hätte sich hingestellt und genau das Gleiche erzählt wie Jesus – das hätte keiner ernst genommen. Man muss das doch mal im zeitlichen Kontext sehen.«

»Jesus hätte auch als Frau kommen können, und selbst wenn nicht – es wäre auch möglich gewesen, zu einer anderen Zeit zu kommen. Hat er nicht gemacht. Das ist kein Zufall aus meiner Sicht.«

»Aber noch mal: Warum sollte Gott nur Männer berufen? Was können Männer, das Frauen nicht können? Sind Frauen unrein?«

Franziskus verdreht die Augen.

»Na, was denn sonst? Mir fällt sonst kein Grund ein. Bei Priestern geht's doch darum, zu geben, zu schenken, mit Menschen zu reden. Das sind doch sogar Verhaltensweisen, die stereotyp eher Frauen als Männern zugeschrieben werden. Demnach würden Frauen ja sogar eher in das Amt passen.«

»Auf jeden Fall.«

Graaaaaaaajhddjsasjiahggjffgludfnjdffxfsfddddddjwgdıı !!ı!!!!!!ı!

»Na, aber warum sollte Jesus dann zu Frauen sagen: Nein, ihr seid nicht berufen. Wieso?«

»Das musst du ihn selber fragen.«

»Aber man muss doch auch mal seinen eigenen Glauben hinterfragen. Und sich damit auseinandersetzen, warum gewisse Dinge so sind.«

»Warum darf ein Mann kein Kind bekommen? Hast du dich das denn schon mal ernsthaft gefragt?«

»Nein. Das ist Biologie.«

»Das andere ist halt der Glaube.«

»Das ist nicht das Gleiche!«

»Aber aus dem Glauben heraus ist es die gleiche Argumentation. Ich verstehe, dass das aus rational-objektiver Sicht kein Vergleich ist. Solche Sachen kann man nur im Glauben verstehen und annehmen.«

Ich stochere in meinen kalten Käsespätzle. Ich habe in meinem ganzen Leben noch nie Spätzle kalt werden lassen.

»Das macht mich wütend, Franziskus, wirklich. Wenn ich da im Gottesdienst stehe, alle über Liebe reden, das erst mal so schön klingt, und dann werden hinter diesen Reden Menschen, in diesem Fall Frauen, ausgeschlossen.«

»Mir tut es leid, dass dich das wütend macht. Ich verstehe dich, aber ich weiß nicht, was ich noch dazu sagen soll.«

Franziskus lässt alles an sich abprallen. Er akzeptiert die

Dinge einfach, wie sie sind, ohne zu wissen, warum sie so sind. Willkommen in der Matrix. Ihm kann es ja auch egal sein, sein Lebensentwurf wird durch dieses Verbot nicht tangiert. Er hat keine Antworten auf meine Argumente, sondern wiederholt immer nur den einen Punkt. Aber das in völliger Seelenruhe. Dazu hat er einen verständnisvollen Blick aufgesetzt, als ob ich ein Kind wäre, dem man erklären muss, dass es den Weihnachtsmann nicht gibt; und dessen emotionalen Ausbruch man kopftätschelnd aushalten muss. Als ob ich hier diejenige wäre, die irrational argumentiert.

»Mh«, sage ich nur. Ich schweige jetzt, mir egal, macht doch, was ihr wollt. Mann. So ein Scheiß.

»Valerie, ich finde auch, dass die Rolle der Frau mehr zum Tragen kommen sollte. Das gilt für die katholische Kirche genauso wie für Politik und Wirtschaft. Aber das Priestertum ist etwas anderes, das würde nicht den Ausgleich schaffen, den du willst. Ich bin überzeugt, wenn Frauen zur Priesterweihe zugelassen würden, würde die Kirche mittelfristig nicht wachsen. Das Problem liegt ganz woanders, nämlich im Glauben. Ich weiß, das ist nicht die Antwort, die du suchst …«

»Nee.«

»Aber ich kann nichts sagen, was dich überzeugen würde. Meine Antwort resultiert aus dem Glauben. Ich glaube, dass Jesus die Offenbarung der Liebe Gottes ist. Und auch wenn ich nicht weiß, warum: Er hat Männer zum Priestertum erwählt. Ich weiß, dass ist kein nachvollziehbares Argument für dich.«

Wir drehen uns im Kreis. Meine Laune ist kälter als die Spätzle vor mir. Aber was habe ich erwartet.

Wir zahlen, Franziskus geht in Richtung Kirche davon, sie treffen sich dort für den Lobpreis, also ein singendes Gebet, genau auf dem Platz, auf dem ich vorhin bekehrt werden sollte.

Ich stehe auch auf und trotte los, irgendwohin durch diesen kleinen Ort. Innerlich leer, ausgelaugt, lustlos und nicht bereit, weitere Gespräche dieser Art zu führen. Mein Problem ist, dass ich mehr in diesem Gespräch sehe: Ich halte Franziskus für einen guten Menschen. Aber selbst er hält so eisern an etwas fest, wovon ich zutiefst überzeugt bin, dass es unrecht ist. Wenn sogar jemand wie er aus dogmatischen Gründen nicht von Unrecht abweicht, wie soll dann die Welt jemals eine bessere werden?

Ich rufe eine Freundin an und erzähle ihr von dem ganzen Gespräch und dass ich schon nachgeschaut habe, wann die nächste Verbindung nach München geht, weil ich am liebsten einfach verschwinden würde. Sie stimmt mir natürlich zu, dass es völlig widersinnig ist, was Franziskus da erzählt. Und sie versteht meinen Frust. Um mich zu beruhigen, sagt sie aber auch: Es sei erstens kein persönliches Versagen meinerseits, dass Franziskus seine Meinung nicht geändert hat. Ich müsse daher nicht schlecht gelaunt sein und dürfe das nicht persönlich nehmen. Und zweitens: »Du darfst eine andere Meinung haben und ihn trotzdem mögen.«

Darf ich das?

Die ganze Zeit über habe ich mich gefragt, wie ich mit solchen Positionen von Franziskus umgehen soll. Mir ist wichtig, nicht etwas gut sein zu lassen, obwohl es nicht gut ist. Zumindest wenn es um Themen geht, die mir am

Herzen liegen, und dazu zählt Gleichberechtigung. Das heißt auch, dass ich mein Gegenüber eben nicht vergessen lassen will, dass ich seinen Standpunkt als ungerecht empfinde. Weil ich der Meinung bin, dass Menschen ihre Ansichten niemals überdenken werden, wenn sie einfach alles sagen können und aus Trägheit niemand mehr darauf reagiert. Dann wird sich nie etwas ändern. Deshalb zwinge ich mich oft, selbst wenn mir nicht danach ist, Dinge anzusprechen und auszudiskutieren, auch wenn ich weiß, dass es Streit gibt.

Bin ich zu streng mit mir selbst? Vielleicht dürfen Franziskus und ich ja wirklich gemeinsam über unsere Verpeiltheilt lachen, ohne dass ich mir sofort sage: Vergiss nicht, er ist gegen das Frauenpriestertum oder die gleichgeschlechtliche Ehe. Vielleicht kann ich in den schönen Momenten einfach die Schönheit genießen, vielleicht darf ich ihn wirklich trotzdem mögen.

Nach meinem Telefonat und seinem Lobpreis hole ich Franziskus ab. Wir nehmen am feierlichen Empfang seines Freundes teil, des frisch geweihten Priesters. Mir geht es dank meiner »Telefonseelsorge« zum Glück wieder gut. Und auch in Franziskus' Gesicht liegt kein Ärger. Als ob nichts gewesen wäre. Womöglich hat er einfach schon gelernt, dass er nicht alle überzeugen kann, und bleibt deswegen so ruhig. Vielleicht war ich auch nur so schlecht gelaunt, weil ich dachte, man müsse *ihn* überzeugen können? Weil ich ihn doch bekehren wollte? Genau das tun wollte, was ich dem Mann heute Nachmittag vorgeworfen habe. Insgeheim dachte ich wohl, wenn Franziskus einige Argumente hört, dann *muss* er einfach verstehen, dann muss er seine Meinung ändern, muss es sehen wie ich. Als ob er all das zum ersten Mal gehört hätte.

»Alles gut?«, fragt Franziskus, wie immer. »Ja«, antworte ich. Wir lächeln, wieder kein Konsens-Lächeln, aber ernst gemeint ist es trotzdem. Wir gehen zur Feier seines Priesterbruders, dort gibt es Essen, aber wir sind natürlich satt, weil wir das vor lauter Spätzle und Hähnchenbrust irgendwie vergessen hatten. Der neue Priester läuft strahlend durch die Gegend, immer wieder knien sich Leute vor ihn, er verteilt Primiz-Segen, Frischer-Priester-Segen. Das geht nur während des ersten Jahres nach der Weihe.

Ich bleibe stehen, trinke Bier, unterhalte mich mit Menschen aus der Gemeinschaft Emmanuel. Mit einigen von ihnen werde ich in ein paar Wochen nach Polen zum Weltjugendtag fahren, einem riesigen katholischen Glaubensfestival.

Am Ende des Abends sitze ich in der Altöttinger Josefsburg, wo die Gemeinschaft ihren Sitz hat und wir untergebracht sind. Neben mir Franziskus, zwei Frauen und sieben andere Priester. Wir trinken Schnaps.

Irgendwann verabschieden wir uns. In meinem Zimmer stehen ein Bett, ein Schrank, ein Schreibtisch. Ein Bild von Maria hängt an der Wand und auf dem Tisch steht ein Schild »Herzlich willkommen.« Ich bin milde gestimmt, wer weiß, wie lange, ich bekomme bald nicht nur von diesem Weltenwechsel Schleudertrauma, sondern auch von meinen eigenen Stimmungsschwankungen.

Was machen wir jetzt?

Franziskus und ich werden in puncto Frauenpriestertum nicht auf einen gemeinsamen Nenner kommen. Das ist natürlich eine spezifisch katholische Diskussion. Wie es bei den anderen Punkten des »Frauenthemas« aussieht, weiß ich noch nicht. Wenn er aber hier schon so felsenfest davon überzeugt ist, dass es sich nicht um Diskriminierung handelt, frage ich mich, ob er zum Beispiel mein Problem mit Gender-Stereotypen wird nachvollziehen können. Argumentativ werden wir uns vermutlich nicht einig werden, weil wir unsere Argumente aus anderen Welten beziehen. Sollte ich also die Bibel lesen und nach Anhaltspunkten für weibliche Apostel suchen? Auch das wäre spannend, es gibt Theologinnen, die sich damit beschäftigen. Aber: Innerhalb eines Jahres werde ich nicht in der Lage sein, irgendeine theologische Diskussion auf Augenhöhe zu führen. Und auch Franziskus sagt ja, er sei kein großer Theologe. Die Diskussion ist wichtig, aber andere können das besser.

Was kann, was soll ich also tun?

Vielleicht versuchen, eine Expertin für Franziskus zu werden, diesen Priester, dem ich ohne unser Projekt niemals begegnet wäre. Expertin für die Frage, warum ein vernunftbegabter, guter Mensch bestimmte Dinge glaubt, bestimmte Meinungen vertritt. Warum er zu einer Organisation gehört, an der sich so vieles kritisieren lässt. Und warum das für ihn Sinn ergibt.

Meine Hoffnung ist, dass wir mehr schaffen als einen Austausch von Standpunkten. Dass es nicht mehr um Bekehrung geht, sondern um Begegnung.

Nur: Wie stellt man so etwas an?

Annähern

Beten in Polen

Als ich zwei Wochen später, Mitte Juli, in Berlin meine Sachen für zwölf Tage Polen und Katholizismus packe, frage ich Franziskus noch einmal per Mail, ob ich nicht doch mit Koffer kommen könne. Daraufhin schickt er mir zum zweiten Mal die Packliste, mit dem Zusatz, sie bitte noch einmal genau anzuschauen. Ich lerne: Wir, die wir zum Weltjugendtag nach Krakau fahren, sind Pilger. Und Pilger haben keine Koffer. Pilger haben Rucksäcke. Dinge, die außerdem zur grundlegenden Pilgerausrüstung gehören: Ein Rosenkranz – hab ich nicht. Eine Bibel – hab ich zwar, aber die kommt mit ihren 1395 Seiten nicht in meinen Rucksack. Tipps zur »inneren Vorbereitung«: Je mehr ich von Gott erwarte, desto mehr kann er mir schenken. Ich erwarte: zu viele Menschen, noch mehr Gottesdienste und zu wenige Steckdosen. Erwartungen geklärt, Rucksack gepackt. Ich werde zur Weltjugendtagspilgerin.

Jede, die ich in der katholischen Welt bisher getroffen habe, erklärte mir, dass man den Weltjugendtag gesehen haben müsse: hunderttausende von Menschen, die ihren Glauben feiern, übermüdet, aber glücklich. Seit 1985 findet er alle zwei bis drei Jahre statt, er war schon in Rio de Janeiro, Rom, Madrid und 2005 in Köln. Jetzt also Krakau. Zielgruppe sind 15- bis 30-Jährige, das Ziel laut Franziskus: jungen Leuten zeigen, dass Glaube lebendig ist und cool.

»Du kannst dich auch mal rausziehen«, sagte Franziskus außerdem, »und dich in ein Café am Stadtrand setzen. Also, wenn es dir zu viel wird.«

»Okay«, antwortete ich nur.

Befürchte aber, dass wieder Decken einstürzen könnten, wenn er das schon so sagt.

Wir fahren nicht auf direktem Weg zum Weltjugendtag. Unsere erste Station ist Częstochowa. Die Stadt liegt hundertzwanzig Kilometer nordwestlich von Krakau. Franziskus' Gemeinschaft Emmanuel veranstaltet dort vier Tage lang ein Vortreffen. Solche Warmlaufrunden gibt es in ganz Polen – damit man sich auf den Heiligen Geist einstellen kann und nicht vor lauter Heiligkeit wieder rückwärts aus Krakau herausstolpert.

Der Bus, von Emmanuel organisiert, holt mich gegen Mittag von einer Raststätte in der Nähe von Berlin ab. Franziskus und etwa fünfzig andere junge Leute aus Nordrhein-Westfalen sitzen schon drin. Nicht alle sind Teil der Gemeinschaft, das muss man nicht sein, um am Vortreffen teilzunehmen.

Der Bus ist um 5 Uhr in Münster gestartet, gegen 20 Uhr sollen wir in Częstochowa ankommen. Der Busfahrer heißt Josef. Eigentlich wollten wir am frühen Abend an einer Autobahnkapelle halten, um die Messe zu feiern, aber wir sind spät dran. Also gibt es nur Lobpreis und Wortgottesdienst im Bus. Ja, ich weiß inzwischen, was das bedeutet: »Messe« sagt man, wenn auch eine Eucharistiefeier stattfindet, wenn also die Hostie gewandelt wird. Beim Wortgottesdienst werden nur Texte vorgelesen, wie Psalmen oder Bibelverse – das dürfen auch Frauen. Und

»Lobpreis« heißt eben singend beten. Bei Emmanuel besteht er aus Liedern, wie sie auch auf der CD sind, die in Franziskus' Auto liegt. Sie loben Gott, klingen aber nicht nach Kirchen-Orgel, sondern nach *Tarzan*-Musical. Und das machen sie jetzt hier im Bus, beten und fahren, zwei in einem, dank Josef: effizientes Christentum.

Untergebracht sind wir bei Gastfamilien in der Nähe von Częstochowa. Ich schlafe bei einer polnischen Familie mit Vater, Mutter und drei erwachsenen Kindern. Wir können uns nur mit Händen und Füßen und etwas Russisch verständigen, aber sie sind großartig. Mit mir wohnen dort auch Anna und Theresa. Theresa, 27, macht gerade ihr Referendariat als Lehrerin und ist Emmanuel-Mitglied. Anna, 20, studiert Heilpädagogik und ist in einer anderen Gemeinschaft.

Es liegt vermutlich daran, dass ich mich so an Franziskus' Kollar gewöhnt habe, aber als wir alle zusammen am Tisch der Familie sitzen, denke ich, dass man den beiden ihr Katholischsein überhaupt nicht ansieht. Deshalb überrascht es mich manchmal beinahe. Zum Beispiel als wir zu dritt mit Zahnbürste im Mund im Bad stehen und die beiden diskutieren, ob Moses eine historische Figur ist oder nur eine biblische. Oder als unsere Gastmutter von ihrer kranken Mutter erzählt und Theresa darauf nach ihrem Namen fragt und verspricht, für die Kranke zu beten. Oder als Anna, die mit ihrem Freund in Polen ist, an einem Tag Franziskus bittet, die beiden und ihre Beziehung zu segnen. Einmal liegen wir schon im Bett, Licht aus, und reden noch, wie früher im Ferienlager, nur mit frommeren Themen. Ich frage irgendwann, ganz vorsichtig, zögernd: »Und glaubt ihr denn an die Schöpfungsgeschichte, wie sie in der Bibel steht?« Das ist eine ernst gemeinte Frage von mir. Die katholische Lehre sagt ja zum Beispiel auch, dass Maria tatsächlich Jungfrau war. Aber: »Nein!«, sagen Theresa und Anna, rufen es eher. Die Schöpfungsgeschichte sei bildlich gemeint. An dieses Bild glauben sie: dass Gott die Welt geschaffen hat und dass der Mensch die Krone seiner Schöpfung ist. Okay, das klingt beinahe logisch. Also, insofern logisch, als diese beiden Punkte nicht ganz klar durch die Evolutionslehre widerlegt werden können.

Insgesamt sind viertausend Gläubige bei diesem Emmanuel-Vortreffen in Częstochowa, sie kommen größtenteils aus Europa, aber auch aus Vietnam, Ruanda oder Ägypten. Das Programm findet in einer riesigen Turnhalle statt, die eher ein kleines Stadion ist, vorne wurde eine Bühne aufgebaut, auf der ein meterhohes weißes Kreuz steht. Das Programm: Lobpreis, Anbetung und Messe. Der Lobpreis ist so laut wie die Fan-Gesänge bei einem Fußballspiel. Die Lautstärke verwandelt sich schlagartig in Stille, wenn die Anbetung beginnt. Zwischendurch treffen sich die Teilnehmerinnen in kleinen Gruppen, die hier »Weggemeinschaften« heißen. Darin tauschen sie sich über den Tag aus, immer mit der Leitfrage: Wo ist euch Gott heute begegnet? Franziskus leitet eine dieser Gruppen. Sie erzählen von Vorträgen, die sie gehört haben; oder von Gedanken, die sie vor dem Einschlafen hatten. Jeder kann etwas sagen, keiner muss.

Ansonsten hat Franziskus viele organisatorische Treffen oder hört Beichte. Ich schaue mich währenddessen auf dem Gelände um. Überall hier entdecke ich Dinge, die ich mir, wenn ich ein Drehbuch über ein katholisches Fest hätte schreiben müssen, genau so ausgedacht hätte. Zur Begrüßung gibt es Beutel mit der Aufschrift: »All you need is God«, drin steckt ein dünnes Kissen aus Kunststoff – nicht zum Sitzen, sondern zum Knien. In einigen Ecken sitzen Menschen, die Hände einander auf die Schulter gelegt, und beten, in anderen lassen sie sich von einem Priester segnen. Auf der Wiese vor der Halle ist in einem kleinen Zelt die Monstranz mit Hostie aufgestellt, davor das Schild: »Silence! Jesus is here!« Die meisten Leute, die hier vorbeigehen, halten kurz inne, um vor Jesus auf die Knie zu gehen, selbst wenn sie ins Gespräch vertieft sind – so, wie es Franziskus tut, wenn er die Kirche betritt. Dahinter warten unter weißen Sonnenschirmen Priester, um die Beichte hören. Zwei Jugendliche sitzen im Gras und knutschen. Hinter ihnen laufen Nonnen in Grau und Schwarz umher.

Ich spreche hier mit vielen jungen Leuten aus Deutschland, in meinem Alter oder jünger, frage sie, *was* sie glauben, *wie* sie glauben.

»Das hört sich jetzt doof an«, beginnt dann eine.

»Halt mich jetzt nicht für bescheuert, aber …«, eine andere.

»Ich gehe auch ganz normal mit Freunden tanzen und trinken«, betont jemand.

»Aber ich will dich nicht bekehren« – das schicken fast alle vorweg.

Es ist wohl nicht immer leicht, in Deutschland jung und katholisch zu sein. Wer wie Franziskus ganz in dieser Welt lebt, kann sich von der Kritik abgrenzen. Wer in meiner Welt lebt und an Gott und die katholische Kirche glaubt, muss sich wahrscheinlich viel anhören. Ich kann mir das gut vorstellen: Keine Ahnung, wie ich reagieren würde, wenn eine Freundin am Sonntagvormittag keine Zeit für mich hätte, weil sie in die Messe muss. Ich hoffe, ich würde keine Witze machen. Aber sicher würde ich etwas irritiert gucken. Hier beim Weltjugendtag müssen sich die jungen Leute nicht rechtfertigen oder entschuldigen.

Was sie mir erzählen, ist ganz unterschiedlich. Einige sehen die katholische Lehre als Wahrheit an: Sie akzeptieren zum Beispiel homosexuelle Beziehungen, aber glauben nicht, dass Menschen darin langfristig glücklich werden können. Andere widersprechen in einigen Punkten der offiziellen Position des Vatikans. Manche treffen sich in Deutschland in Gebetskreisen, andere beten nicht einmal vor dem Einschlafen. Einer nimmt die Bibel wörtlich, einer sagt, alles sei bildlich gemeint. Eine steht auf Weihrauch und Orgelmusik, eine andere findet das übertrieben. Es gibt welche, die glauben so fest, dass sie selbst über ein geweihtes Leben nachdenken, als Priester, Bruder oder Schwester. Und eine erzählt mir, sie sei hier, um ihre Zweifel zu prüfen. Ich versuche in all diesen Gesprächen wieder das Schablonieren der Welten. Viele hier scheinen auf den ersten Blick mir ähnlicher zu sein als Franziskus. Dann sind sie in einigen Punkten doch wieder so anders. Sie sprechen von Mord und meinen Abtreibung. Oder erzählen, dass viele Katholiken tatsächlich auf Kondom und Pille verzichten. Begründung: Nur Gott entscheide über das Leben; die sogenannte natürliche Familienplanung sei aber okay, bei der man mittels Zählen, Temperaturmessen oder Abtasten nachvollzieht, wann die Frau ihren Eisprung hat. Und ich höre auch von mehreren Leuten, dass sie vor der Ehe keinen Sex haben wollen. Ich respektiere ihre Entscheidung, bin nur überrascht. Ich kenne niemanden, der so lebt, niemanden, der auch nur darüber nachgedacht hätte. Ich wusste, dass das der offizielle katholische Standpunkt ist – dass sich so viele daran halten, nicht.

An unserem dritten Abend in Polen, am 22. Juli 2016, erscheint eine Eilmeldung auf meinem Laptop-Bildschirm: »Schießerei im Olympia-Einkaufszentrum München«. Ein achtzehnjähriger Schüler erschießt zehn Menschen, der Letzte ist er selbst. Tragisch sinnlos, das Ende von Leben, die noch nicht gelebt waren. Die Opfer waren vor allem Jugendliche. Ermittlungsbehörden sprechen später von einem Amoklauf, Experten von Rechtsterrorismus. Aber das weiß in dem Moment, als die Eilmeldung erscheint, niemand. Niemand weiß, wer da schießt, warum und ob noch mehr Menschen sterben werden. Bei vielen tauchen, so lese ich es später in Artikeln und höre es in persönlichen Gesprächen, Bilder im Kopf auf. Auch in meinem: Bilder aus der Nacht des 13. November 2015 in Paris, die mit einer Eilmeldung begann und an deren Ende 130 Menschen tot waren.

Franziskus und ich waren vor ein paar Wochen in München, ich habe dort eineinhalb Jahre gewohnt, sehr gute Freunde von mir leben in der Stadt. Ich rufe sie an, schreibe ihnen, alle sind in Sicherheit.

Ich gehe raus auf die Wiese vor der Halle, dort sitzen alle verteilt in ihren Kleingruppen, die meisten wissen es noch nicht, weil sie hier kein Internet haben. Die Gruppenleiter überlegen, was zu tun ist, einige stehen etwas neben sich. Zumindest glaube ich das, vielleicht scheint es mir auch nur so, weil ich selbst seltsam benebelt von dieser

Nachricht bin. Ich will das überhaupt nicht. Es ist schlimm, ja, aber, versuche ich mir zu sagen, ständig passiert Schlimmes auf der Welt. Doch es funktioniert nicht.

Die Leiterinnen entscheiden schließlich, das Abendprogramm nicht zu unterbrechen. Sie bitten die deutschen Teilnehmer aber mittels einer Ansage vor die Halle, dort stellen sich alle im Kreis auf, eine Leiterin sagt ihnen, was passiert ist oder was passiert, denn gerade sucht die Münchner Polizei noch nach weiteren Verdächtigen. Aus anderen Ecken der Stadt werden via Twitter Schüsse gemeldet, die sich zwar als Falschmeldungen herausstellen werden, aber Stadt und Leute in Panik versetzen.

Hier vor der Turnhalle halten die Mädchen und Jungen sich in den Armen. Einige sind aus München, sie rufen gleich zu Hause an, anderen laufen Tränen die Wangen herunter. Am Ende schlägt die Leiterin vor zu beten, für die Verstorbenen und dafür, dass heute nicht noch mehr Menschen getötet werden. Alle falten die Hände und schauen nach unten. Ich stehe daneben, schließe nicht die Augen und falte keine Hände, aber denke auch: »Bitte nicht.«

Später werde ich mich fragen, was ich da getan habe. Und wieso gerade in diesem Moment, weil ich kritisch darüber reflektiere, dass täglich Menschen sinnlos getötet werden, wodurch ich mich auch nicht so aus der Bahn werfen lasse. Aber wenn ich ehrlich bin: In diesem Moment stehe ich zwischen den anderen, die Hände an der Seite, die Augen geöffnet, und denke in Richtung Himmel: »Bitte nicht.« Und ich will nichts mehr, als dass diese zwei Worte mehr als ein Gedanke sind. Ich will, dass sie etwas bewirken. Dass es etwas bewirkt, dass wir hier stehen. Ich glaube, ich bete.

Im heiligen Rausch

Die Vertreter Jesu Christi auf Erden sollen es bequem haben. Nach vier Tagen in Częstochowa stehen wir in der Schule in Krakau, in der wir untergebracht sind. Die Klassenzimmer sind leer geräumt, damit wir dort uns und unsere Isomatten ausbreiten können. Bis auf eines, das »Priesterzimmer«, das extra so beschriftet ist – in dem liegen bereits himmlisch weiche Turnmatten. Franziskus ist es fast etwas peinlich, als er mir davon erzählt. Da wollte ihnen wohl jemand etwas Gutes tun. Das kommt schon mal vor, sagt er, dass Priester anders oder bevorzugt behandelt würden, eher selten in Deutschland, öfter im Ausland. Sie sind eben die Geweihten, die Wandler, die einmal am Tag Jesus in die Hostie holen. Verstehe ich. Aber das mit den Matten leuchtet mir trotzdem nicht ein. So, wie ich das verstanden habe, hätte Jesus sowieso freiwillig auf dem Boden geschlafen. Franziskus bietet mir seine Matte an, was ich dankend annehme. Ich bin nicht Jesus und für eine gute Isomatte hat der Platz in meinem Rucksack wirklich nicht mehr gereicht.

Nun sind wir also am Ziel, beim eigentlichen Weltjugendtag. Es sind mehr als eine Million Pilger in der 760 000-Einwohner-Stadt. Das diesjährige Motto stammt aus der Bergpredigt, in der Jesus sagte: »Selig die Barmherzigen; denn sie werden Erbarmen finden« – ganz im Sinne des sogenannten »Jahres der Barmherzigkeit«, das der Papst ausgerufen hat. Anlass war das 50. Jubiläum des Zweiten Vatikanischen Konzils. In seiner Veröffentlichung *Misericordiae Vultus,* auf Deutsch »Antlitz der Barmherzigkeit«, schreibt Papst Franziskus, Barmherzigkeit sei »das Schlüsselwort, um Gottes Handeln uns gegenüber zu beschreiben«, und der »Tragebalken, der das Leben der Kirche stützt«. Barmherzigkeit bedeute in der christlichen Vorstellung einerseits, gerecht zu sein, aber auch, und das vor allem, vergeben zu können. Er forderte mehr Barmherzigkeit in der katholischen Kirche.

Krakau ist in diesen Tagen ein einziges christliches Beben. Das sprengt jeden katholischen Film, den ich mir als Drehbuchautorin hätte ausdenken können. Überall stehen Bühnen, auf denen Zeugnis abgelegt wird oder christliche Rockbands auftreten. Daneben Zelte, in denen es Essen, Trinken oder Marienfiguren gibt. Dazwischen junge Menschen, die Flaggen in den Händen halten, Kreuze oder Jesusbilder. Sie singen auf Deutsch, Englisch, Polnisch und in anderen Sprachen. Nie reißt der Gesang ab. Wenn er nicht aus der eigenen Straße kommt, schallt er aus der nächsten herüber, zum Beispiel: »Gebt mir ein H, gebt mir ein A, gebt mir ein Halleluja!« Viele Texte kann ich zwar nicht verstehen, aber das Schöne: »Halleluja« klingt in allen Sprachen gleich.

Noch nie habe ich so viele Nonnen und Priester gesehen wie hier in Krakau. Ich habe die Idee, dass es witzig sein könnte, sie zu zählen. Im ersten Restaurant bin ich bei zwölf, bis zur Straßenecke bei sechsundzwanzig, dahinter sehe ich fünf auf einmal und beende das Spiel.

Alle scheinen in dieser Stadt ununterbrochen gut drauf

zu sein. So gut, dass es manchmal unheimlich wirkt. Als ob alle auf Drogen wären. Viele finden es toll, dass die Stimmung hier wie im Stadion ist. Aber ich bin kein Stadion-Fan. Ich stehe auch nicht sonderlich auf das Schwingen von Nationalflaggen. Für mich wirkt so etwas eher trennend als verbindend. Aber würde ich diesem Gedanken zu großen Raum geben, hätte ich hier wirklich keinen Spaß. Daher verdränge ich ihn und versuche, mich darauf einzulassen.

Jeden Tag feiern die deutschen Emmanuels die Messe in einem für die Gemeinschaft bereitgestellten Zelt im Zentrum Krakaus. Davor halten Bischöfe aus Deutschland Katechesen. Ich frage einen Teilnehmer, wie genau er »Katechese« definieren würde. »Vortrag mit Fragen«, antwortet er. »Katholiken brauchen nur für alles ihr eigenes Wort.« Unter »Katechese« kann man fast alles fassen, was zur praktischen christlichen Glaubensvermittlung zählt.

Das wichtigste Thema bei diesen Vorträgen im Emmanuel-Zelt ist, vereinfacht gesagt: Jesus first. Alles, was wir tun, sollten wir nicht für uns oder jemand anderen tun – sondern für Jesus. Denn Jesus liebt uns, egal was passiert. Denn Jesus ist immer da. Denn Jesus ist für uns gestorben … Über diese »Denn Jesus«-Sätze könnte man in Trance fallen. Ich erlebe das alles wie einen Vortrag über die Götter des antiken Griechenland. Es betrifft mich nicht.

Eine Teilnehmerin neben mir schreibt während der Katechese mit. Ich frage sie, wieso. Schon ich habe das Gefühl, das meiste mitsprechen zu können, und ich höre das erst seit drei Monaten. Sie sagt, sie gehe diese Notizen gern durch, wenn es ihr mal schlecht gehe. Zu lesen, dass Jesus uns liebt, tue ihr dann gut, auch wenn sie es schon weiß.

Manchmal leuchten mir Antworten hier so sehr ein, dass ich mich wundere, wie ich mich das fragen konnte. In der Messe habe ich schon mehrmals überlegt, ob das, was Franziskus da vorn erzählt, für die Menschen um mich herum nicht irgendwann langweilig wird. Die Bibelgeschichten wiederholen sich jedes Jahr. Deren Botschaften noch öfter. Aber ja, klar: Das heißt ja nichts. Wenn ein Mensch einem anderen sagen will, dass er ihn liebt, sollte es ja nicht ungesagt bleiben, nur weil er das schon fünfzig Jahre lang sagt. Weil es trotzdem guttut. Und vielleicht gibt es einige Dinge, die nie langweilig werden.

Am dritten Tag in Krakau bin ich mit Franziskus und seiner Kleingruppe vom Emmanuel-Bus unterwegs. Nach der Katechese setzen wir uns an die Weichsel, den Krakauer Fluss, einige spielen Improtheater, Franziskus und ein anderer junger Priester halten eine kurze Mittagsruhe. Franziskus schläft unter seinem Deutschland-Cowboyhut, den er wirklich schon seit Wochen trägt wegen der Fußball-Europameisterschaft. Der Priester daneben schläft mit ausgestreckten Armen. Er schläft wie ein Kreuz.

So ein Vergleich ist mir tatsächlich noch nie eingefallen.

Wir brechen auf zur Blonia-Wiese in Krakau, einem riesigen Platz nahe dem Stadtzentrum, 48 Hektar groß, das entspricht 60 mal der Fläche des Kölner Doms. Dort soll Franziskus – nicht der Priester, der andere – an diesem Tag begrüßt werden. Es hat angefangen zu regnen, auf dem Weg laufen wir durch den christlichen Trubel der Stadt, die singenden Menschen verstecken sich unter blauen, roten, gelben Regencapes. Alle Weltjugendtagsbesucher haben so eines, sie waren in dem Pilger-Rucksack, den wir am ersten Tag in Krakau geschenkt bekommen haben – passt gut zu dem »All you need is God«-Stoffbeutel.

Zwischen den vielen Menschen, die durch den Regen stapfen, stehen Polizistinnen. Einsatzwagen. Manchmal auch Panzer. Als wir uns der Wiese nähern, hören wir einen Hubschrauber über uns kreisen. Sie sollen uns vor Terror oder Amokläufen schützen, wofür ich ja auch dankbar bin. Aber sie erinnern uns auch daran. Daran, dass Menschen in purer Sinnlosigkeit getötet wurden. Allein während wir hier in Polen sind, starben die zehn Menschen in München, ein Priester bei einem Anschlag in seiner Kirche in Nordfrankreich, 80 Menschen bei einem Selbstmordanschlag auf eine friedliche Demonstration in Kabul. Das Sicherheitsaufgebot erinnert uns daran, wie schlecht die Menschen manchmal sind. Und dass sie noch immer im Namen von Religion töten.

Dann, nach einigen schlechten Gedanken, stehen wir auf einmal am Rand der gigantischen Blonia-Wiese. Sie fällt ein bisschen ab, sodass wir von oben auf Hunderttausende von Menschen blicken können, das Ende der Masse ist gar nicht zu sehen. Überall nur bunte Regencapes, dazwischen Flaggen aus der ganzen Welt, ein einziges Meer voller Farben, voller Bewegung, das einem entgegenvibriert.

»Das beeindruckt mich jetzt«, sage ich zu Franziskus, der neben mir geht. Er lächelt.

Wir erkennen die Bühne kaum, jeder vor dem Fernseher wird mehr vom Papst sehen als wir. Aber vielleicht geht's darum gar nicht.

Als wir die Wiese runterlaufen, in der Menge stehen, Teil davon sind, wird die Hymne des Weltjugendtages gespielt. »Selig die Barmherzigen« auf Polnisch. Und diese bunte Menschenmenge gerät in Bewegung, schwingende Bewegung, es sind so viele; und sie tanzen; und nehmen sich auf die Schultern; und machen Fotos; und klatschen; und fallen sich um den Hals. Sie schreien den Tönen entgegen, auch wenn sie den polnischen Text nicht kennen. Sie schreien ihren Glauben heraus, jubeln ihn, legen ihn in ihre Arme, reißen ihn in die Luft. In dieses Gefühl der Unendlichkeit hinein hält der Papst seine Begrüßungsrede, auf Italienisch, wir können sie per Radiofrequenz in unserer Sprache hören. Es geht um Jesus, natürlich. Aber sie ist auch politisch: Er spricht hier in Polen, in einem Land, das sich weigert, muslimische Geflüchtete aufzunehmen, davon, dass wir helfen müssen. Dass ein barmherziges Herz helfen muss. Er sagt, dass wir, die Jugend, nicht aufhören dürfen, Dinge zu hinterfragen, zu träumen, ungeduldig zu sein mit denen, die der Veränderung im Weg stehen. Wir müssen Barmherzigkeit leben, Frieden bringen. Wir dürfen nicht müde werden, die Welt besser machen zu wollen. Der Papst fragt: »Sagt mir, können Dinge sich verändern?« Und da stehen Hunderttausende und schreien: »Ja!« Oder eher: »Jaaaaa!« Und wenn man das hört; und das sieht; und das fühlt; denkt man sich: Ja klar! Können sie! Und wir können! Wieso nicht, verdammt, wir sind doch so viele! Über uns kreist weiter der Hubschrauber, hundert Meter weiter stehen die Panzer. Aber da ist kurz diese Hoffnung auf eine bessere Welt.

Ist das jetzt die Matrix? Mir egal, ich mag's hier. Frieden! Selig die Barmherzigen! Halleluja! HALLELUJA!

Ich bin voll im heiligen Rausch.

Selbst für katholisch konservativ

Ein paar Tage nach diesem Rausch sitze ich mit einem Freund an der Spree und arbeite am nächsten. Vor uns steht eine halb leere Flasche Rotwein, über uns schwirren die Mücken, von der Gruppe neben uns hallen leichte elektronische Klänge herüber. Es ist eine dieser Berliner Sommernächte, wegen derer man auch im trostlos-grauen Hauptstadtwinter nicht von hier wegzieht. Er erzählt vom Job, ich aus Polen, wir ärgern uns, dass wir nicht eigene Musikboxen mitgebracht haben. Dann frage ich ihn: »Glaubst du eigentlich an Gott?« Er guckt überhaupt nicht irritiert, wie ich erwartet hätte, sondern schaut nur kurz nachdenklich.

In Polen haben mich einige gefragt, was ich eigentlich glaube. Ich konnte dann immer nur herumstammeln, nach dem heiligen Rausch noch mehr, seit Jahren wollte das niemand mehr von mir wissen. Franziskus fand die Frage bisher wahrscheinlich zu indiskret. Und wenn wir normalerweise an der Spree sitzen, in einer Bar oder im Büro, sprechen wir über unsere politischen Überzeugungen, diskutieren über den Zustand der Welt und unsere Moralvorstellungen. Aber niemand fragt, ob man an Gott glaubt. Vielleicht gehen wir alle davon aus, dass wir es nicht tun? Oder, falls doch, dass es keine Rolle spielt?

»Nein«, antwortet mein Freund.

»Glaubst du an gar nichts?«, frage ich.

Er trinkt noch einen Schluck Wein und überlegt.

»Vielleicht glaube ich an so etwas wie Schicksal.«

»Wie meinst du das?«

»Na, manchmal passieren schon Dinge, da denke ich: Das kann jetzt kein Zufall gewesen sein.«

Seit ein paar Wochen frage ich meine Freunde danach, was sie glauben. Die Antworten sind völlig verschieden: Sie glauben an nichts. Sie glauben, dass da vielleicht etwas ist, ohne zu wissen, was. Sie glauben an Gott, aber nicht an die Kirche. Sie sind spirituell, aber nicht religiös. An Schicksal. An Karma. Eine antwortet einfach: Ja, sie glaube. So selbstverständlich, dass es mich kurz überrascht, dabei saßen wir doch nebeneinander im Religionsunterricht. Aber auch sie geht nur an Weihnachten und Ostern in die Kirche – es muss für die Gemeinden zum Verzweifeln sein.

Seit ich darüber nachdenke, was ich glaube, durchsuche ich meine Vergangenheit nach einem Gott. Meine Mutter sagt – nur wenn man sie fragt –, dass sie an Gott glaubt, aber sie zieht daraus keine religiösen Konsequenzen: keine Kirche, keine Bibel, kein Gebete, höchstens mal ein Stoßgebet, wenn eines der Kinder nicht pünktlich zu Hause war. Ich weiß nicht, ob sie denselben Gott meint wie Franziskus oder ob sie einfach nur dasselbe Wort benutzt. In die Kirche sind wir sonntags jedenfalls nie gegangen, und ich kann mich auch nicht erinnern, dass Religion, Glaube, Gott jemals ein Thema gewesen wären. Jesus Christus war es ganz sicher nicht.

Nur einmal, als ich sehr klein war, hat meine Mutter mir erzählt, dass es einen Himmel gebe. Und das habe ich so hingenommen, weil erstens alles stimmte, was Mama sagte, und ich ja zweitens meine Urgroßeltern wiedersehen wollte.

Als ich das erste Mal darüber nachdenken musste, ob ich im christlichen Sinn glaube, war ich vierzehn Jahre alt und wollte nicht konfirmiert werden. Ich weiß nicht mehr, was ich in dieser Zeit wirklich glaubte, ich erinnere mich aber daran, was ich sagte: »Ich glaube an Gott, aber ich glaube eben nicht an die Kirche und will keine Konfirmation machen.« Das habe ich Franziskus noch nicht erzählt, und auch sonst niemandem in Münster. Weil ich selbst nicht weiß, was ich damit gemeint habe. Oder heute meinen könnte. So etwas macht man erst mal mit sich selbst aus.

Ich erzähle auch niemandem dort von dem »Bitte nicht«, diesem was auch immer ich da tat während der Nachrichtenflut aus München. Ich will nicht, dass jemand »Bekehrung« schreit. Es ist ja irgendwie verständlich, denke ich, dass ich so reagiert habe. Und ja, da ist auch ein bisschen »atheistischer Trotz« dabei, von dem Dmitrij Kapitelman in seinem Buch *Das Lächeln meines unsichtbaren Vaters* spricht, in dem er sich als Ungläubiger mit dem Judentum auseinandersetzt. Der Ausdruck passt ziemlich perfekt auf mich.

Seit ich jedenfalls damals, mit vierzehn Jahren, den Machtkampf mit meinen Eltern verlor und trotzdem konfirmiert wurde, musste ich mich mit meinem Glauben nicht mehr auseinandersetzen. Ich bin bisher nicht einmal aus der Kirche ausgetreten, weil meine Mitgliedschaft einfach keinen Raum in meinem Alltag eingenommen hat und mich daher nie groß störte.

Das ist vermutlich der Unterschied zu Menschen, die wirklich religiös aufwachsen. Egal, ob sie sich für oder gegen den Glauben entscheiden, sie werden damit konfrontiert und müssen sich eine Meinung dazu bilden.

Ist da also etwas in mir? Wenn ich doch damals behauptet habe, dass ich an Gott glaube? Aber wenn mich dieser Glaube seitdem nicht mehr beschäftigt hat, kann er ja nicht sonderlich groß gewesen sein. Oder? Hätte ich wirklich an *Gott* geglaubt, dann hätte das doch in meinem Leben eine bedeutendere Rolle gespielt. Dann wäre da eine Sehnsucht gewesen, irgendetwas, dann hätte ich ja quasi nicht anders gekonnt, als mich dem mehr zu widmen. Aber es war ganz leicht, dieses *Etwas* auszublenden.

Ich wurde in Polen auch gefragt, wie ich die Tage erlebt habe, ob etwas mit mir geschehen sei. Darüber habe ich viel nachgedacht, und: Klar, schon. Ich spürte etwas. Aber das tue ich auch, wenn ich bei einer Demo gegen Fremdenhass anschreie. Ist das die Macht der Masse? Oder die Vorstellung, die Welt besser machen zu können, wenn wir uns einfach an die Hand nehmen und losrennen gegen alles, was dem im Wege steht, so lange, bis es funktioniert?

Oder Hoffnung?

Franziskus sagte auf dem Weg zum Steuerberater vor einigen Monaten, immer wenn er von Hoffnung spreche, habe das einen Gottesbezug. Für ihn war der Rausch auf der Papst-Wiese wohl göttlich. Fühlen wir das Gleiche, und er nennt es nur anders?

Da ist noch eine andere Frage, die ich von Polen mit nach Berlin nehme. Die mir schon oft gestellt wurde, über die ich aber auch noch nicht viel mit meinen Freunden gesprochen habe, weil auch ich deren Bedeutung erst langsam zu begreifen beginne: »Du weißt schon, dass Franziskus ein besonders konservativer Priester ist?«

Liberale Katholiken kritisieren, dass der eher konservative Franziskus durch dieses Projekt in der Öffentlichkeit das Bild einer rückwärtsgewandten katholischen Kirche bestätigen würde. Ich habe bisher »katholisch« ganz automatisch mit »konservativ« gleichgesetzt, wie auch die meisten meiner nicht katholischen Freunde, weshalb ich die Anmerkung lange nicht verstand. Bei einem »besonders konservativen« Priester hätte ich wohl damit gerechnet, dass er nach unserem ersten Sexgespräch eine Teufelsaustreibung an mir vornimmt. Franziskus erscheint aber vielen, die sonst kaum etwas mit der Kirche zu tun haben, nicht rückwärtsgewandt, sondern überraschend sympathisch; einige meiner Freundinnen erklärten sogar, dass sie sich einen Priester nicht so liberal vorgestellt hätten. Franziskus zeigt ihnen, dass es tatsächlich Menschen gibt, für die der Glaube lebendig ist, die man mögen kann und die nicht völlig weltfremd sind. Allein das ist schon für viele eine Neuigkeit.

Franziskus ist aber, das weiß ich jetzt, in der katholischen Welt genauso konservativ, wie er es in meiner ist. Dass er zum Beispiel einen Kollar trägt, ist dafür typisch. Das tun nicht alle. Wie auch nicht jeder Priester jeden Tag eine Messe feiert.

Konservative Katholikinnen wollen an den Dogmen der Kirche, wie sie schon immer waren, festhalten; die liberalen Katholiken sind eher bereit, zumindest einige davon aufzubrechen. Viele Liberale befürworten zum Beispiel einen offeneren Umgang mit wiederverheirateten

Geschiedenen und gleichgeschlechtlichen Partnern oder plädieren für mehr Frauen in Kirchenämtern und die Abschaffung des Zölibats. 2011 unterzeichneten mehr als 300 katholische Wissenschaftlerinnen und Theologen vor allem aus Deutschland das »Memorandum Freiheit«, einen öffentlichen Brief, in dem sie all das forderten.

Die liberalen und konservativen Katholiken streiten aber auch über Dinge, die oft nicht bis in die nicht religiöse Welt vordringen, weil sie dort keine Bedeutung haben. Konservativen ist zum Beispiel die Beichte wichtiger, Liberale denken nicht mehr unbedingt, dass es einen Priester braucht, damit Gott einem die Sünden verzeiht. Für Konservative stehen oft spirituelle Gebete wie die Anbetung im Vordergrund, für Liberale die Theologie und kirchenpolitische Auseinandersetzungen. Konservative halten am klassischen Mess-Ablauf fest und an der traditionellen Lied- und Textauswahl; Liberale sind bereit, das aufzubrechen. Das scheinen von außen Kleinigkeiten zu sein; in der katholischen Kirche sind es wichtige Fragen, geht es doch darum, wie man in der Gemeinschaft seinen Glauben lebt.

Natürlich kann man wie beim politischen Spektrum die Wörter »konservativ« und »liberal« nicht pauschal auf jeden anwenden, trotzdem gibt es diese zwei Lager bei den Priestern, den Gemeindemitgliedern, den Theologinnen, den Bischöfen. Und sie streiten darüber, ob und wohin sich die katholische Kirche bewegen soll – vorwärts oder womöglich sogar zurück.

Mir war bisher nicht bewusst, wie zum Teil unversöhnlich sich Konservative und Liberale in der katholischen Kirche gegenüberstehen. Verständlich: Sie vertreten mitunter völlig verschiedene Standpunkte. Es gibt innerhalb der katholischen Kirche mindestens so viele verschiedene Meinungen wie im Bundestag – aber das Parlament hat wenigstens Regierung und Opposition. Die katholische Kirche versteht sich hingegen als ein Ganzes; alle müssen irgendwie miteinander auskommen. Zugespitzt kann man sich das vorstellen, als ob die CSU mit der Linken koalieren müsste.

In Polen habe ich eine Idee von der Freude am Glauben bekommen. Ich glaube zu begreifen, was junge Leute in alldem sehen können, glaube zumindest diejenigen zu verstehen, die ihren Glauben in Gemeinschaft feiern wollen, auch wenn sie nicht alle katholischen Standpunkte teilen. Nur: Franziskus verstehe ich jetzt noch weniger.

Wenn katholisch zu sein nicht automatisch bedeutet, konservativ zu sein, wieso muss er dann in einigen Punkten so stur bleiben? Wieso stellt er es so dar, als ob er als Christ gar keine andere Wahl hätte, als das Frauenpriestertum abzulehnen?

Und noch ein anderer Punkt ist für mich so unnachvollziehbar: Der Glaube, die Liebe, die Hoffnung – das alles funktioniert auch ohne Weihe. Man kann Teil der katholischen Kirche sein, ohne sich ihren Dogmen und ihrer Moral zu verpflichten. Aber Franziskus hat ihr, dem Papst, den Bischöfen Gehorsam geschworen, als er Priester geworden ist. Er hat sich unterworfen. Warum? Wenn er alles, was er am Glauben liebt, auch so hätte haben können?

Entfernung

Der arme Bileam

Zwei Wochen nach unserer Polen-Fahrt, es ist eine warme Nacht im August, wartet Franziskus am Eingang des Priesterhauses und begrüßt mich mit einer Deutschland-Flagge, die er in La-Ola-Wellen hoch- und runterschwingt. »Willkommen zurück in Roxel!«, ruft er. Ich lache. Ein Ein-Mann-Begrüßungskomitee, um die heilige Stadionstimmung noch einmal kurz zurückzuholen.

Franziskus hat noch ein in Polen gekauftes Tyskie-Dosenbier übrig, das natürlich viel besser schmeckt als das Tyskie aus dem deutschen Supermarkt. Wir setzen uns damit auf seinen Balkon mit Blick auf die Kirche, die ja nur hundert Meter weiter liegt. Roxeler Panorama.

Ich werde dieses Mal nur drei Tage hierbleiben, weil wegen der Schulferien nicht so viel los ist wie sonst. Hergekommen bin ich mit gemischten Gefühlen. Einerseits freue ich mich wieder auf das ruhigere katholische Leben, und auch auf Franziskus. Andererseits habe ich Angst, dass er und ich bei null anfangen müssen. Nach Polen umgibt ihn eine noch konservativere Aura als zuvor und unser letztes längeres Gespräch über das Frauenpriestertum war ja eher ein Streit. Doch La Ola und Bier lassen mich hoffen.

Wir reden über unsere letzten Wochen, die nächsten und sind ziemlich entspannt miteinander. Ich, das kann ich sagen, auch innerlich. Sorglose August-Stimmung. Weil es ein bisschen frisch ist, hat Franziskus eine Fleecejacke an, die seinen Kollar versteckt. Man könnte fast vergessen, dass er Priester ist.

Am nächsten Tag fährt Franziskus mit dem Auto schon mal vor in Richtung Nachbargemeinde nach Albachten, wo er, wie Kennerinnen sagen, die Abendmesse zelebrieren wird. Ich fahre Fahrrad. Beziehungsweise: Ich wollte Fahrrad fahren. Auf halber Strecke springt die Kette runter, es ist das Zweitfahrrad von Franziskus und wird auch so behandelt. Ich muss schieben und verpasse die Anbetung, die vor der Messe stattfindet. Schon wieder. Ich versuche, das schade zu finden, aber so richtig klappt es nicht.

Die Straße führt durch Münsteraner Getreidefelder. Die Sonne strahlt darauf, weil ihr keine Wolke im Weg steht. Es ist warm, aber nicht zu heiß, gelbe Felder, blauer Himmel, satte, leuchtende Farben, ein Tag, aus dem man eine Postkarte machen könnte.

Wenn ich so etwas sehe, Realität wie mit Photoshop bearbeitet, muss ich öfter an das denken, was Franziskus am Anfang gesagt hat. Als er meinte, er könne rational verstehen, dass Menschen nicht glauben, nicht aber emotional. Er blicke sich um und frage sich: Siehst du es nicht? Siehst du nicht Gott? Wäre Franziskus gerade hier, dann würde er in diesem Anblick Gott erkennen. Vielleicht würde er nichts sagen, weil es so selbstverständlich ist. Oder er würde fragen: Siehst du es nicht?

Ich beschließe: Dass ich die Anbetung verpasst habe, könnte ja auch Gottes Wirken sein. Und schiebe noch etwas langsamer.

Zur anschließenden Messe bin ich pünktlich. 22 Menschen sind in der Kirche, eine Umstellung nach den Massen auf der Priesterweihe, der Primiz und dem Weltjugendtag. Es wirkt weniger feierlich, weniger pompös. Oder feierlicher, weil es weniger pompös ist. Ich kann mich nicht entscheiden. Seit Langem wieder steigt mir bewusst Weihrauch in die Nase.

Der Abendtermin heute findet auf einem dieser Bauernhöfe statt, wie ich sie nur aus der Serie *Neues vom Süderhof* kenne: ein großes Haus, Felder, Ställe, ein Garten mit Schaukel und frischen Abdrücken von Zelten im Rasen. Knapp ein Dutzend Frauen, der evangelische Pfarrer und Franziskus sitzen zusammen, um den Kinderbibeltag der Gemeinde zu organisieren, an dem Grundschulkindern spielerisch eine Bibel-Geschichte nähergebracht werden soll. Die Runde bespricht den Ablauf. Ich blättere das Material durch, das sie dafür ausgeteilt haben. Neben Ideen, was man an diesem Tag singen, basteln und lernen könnte, ist auch die Bibelgeschichte selbst dabei, Numeri 22, »Der Seher Bileam«. Ich lese sie, während die anderen reden. Und frage mich ziemlich schnell, was die Kinder dabei lernen sollen.

Es ist eine Geschichte aus dem Alten Testament. Sie beginnt, grob zusammengefasst, damit, dass der König der Moabiter seine Leute zu Bileam schickt und von ihm verlangt, das israelische Volk zu verfluchen. Bileam befragt Gott, ob er das tun solle, der sagt Nein, Bileam erklärt den Männern des Königs daraufhin, dass er das Volk nicht verfluchen werde. Der König lässt nicht locker, schickt seine Männer ein zweites Mal hin, verspricht Bileam hohen

Lohn. Bileam sagt, für kein Gold und Silber werde er entgegen dem Willen Gottes handeln. Aber er fragt noch ein zweites Mal bei Gott nach. Der sagt jetzt doch, Bileam solle mit den Männern gehen. Als Bileam das dann tut, wird Gott aber zornig.

Für mich steht da Folgendes: Gott wird zornig, obwohl Bileam nie etwas gegen seinen Willen tut, selbst dann nicht, als ihm Reichtum versprochen wird. Und die Kinder sollen daraus lernen, dass – was? Dass Gott manchmal Dinge sagt, die er gar nicht meint, und sie müssen das auch noch gut finden, weil er schon seine Gründe dafür haben wird?

Ja, ich weiß schon: Theologen nehmen das nicht wörtlich, nicht Gott hat das geschrieben, sondern Menschen, es geht um die Botschaft dahinter und man muss das im historischen Kontext sehen. In Predigten, in denen ich später nachlese, wird dieser Teil der Geschichte unter anderem so ausgelegt: Dass Bileam noch ein zweites Mal nachgefragt hat, zeige, dass er insgeheim doch gern den Lohn des Königs wollte. Sein Herz habe also noch nicht gehorcht, weshalb Gott ihn den falschen Weg habe gehen lassen – zunächst. Die Geschichte geht dann so weiter, dass Gott Bileam mithilfe eines Engels und eines sprechenden Esels (daher mögen Kinder die Geschichte) doch noch vom falschen Weg abhält.

Klar – kann man natürlich so deuten, dass Gott einem nur den richtigen Weg zeigen will. Aber mal ganz abgesehen davon, was für einen enormen emotionalen Druck das aufbaut, wenn man nicht mehr nach seinem Handeln, sondern nach seinen Gedanken bewertet wird, kann man es auch so sehen: Bileam tat immer, was Gott wollte, und der treibt seine Spielchen mit ihm. Nur ist diese Interpretation keine wirkliche Möglichkeit in der Theologie.

Und genau das ist es, was ich nicht verstehe.

Theologie kommt vom griechischen *theología* und bedeutet »Lehre von Gott«. Die christliche Theologie versteht sich als Wissenschaft. Seit der Entstehung der ersten Universitäten im 11. Jahrhundert wird sie dort auch gelehrt. Spätestens seit der Aufklärung im 18. Jahrhundert gibt es eine Debatte darüber, ob die Theologie in den universitären Fächerkanon gehört. Eines der Argumente dagegen: Sie setzt Gott voraus. Eines der Argumente derer, die die Theologie als Wissenschaft verteidigen: Auch die Wissenschaft muss Dinge voraussetzen, um arbeiten zu können, weil man ja irgendwo anfangen muss. Die moderne Physik setzt beispielsweise beim Urknall an, ohne diesen endgültig beweisen zu können.

Nicht nur an den Universitäten wird über die Theologie diskutiert, auch in der katholischen Kirche. Hier dreht sich die Debatte vor allem um das Verhältnis zwischen wissenschaftlicher Theologie und kirchlicher Lehrmeinung – das heißt dem, was die Bischöfe als verbindliche Auslegung katholischer Lehre festlegen. Es geht also auch um die Frage kirchlicher Hierarchien. Die einen, meist Liberale, betonen, dass die Theologie als Wissenschaft unabhängig sei. Andere, die Konservativen, fordern, dass sich die Theologie der Lehrmeinung unterordnet, die Wissenschaftlerinnen also den Bischöfen. Sie sagen damit, dass man mithilfe der Theologie die Lehrmeinung verstehen könne, sie aber nicht infrage stellen dürfe.

Für mich sieht Theologie, wie ich sie bis dahin kennengelernt habe, von außen in etwa so aus: Eine Wissenschaft beschäftigt sich damit, Geschichten bewusst falsch zu interpretieren. Falsch deshalb, weil die Interpretation ergebnisorientiert ist, schließlich soll am Ende ein guter Gott herauskommen, auch wenn sie sich dabei vom eigentlichen Text entfernen muss. Andere Theologen erzählen mir später, dass dem nicht so sei, auch die Theologie sei ergebnisoffen – auch ein unsympathischer Gott sei möglich, weil Gott sowieso nicht in die Kategorien Gut und Böse passe. Theoretisch, an Universitäten oder in anderen Kontexten, mag das vielleicht stimmen; aber ich habe es in den vergangenen Monaten anders erlebt.

Ich weiß, warum die Kirche diese positive Auslegung Gottes braucht. Aber ich verstehe nicht, wieso sich vernunftbegabte Menschen damit beschäftigen. Es ist, als würde man Wissenschaft nachspielen, damit alles ein bisschen seriöser wirkt. Sie wissen ja auch, dass das meiste so, wie es in der Bibel steht, nicht stimmen kann – weil nun wirklich niemand will, dass Gott Neugeborene tötet. Und ist die Folge davon nicht, dass von dem, was in der Bibel steht, überhaupt nichts stimmen muss? Weder historische Fakten noch die Lehren, die sie transportiert. Ist das nicht ein einziger Selbstbetrug?

Als auf dem Süderhof die Häppchen gegessen und die nötigsten Dinge besprochen sind, fahren Franziskus und ich nach Hause. Es ist schon nach 22 Uhr, sein Tag begann um sieben, es bleibt keine Zeit für große Diskussionen, aber ich frage trotzdem, wie er die Bileam-Geschichte liest. Wie oft bei dieser Art von Gesprächen betont Franziskus zuerst, dass er kein großer Theologe sei. Dass es immer viele Auslegungen gebe, er nicht alle kenne und seine Interpretation der Geschichte nur eine von vielen möglichen sei.

»Also, es geht bei Bileam natürlich auch um Gehorsam gegenüber Gott«, setzt er schließlich an.

»Okay …« Ich ziehe meine Augenbrauen hoch. Dafür kann ich nichts, das machen die von allein, wenn jemand »Gehorsam« sagt.

»Und die Geschichte zeigt auch, dass Wege sich ändern können«, sagt er weiter. »Wir müssen aufmerksam bleiben und versuchen zu erkennen, was Gottes Plan ist. Manchmal sind wir überzeugt, dass wir auf dem richtigen, gottgewollten Weg sind, aber so ist es dann gar nicht. Mit den Kindern wollen wir auch darüber reden, wie man Gottes Stimme wahrnimmt.«

»Diese Interpretation ist ganz schön zurechtgebogen. Was in der Geschichte de facto steht, ist ja: Gott hat Bileam gesagt, was er will, Bileam befolgt es. Gott wird trotzdem wütend.«

»In solchen Geschichten ist ja nicht immer alles sofort eindeutig.«

»Eigentlich ist es ziemlich eindeutig: Würde Gott in dieser Geschichte einfach anders heißen, würdest du ihn auch als willkürlich bezeichnen. Auf jeden Fall nicht als barmherzig.«

Franziskus wiederholt seine Interpretation und betont, dass es sicherlich noch weitere gebe. Jeder habe seinen eigenen Zugang zur Bibel. Und das Alte Testament sei nur durch das Neue zu verstehen. Ein Satz, den ich schon oft gehört habe, aber auch in diesem Moment nicht verstehe, noch nicht. Ich bleibe bei meiner Frage, was der Sinn von Interpretationen sei, die sich offenbar nicht an die Textgrundlage halten. Und von einer ganzen Wissenschaft, die auf diesen Interpretationen basiert. Wir haben keinen Streit. Nur weiß Franziskus nicht, was er anderes sagen soll, und ich nicht, was ich anderes fragen soll, um eine Antwort zu bekommen, die mein Unverständnis löst.

Wir reden weiter. Im Auto, in der Garage, auf dem Weg zum Priesterhaus und eine Weile davor. Irgendwann sind wir beide ermüdet. Wir verabschieden uns, morgen können wir weiter über Theologie diskutieren, denke ich.

Aber dann kommen wir nicht dazu, weil es Schlag auf Schlag weitergeht.

Ideale

Am Morgen nach dem Bileam-Treffen lese ich die von der Bischofskonferenz veröffentlichten Priesterzahlen. 58 Priesterweihen gab es im Jahr 2015. Gleichzeitig sind 309 Priester gestorben, 19 gaben ihr Amt auf. Macht noch 14 000 Priester in Deutschland. 1990 waren es 20 000. Priester werden zur Rarität und ich bin mit einem davon unterwegs.

Worüber sollten Franziskus und ich sprechen, wenn nicht darüber?

Ich hatte gar nicht die Absicht, wieder mit ihm zu diskutieren. Aber es ist schwer, das nicht zu tun. Wenn ich anderer Meinung bin, dann will ich auch reagieren. Ich habe das Gefühl, das muss ich, damit er mein Schweigen nicht mit Zustimmung verwechselt.

Wir setzen uns an den Mittagstisch, wieder zu zweit. Ich lege meine Hände neben den Teller, er faltet seine, schließt dabei für ein paar Sekunden die Augen. Ich warte. Er schaut auf, sagt: »Danke«, greift zur Karaffe, sagt: »Wasser?« Die Frage war an mich gerichtet, der Dank nicht.

»Was meinst du, woran es liegt?«, frage ich, nachdem ich die Zahlen vorgelesen habe.

»Die Kirche erreicht die Leute nicht«, sagt er, um die Entwicklung zu begründen. »Überspitzt gesagt: Die Heilige Messe ist lang, langweilig und keiner versteht sie. Es wird nicht mehr transportiert, dass wir in der Nachfolge Jesu leben.«

Franziskus geht davon aus, dass alle Menschen die Lehre der katholischen Kirche gut fänden, wenn sie sie nur richtig verstehen würden. Dass es ein Verständnis- und kein Inhaltsproblem ist.

»Oder es liegt daran«, sage ich, »dass die Werte der Kirche veraltet sind. Und die Kirche sich der modernen Gesellschaft mal anpassen müsste.«

»Das meine ich mit Formen und Musik …«

»Ich meine Werte.«

»Die Werte der Kirche sind in der Gesellschaft von heute lebbar, wenn man will.«

»Natürlich sind sie lebbar. Alles ist lebbar …«

»Ich meine auch, dass die Werte gesund und richtig sind.«

Das habe ich befürchtet.

»Aber wir haben die falsche Sprache, die falschen Formen. Menschen denken bei Kirche an Beichtstuhl, Rosenkranz und daran, dass Sex sündhaft sein soll. Sie sehen nicht die Schönheit im Ganzen.«

»Weil mit dieser Schönheit das Aufgeben von Freiheiten einhergeht.«

»Weil man nur frei sein kann, wenn man sich auch bindet.«

»Sagt die Kirche.«

»Das ist halt ein Bestandteil des Glaubens.«

»Stichworte Homosexualität, Umgang mit Frauen, Verhütung, Abtreibung, Scheidung. Viele wären weniger abgeschreckt, würde sich die Kirche in diesen Punkten liberalisieren.«

»Das fände ich fatal.«

Das Konservative ist jetzt nicht mehr nur eine Aura, sondern sagt laut polternd Hallo.

»Man muss ein Ideal vor Augen haben«, spricht Franziskus weiter, »auch wenn es im Einzelfall immer Abwägungen gibt. Da sollte sich die Gesellschaft meiner Meinung nach der Kirchenlehre anpassen. Umgekehrt muss die Kirche besser kommunizieren. Es stimmt ja einfach nicht, dass die Kirche Sex für etwas Schlechtes hält, nur denken das viele.«

»Die Leute denken nicht nur, dass die katholische Kirche Sex für etwas Schlechtes hält«, sage ich. »Sondern dass laut Kirche Sex in die Ehe gehört. Das ist ja kein Vorurteil, sondern wahr.«

»Die Frage ist, ob die Leute wissen, warum wir das sagen. Es geht darum, sich für den anderen aufzuheben, um sich dann ganz schenken zu können. Wenn ich das in Gesprächen sage, ist das für viele nachvollziehbar.«

Ich weiß nicht, ob er versteht, worum es mir geht. Vielleicht kann er das nur schwer nachvollziehen, weil die katholische Lehre für ihn so naheliegend, so glücksbringend ist.

Unsere Teller sind leer, wir räumen ab.

Wir haben hier binnen eines Mittagessens so viele Themen angeschnitten, bei denen wir offenbar grundsätzlich anderer Meinung sind, dass ich überhaupt nicht weiß, wo ich anfangen soll. Franziskus nennt Dinge fatal, die ich für absolut notwendig halte in einer gerechten Gesellschaft. Er hat eine völlig andere Definition von Freiheit als ich. Für ihn ist Freiheit, sich für oder gegen den von Gott vorgesehenen Weg entscheiden zu können (und damit glücklich zu werden). Für mich ist Freiheit, mehrere Wege zur Auswahl zu haben, von denen keiner grundsätzlich falsch sein muss. Und jetzt wieder das Thema Sex, bei dem wir sowieso nicht weiterkommen.

Wir hatten wieder keinen Streit. Trotzdem ist es ermüdend. Ich habe die Hoffnung aufgegeben, ihn bekehren zu können. Doch ein Begegnen ist das hier auch nicht. Dabei reden wir ja, wir hören uns zu, werden nicht laut. Und die nette Begrüßung, die Flagge, das Dosenbier. Aber sobald es inhaltlich wird, ob bei den immer gleichen Diskussionsthemen wie Sex oder bei neuen wie der Theologie: Wir kommen nicht über den Austausch von Standpunkten hinaus. Wir drehen uns im Kreis. Und ich weiß noch nicht, wie wir dort herauskommen sollen.

Der Missbrauchsskandal

Wenn ich Menschen erzähle, dass ich ein Jahr mit einem Priester verbringe, ist meist das Erste, was ihnen einfällt, der katholische Missbrauchsskandal. Schon in meiner ersten Woche schrieb mir eine gute Freundin, dass ich bei aller Vorfreude auf das Jahr bitte nicht vergessen solle, was die katholische Kirche Generationen von Kindern angetan habe: »Wie man überhaupt mit sich vereinbaren kann, der gleichen Organisation anzugehören wie solche Verbrecher?« Sie fasste das in harte Worte, was viele sich fragen. Wie kann man wissen, dass unter dem Schutzmantel der römisch-katholischen Kirche massenweise Kinder missbraucht wurden, dass diese Verbrechen systematisch vertuscht wurden, und trotzdem Mitglied bleiben? Mehr noch, sein Leben dieser Institution verschreiben, wie Franziskus?

Als das Thema zwischen uns ansteht, ist die Diskussion beim Mittagessen erst ein paar Stunden her. Aber es ist seit Wochen abgemacht, zwei Freunde von ihm kommen vorbei, wir schauen zusammen *Spotlight*. Der Film von 2015 erzählt, wie ein Team aus Investigativ-Journalisten in Boston einen Missbrauchsskandal in der katholischen Kirche aufdeckt. Es ist ein Spielfilm, er beruht aber auf einer wahren Begebenheit. 2016 gewann er den Oscar in der Kategorie »Bester Film«. Franziskus hat ihn noch nicht gesehen.

Die Handlung beginnt mit dem neuen Chefredakteur des *Boston Globe*, der seinem Investigativ-Team »Spotlight« den Auftrag gibt, dem Missbrauchsvorwurf gegenüber einem Pfarrer nachzugehen. Schnell wird klar, dass es sich nicht um einen Einzelfall handelt. Am Ende weisen die Journalisten mindestens 70 Priestern nach, Kinder missbraucht zu haben. Und sie beweisen, dass dies jahrzehntelang von oben vertuscht wurde: Bernard Law, Erzbischof von Boston und Kardinal, wusste davon. Er bezahlte den Opfern jedes Mal Schweigegeld und versetzte die Priester in eine andere Gemeinde. Wo sie weiter missbrauchten.

Die Artikelreihe im *Boston Globe* erschien Anfang 2002. Es war nicht der erste Skandal, ähnliche Vorwürfe wurden schon zuvor vereinzelt in Afrika, Europa oder Südamerika laut. Auch nach Boston folgten weitere Enthüllungen, in den USA und weiteren Ländern. Deutschland hatte seinen großen Missbrauchsskandal im Jahr 2010. Auch hier meldeten sich Hunderte Opfer, die in verschiedenen Bistümern und Schulen missbraucht worden waren.

2002 studierte Franziskus noch BWL nahe Hamburg, 2010 besuchte er schon das Priesterseminar.

Als der Film beginnt, schlürft Franziskus neben mir seine Spaghetti. Wir haben zusammen gekocht, das erste Mal, Spaghetti mit Soja-Geschnetzeltem, damit setzen wir uns alle vier in den Garten, wo Franziskus den Film an eine Leinwand wirft. Wir trinken dazu Bier, zum Nachtisch gibt es Mandeltorte. Ansonsten passiert erst einmal nicht viel. Es ist ein normaler Filmabend mit diesen »Woher kenne ich den noch mal?«-Gesprächen. Franziskus schaut auf die Leinwand und sagt manchmal Sachen wie »Guter Schauspieler« oder »Gute Szene«.

Ich habe nicht erwartet, dass er zwei Stunden lang erschüttert neben mir sitzt. Aber schon mehr als: »Gute Szene.«

Nach beinahe einer Stunde und vier verdächtigen Priestern lehne ich mich ein bisschen zu Franziskus rüber.

»Und ist das jetzt ein normaler Film für dich?«, flüstere ich.

»Der Film ist auf jeden Fall gut gemacht.«

Das meinte ich natürlich nicht.

»Aber macht dich das nicht anders betroffen?«

»Ich weiß ja schon, dass das passiert ist«, antwortet Franziskus. »Es ist schlimm und macht mich traurig, aber nicht erst in diesem Moment. Ich fühle mich dem sicher näher als andere, trotzdem ist da noch immer eine Distanz. Das ist vielleicht, wie wenn ich eine Dokumentation über die Nazi-Verbrechen von Deutschland anschaue.«

Okay, denke ich, vielleicht ist es noch zu früh für Gefühle. Ich nehme mir ein zweites Stück Mandeltorte.

Als ich fertig bin mit dem Nachtisch, sind es dreizehn verdächtige Priester. Als das erste Mal die Rede davon ist, dass es bis zu neunzig sein könnten, ist es kühl geworden in Roxel, ich ziehe mir einen Pulli an. Die *Spotlight*-Journalisten feiern Weihnachten, und »Holy Night« klingt im August durch den Priestergarten.

»Wie findest du, dass ein Film, der die katholische Kirche so scharf kritisiert, einen Oscar bekommen hat?«, frage ich.

»Für das Image unserer Kirche ist es natürlich eine Katastrophe. Aber es ist eben wahr.«

Die Kirche selbst taucht im Film vor allem durch ihre Vertreter auf, die alles vertuschen wollen, und eben Kardinal Law, der ein dickes Kreuz um den Hals trägt. Später frage ich Franziskus, was er über die Darstellung der Kirche in dem Film denkt. »Es wird nur die eine Seite der Kirche dargestellt«, sagt er. Aber das findet er nicht schlimm. »Hätten sie auch die guten Seiten der Kirche im Film gezeigt, wäre das zynisch gewesen. Ich denke, die Leute können differenzieren und wissen, dass es noch eine andere Kirche gibt.« Er meint die Kirche, wie er sie erlebt: voll von Liebe, guten Menschen, Gotteserfahrungen. Ich bin mir nicht so sicher, ob viele Leute da differenzieren – ich habe den Film schon einmal gesehen und habe es nicht getan.

Auf der Leinwand sprechen die *Spotlight*-Journalisten mit Dutzenden Opfern, Psychologen, Ex-Priestern, Anwälten. Irgendwann ist klar: Sie haben genug Material, die Story wird veröffentlicht.

Die darauffolgenden Szenen zeigen, was es für die Menschen bedeutet, dass es ausgerechnet die katholische Kirche ist, von der dieser Skandal ausgeht.

Ein Journalist sagt seiner Kollegin: »Es macht mich so verdammt sauer.« Er sei als Kind wirklich gern in die Kirche gegangen, irgendwann habe die Eile des Alltags das nicht mehr zugelassen. Aber er dachte immer, irgendwann würde er wieder hingehen. Und jetzt lese er all die Beweise und »irgendwie ist alles einfach zerrissen«.

Die Journalistin erzählt von ihrer Großmutter: Die gehe dreimal pro Woche in die Kirche. Später sieht man, wie die alte Frau den Artikel liest. Sie atmet einmal schwer ein, aus, fragt nach einem Glas Wasser. Das ist wohl der Moment, in dem in ihr alles zerreißt. Als ich den Film das erste Mal gesehen habe, war das die einzige Szene, die mich kurz aus dem Was-für-ein-Journalismus-Taumel gebracht hat.

Kurz vor der Veröffentlichung des Artikels sagt ein Kirchenvertreter zu einem der Journalisten: »Die Menschen brauchen die Kirche, jetzt mehr denn je. Man kann es fühlen.« Er will Druck ausüben, damit der Artikel nicht erscheint. Franziskus sagt zu der Szene später: »Hammer, ne?«, er wirkt ehrlich entrüstet. »Das ist ein absoluter Machtmissbrauch, das ist furchtbar.« Ich glaube, es hat Franziskus schockiert, zu sehen, dass Menschen etwas sagen, wovon er überzeugt ist, dass es die Wahrheit ist. Aber sie sagen es mit böser Absicht. Sie verwenden die gleichen Worte wie er, aber tun anderen damit weh. Sie benutzen die frohe Botschaft als Lüge.

Der Film endet am Tag der Veröffentlichung des ersten Artikels. Das *Spotlight*-Team steht in seinen Redaktionsräumen, wo ununterbrochen die Telefone klingeln. Es sind Dutzende Anrufe, die zu Hunderten werden. Sie kommen von Menschen, die berichten, dass auch sie missbraucht worden sind. Ich schaue rüber, Franziskus hat Tränen in den Augen.

Er erzählt mir später, dass er in diesem Moment Trauer empfunden habe darüber, dass das Böse in der Welt so groß sein kann. Es geht ihm aber nicht speziell um die Kirche. »Ich habe auch bei *Schindlers Liste* geweint.«

Wir räumen Decke, Geschirr und Leinwand zusammen und verschieben das Gespräch auf morgen. Mir dreht sich schon jetzt der Kopf. Von der Bileam-Diskussion gestern, der Werte-Diskussion vorhin und jetzt davon, während des Films jede Regung an Franziskus beobachtet und nicht viel Außergewöhnliches entdeckt zu haben. Dabei muss ihn das doch maßlos wütend machen. Und beschämt. Oder nicht? Beschönigt er diese Verbrechen? Oder wie vereinbart er es sonst mit sich, der Institution, die im Namen seines Gottes so lange weggesehen hat, blind hinterherzulaufen?

Am nächsten Tag gehe ich vom Hotel rüber zum Priesterhaus. Mit dem Koffer in der Hand, weil ich im Anschluss wieder nach Berlin fahre. Wir setzen uns in Franziskus' Büro und sprechen über den Film. Zuerst über Kardinal Law, der nach der Veröffentlichung zwar als Erzbischof Bostons zurücktrat, aber nie strafrechtlich verfolgt wurde. Stattdessen zog er daraufhin nach Rom, wo er Erzpriester der römischen Papstbasilika Santa Maria Maggiore wurde. Kardinal ist er bis heute. Franziskus und ich drehen uns eine Weile im Kreis. Er hebt hervor, dass Law doch strafrechtlich hätte verfolgt werden müssen. Ich betone, dass der Vatikan Law Schutz und einen ehrenvollen Posten gegeben hat – sodass er in Boston nie strafrechtlich verfolgt werden konnte.

Wir machen weiter mit der kircheninternen Aufarbeitung des Skandals in Deutschland.

Die Deutsche Bischofskonferenz hat 2002 Richtlinien herausgegeben, die verhindern sollen, dass sich der Missbrauch wiederholt. 2010 hat sie diese noch einmal verschärft und einen bischöflichen Missbrauchsbeauftragten eingesetzt. Jedes Bistum muss heute außerdem Präventionsbeauftragte und Ansprechpersonen für Opfer von sexuellem Missbrauch haben. Es gibt einen Präventionsfonds und Schulungen für Mitarbeiter, Konferenzen und Arbeitsgruppen, die dafür sorgen sollen, dass sich die Verbrechen nicht wiederholen. Das Thema ist, so viel kann man sicher sagen, auf der Agenda. Die Zeiten, in denen der Missbrauch und dessen Vertuschung Alltag waren, sind, momentan zumindest, vorbei. Kritik hat die katholische Kirche aber in Bezug auf den Umgang mit alten Missbrauchsfällen auf sich gezogen. Zwar hat sie Studien in Auftrag gegeben, die die Skandale aufarbeiten sollen. Aber die erste Studie mit dem Kriminologischen Forschungsinstitut Niedersachsen ist im Jahr 2013 gescheitert, der katholischen Kirche wurde vorgeworfen, nicht zu kooperieren, Informationen zurückzuhalten und die Ergebnisse zensieren zu wollen.

Das sind die Vorwürfe, mit denen ich Franziskus im Gespräch konfrontiere. Er betont hingegen, was die Deutsche Bischofskonferenz seit 2010 getan hat. Alle kirchlichen Mitarbeiter, sagt er, seien heute für das Thema sensibilisiert. Für ihn heißt das zum Beispiel, dass er nicht mehr allein mit nur einem Kind arbeitet. Und wenn doch, lässt er die Türen auf, damit erst gar kein Verdacht aufkommt. »Man wird schon unter einen Generalverdacht gestellt«, sagt Franziskus. Er findet das verständlich, aber auch unfair. Auch ehrenamtliche Mitarbeiter der Kirche würden sich durch die Schulungen vorverurteilt fühlen.

Ich glaube durchaus, dass Sensibilität für das Thema herrscht, eine, die auch von oben verordnet ist. Mir fällt aber in Gesprächen mit mehreren – nicht allen – Katholiken, sowohl Laien als auch Geweihten, auf, dass sie schnell darauf hinweisen, dass es Missbrauch ja auch in anderen, nicht katholischen Einrichtungen gebe. Was stimmt. Trotzdem finde ich es problematisch, gleich von sich wegzuweisen, vor allem als eine moralische Instanz, wie die katholische Kirche sie doch sein möchte. Es gibt aber auch die Katholikinnen, die ihre römisch-katholische Kirche in besonderer Verantwortung sehen, samt ihrer Struktur, sie sprechen von »struktureller Sünde«.

Franziskus war 2010, als der Skandal in Deutschland bekannt wurde, schon im Priesterseminar.

»Hast du nicht aufgrund des Kindes- und Machtmissbrauchs mal überlegt, ob du wirklich Priester werden willst?«, frage ich.

»Nein«, sagt er.

Es entsteht eine kurze Pause.

Ich schaue vor mich hin, überlege, Franziskus wartet geduldig. Wir diskutieren jetzt seit über 90 Minuten, ich bin durch mit den Fragen, die auf meinem Zettel stehen, aber noch nicht zufrieden. Ich kann nicht nachvollziehen, wieso das für ihn kein größeres Thema ist.

»Du kannst ja an Gott, an die Botschaft der Liebe und eine himmlische Kirche glauben«, sage ich schließlich. »Aber du bist eben auch Priester der Institution, die zum Teil völlig intransparent ist, der ihr Ruf wichtiger war als das Schicksal Tausender Kinder. Dieser Institution hast du dich verschrieben. Ich verstehe nicht, wie du das mit dir vereinbaren kannst.«

Als Franziskus antwortet, spricht er wie der Mann, der sich in den letzten fünf Minuten eines Hollywood-Films endlich traut, seiner Traumfrau seine Liebe zu gestehen: »Weil ich die Kirche liebe. Weil ich Jesus Christus liebe, der uns die Kirche geschenkt hat. Wenn du jemanden liebst, wendest du dich auch nicht ab, wenn er undurchsichtig ist. Wenn du jemanden heiratest und dann etwas Schlimmes über ihn erfährst, wirst du ihn doch trotzdem noch lieben.

Ich verstehe ja deine Frage, aber das ist für mich kein Widerspruch. Es ist ein ›Jetzt erst recht‹. Ja, es ist wichtig, dass alles aufgeklärt wird. Und im Vatikan passiert sicher nicht nur Gutes. Die irdische Kirche ist eben von Sündern gemacht. Auch sie ist gebrochen. Aber das Gute überwiegt für mich und dieses Gute will ich weitergeben. Ich versuche hier« – er klopft auf den Tisch – »das Beste daraus zu machen. Ich will das, was mir geschenkt wurde, weitergeben: die Liebe zu Gott und zur Kirche. Und das ist für mich so groß und so kostbar, dass ich auch in Kauf nehme, dass da viel Mist passiert.«

Als er das so sagt, in seinem Prediger-Modus, habe ich einen kleinen Aha-Moment. Es klingt eigentlich ziemlich logisch. Klar, er »kann mit sich vereinbaren«, derselben Organisation anzugehören »wie solche Verbrecher«, wie meine Freundin mir schrieb, weil die katholische Kirche für ihn so viel mehr ist als das.

Gestern noch dachte ich, wenn Franziskus dieses Verbrechen vor Augen geführt bekommt, dann muss er doch entweder zum Leugner werden oder eben austreten. Weil für mich »die Kirche« im Film halt die Kirche ist. Für Franziskus ist sie das nicht. Für ihn gibt es neben der Institution, die Fehler macht, noch eine himmlische Kirche, die auf Erden wirkt und für die es sich zu kämpfen lohnt. Und deswegen hatte er während des Abspanns auch andere Fragen im Kopf als ich. Sie ist für ihn ein Gnadenort und für Vergebung zuständig, der Staat für die Strafe.

Dass dieser Missbrauch und dessen Vertuschung möglich waren, liegt auch an der Struktur der katholischen Kirche: den starken Hierarchien, der Hörigkeit, den Dogmen, dem Willen, die Kirche nicht befleckt werden zu lassen. Und all das ist auch heute nicht verschwunden. Nur: Ich kann das nicht Franziskus als Einzelnem zum Vorwurf machen. Sippenhaft war noch nie cool. Er gibt zu, dass die Kirche Fehler hat, große Fehler. Aber meine Frage, warum er nie darüber nachgedacht habe, auszutreten, zielte in die falsche Richtung. Franziskus liebt die katholische Kirche so sehr und so selbstverständlich, dass seine Verbindung mit ihr keine Entscheidung ist. Sondern einfach *ist*. Das ist für mich schwer nachvollziehbar. Aber wenn man das akzeptiert, dann ergibt es natürlich auch Sinn, dass die Missbrauchsskandale nicht dafür gesorgt haben, dass Franziskus als Priester sich von ihr abwendet. Die Kirche ist ein Teil von ihm, dagegen kann er nichts machen – bis dass der Tod sie scheidet.

Keine weiteren Fragen. Ich habe endlich das Gefühl, mal etwas verstanden zu haben. Aber als ich aufstehe, fällt mein Blick auf seinen Schreibtisch und das Heft, das darauf liegt: »Gender-Ideologie – Lass dich nicht zur Äffin machen«.

Och. Liegt da wirklich, gerade jetzt, dieses blöde Heft?

Hätte es in diesem Jahr eine Regie gegeben, hätte sie nicht nach unseren Diskussionen über Bileam, Ideale und den Missbrauchsskandal die Steilvorlage für das nächste Fass dort platziert. Weder leser- noch protagonistinnenfreundlich. Aber ich habe auch keine Kraft mehr. Ich frage nur, was das sein soll; Franziskus antwortet kurz, wir gehen nicht weiter darauf ein, heute nicht mehr. Aber das gute Gefühl von eben ist wieder weg.

Als ich eine halbe Stunde später an der Bushaltestelle stehe, bin ich völlig erledigt. Ich setze mich auf die Bank, lege den Kopf in die Hände, schaue eine Weile in die Falten meiner Finger, atme ein, wische Tränen weg, und aus. Ein, aus.

Diese Tage in Roxel waren viel ruhiger als der Weltjugendtag, aber kräftezehrender, weil gesprächsintensiver. Es ist anstrengend, die immer gleichen Diskussionen zu führen. Ich hatte das Gefühl, Franziskus ging es ähnlich. Es ist auch für ihn sicher nicht leicht. Er lebt sein Leben, liebt seine Kirche und muss sich ständig rechtfertigen. Klar reizt ihn das. Und auch ich bin gereizt, weil mich hier so vieles aufregt, auch wenn ich das eigentlich nicht will. Ich kann das nicht mehr. Kaum machen wir mal einen Schritt aufeinander zu, zack, schon bringt uns der nächste Punkt wieder zwei Schritte auseinander.

Ich verabschiede mich

Im September trete ich aus der Kirche aus. Ich gehe zum Amtsgericht, elf davon gibt es in Berlin, und frage als Erstes den Pförtner, wo ich für den Kirchenaustritt hinmuss.

»Haben Sie denn einen Regenschirm dabei?«, fragt er.

»Wieso?«

»Falls es von oben regnet, wenn Sie wieder rauskommen!«

Er verrät mir den Weg, ich gehe zum Raum und klopfe an die Tür.

»Herein!«, ruft eine Frau dahinter. Und als ich die Tür öffne: »Schon wieder einer!« Ich bin schon die Achtzehnte an diesem Tag, der Monat neigt sich dem Ende entgegen. Dann unterschreibe ich, bekomme eine Bestätigung, nach 15 Minuten bin ich wieder draußen. Das Ganze kostet mich 30 Euro.

Es ist seltsam, aus etwas auszutreten, wo ich gefühlt nicht Mitglied war. Mir wurde vorgeworfen, ich hätte es ja nicht einmal ausprobiert. Aber probieren und Mitgliedschaft, das ist ein Unterschied. Der Anlass für den Austritt war ziemlich banal: Meine Steuer erinnerte mich daran, dass ich Mitglied war.

Das Thema Kirchenmitgliedschaft hat zwischen Franziskus und mir nie eine große Rolle gespielt. Als ich ihm sage, dass ich austreten will, findet er es nicht schlimm.

Sagt er zumindest. Ich sei ja getauft, davon könne ich nicht zurücktreten.

Es ist auch nicht seine Schuld, dass ich offiziell raus bin. Aber es passt beim Thema Entfernung ganz gut.

Etwas in mir hat sich seit meinem letzten Besuch vorzeitig aus diesem Jahr verabschiedet. Ich glaube, es war mein Wille, Franziskus und seine katholische Welt zu verstehen. Und mein Glaube, dass das funktionieren kann.

Auch jetzt im Herbst begleite ich Franziskus weiterhin bei Gemeindeterminen, den sonntäglichen Messen, der Messdienerfahrt. Aber wir sehen uns nicht so oft wie sonst, weil er viel unterwegs ist mit Familien oder auf Konferenzen und ich an meinen Artikeln schreibe. An manchen Tagen sehen wir uns gar nicht. Es passiert nicht bewusst, aber ich tue auch nichts dagegen.

Was mir in diesen Tagen auffällt und was auch ganz gut passt: Ich habe Franziskus' 39. Geburtstag verpasst – und zwar ordentlich. Der war schon im Juli, direkt vor dem Weltjugendtag. Der Termin stand mal in meinem Handykalender, aber mein Handy ist quasi ständig kaputt, verloren oder geklaut. Es ging irgendwie unter. Jetzt bringe ich ihm, nachdem ich einen Tag lang in Köln war, ein Kölsch vom Hauptbahnhof mit. Wir schaffen aber nicht, es zusammen zu trinken. Es war sowieso lauwarm.

An einem Sonntag trifft sich Franziskus' Gemeinschaft im Roxeler Pfarrzentrum. Ich freue mich, die Emmanuels wiederzusehen, mit denen ich auf dem Weltjugendtag so viel Zeit verbracht habe. Zuerst gibt es Vorträge, dann Kaffee und Kuchen, dann eine Anbetung. Weil ich mich nicht mehr hineindenke, will ich nicht hin. Aber als sie losgeht, stehe ich noch im Innenhof, durch die Vordertür komme ich nicht mehr raus, weil ich nicht durch die Stille der Anbetung will. Also Hinterausgang: über drei Büsche, zum Tor im bauchnabelhohen Zaun. Es ist verschlossen. Ich stemme mich hoch, hieve ein Bein über den Zaun, bleibe stecken und hänge da also, buchstäblich und symbolisch, das eine Bein schon drüber, das andere noch hier, und weiß nicht, ob vor oder zurück. Da spricht mich eine Dame an: »Sind Sie nicht die Journalistin, die den Herrn Kaplan begleitet?« Jep, bin ich. Die Journalistin hängt gerade über dem Zaun hinterm Pfarrzentrum. Valerie auf der Flucht. Ich fühle mich ertappt.

Es geht mir nicht darum, das Jahr abzubrechen. Ich genieße weiter die Ruhe in Roxel. Ich liebe es, mit Franziskus' Fahrrad, an dessen Lenker ein Anhänger vom heiligen Christophorus baumelt, über die Felder zu rasen. Ich mag die Menschen, die ich kennengelernt habe. Die Abwechslung in meinem Leben finde ich toll. Es ist ein großartiger Job, den ich hier habe. Aber: Es ist ein Job. Ich beobachte und schreibe, habe jedoch nicht mehr den Anspruch, alles verstehen zu wollen. Weil ich es nicht mehr einsehe, vielleicht war das auch zu viel von mir selbst verlangt. Ich ertrage keine einzige kreisförmige Diskussion mehr. So ist es weniger kräftezehrend.

Wenn Franziskus etwas sagt oder tut, das ich nicht nachvollziehen kann, denke ich jetzt nur: Okay, mach dein Ding. Es ist schön, wenn es dich glücklich macht. Ich meine das auch gar nicht sarkastisch. Es ist vielleicht wie mit Schnapspralinen. Ich persönlich finde ja, man trinkt Schnaps oder man isst Schokolade, aber nicht beides gleichzeitig. Trotzdem ist mir kaum etwas weniger egal als das, was andere Menschen abends vor dem Fernseher essen. Und wen Schnapspralinen glücklich machen: bitte schön. Aber das heißt ja nicht, dass ich sie probieren muss.

Wenn Franziskus und ich uns zu zweit sehen, sprechen wir meist nur über das, was ich für meine Artikel brauche. Das heißt: Ich frage ihn aus. Er fragt nie zurück.

Einmal beschließen wir, den Spieß bewusst umzudrehen. Er soll mir vor der Kamera Fragen stellen. Keine Vorgaben, einfach das, was er wissen will. Ich bin gespannt. Ich denke, vielleicht wird er wissen wollen, wieso ich Feministin bin, oder Vegetarierin, oder Journalistin, oder was mir darüber hinaus wichtig ist.

Aber er fragt: »Du bist in der ehemaligen DDR aufgewachsen. Was für Möglichkeiten hattest du, Gott zu entdecken?«

Toll.

Dass mich die Frage völlig überrascht, zeigt, wie wenig ich ihn noch immer einschätzen kann. Und die Frage selbst, wie wenig er mich.

Ich antworte: »Es gab bestimmt Möglichkeiten. Aber ich habe die nicht aktiv gesucht.«

»Würdest du sagen, dass du ein Gottesbild hast? Oder wer ist Gott für dich?«

»Das ist eine Frage, die für mich keine Rolle spielt, ich denke über den Begriff ›Gott‹ nicht wirklich nach. Momentan würde ich sagen, Gott ist das, woran die Menschen glauben, die in die Kirche gehen.«

Ich bin in diesem Moment schon so im Anti-Modus, dass ich gar nicht mehr anerkennen kann, dass das für Franziskus eben relevante Fragen sind. Ehrlich gesagt denke ich nur: Verstehst du nicht, dass das die falsche Herangehensweise ist, um mich kennenzulernen? Oder willst du das gar nicht? Es war keine Vorgabe, weder generell noch heute, er sollte fragen, was ihn interessiert. Ich habe das Gefühl, dass Franziskus zwar durchschauen will, wie Menschen meines Schlages die Welt sehen – aber nur um herauszufinden, wie man sie am besten bekehren kann. Nicht, um mich als Menschen zu verstehen. Ich kann mich nicht überwinden, ihm das zu sagen. Interesse lässt sich nicht einfordern. Böse bin ich ihm nicht. Aber mein Interesse am Glauben, an dem, was ihm wichtig ist, sinkt im Gegenzug auch.

Es ist ein heißer Herbsttag, als sich die Geschichte dreht. Franziskus und ich sitzen in seinem Büro, das Fenster weit offen, damit etwas Luft hereinkommt, vor mir mein Kalender, vor ihm sein Computer, wir müssen organisatorischen Kram für die nächsten Wochen besprechen.

Auf einmal fragt mich Franziskus, wie das Projekt meiner Meinung nach laufe. Ich antworte: »Gut«, und schaue wieder auf meinen Kalender, was soll ich auch sagen? Und dann erklärt Franziskus, er finde das eigentlich nicht. Ich stutze, schaue ihn an, wie meint er das jetzt? »Ich habe das Gefühl«, sagt er, »dass ich mich mehr bemühen muss. Wir müssen aufpassen, dass es keine Rückwärtsbewegung gibt. Dass wir uns nicht wieder voneinander entfernen.«

Ich bin kurz sprachlos.

Seit Tagen, eher Wochen, habe ich dasselbe Gefühl, kann mich aber nicht überwinden, es anzusprechen. Und jetzt sagt er das einfach so. Das ändert etwas. Viel mehr, als ich selbst es in diesem Moment ahne. Es zeigt mir: Er merkt es. Viel wichtiger: Ihm gefällt es nicht.

Ich klappe meinen Kalender zu, falte meine Hände und atme einmal tief ein. Er war ehrlich, also bin ich es auch. Ich erzähle ihm, dass ich mich tatsächlich innerlich aus dem Projekt zurückziehe. Gar nicht mit Absicht, es ist einfach passiert, weil es anstrengend ist, gleichzeitig als Mensch und Journalistin hier zu sein. Dazwischen hin- und hergeworfen zu werden. Die immer gleichen Diskussionen zu führen. Nie genug Zeit für Gespräche zu haben. Ich sage, dass ich versucht habe, wieder mehr »nur« Journalistin zu sein. Auch weil mir die Gegenseitigkeit fehle. Was aber nicht seine Schuld sei. Die Umstände seien nicht zu ändern, daher habe ich es nicht angesprochen, ich verstehe ihn.

Und dann passiert das: Franziskus sagt, er verstehe mich auch. »Wir brauchen mehr neutrale Zeit«, sagt er. Also Zeit, in der ich nicht die Journalistin bin und er der Priester, sondern wir einfach Valerie und Franziskus sind.

Ich bin erleichtert.

Wir verabreden gleich, uns morgen zu zweit für Kaffee und Kuchen in die Bäckerei zu setzen.

Am nächsten Tag sind wir dann aber länger als gedacht bei einer Dame für die Krankenkommunion, sodass uns nur noch 15 Minuten für den Bäcker bleiben. Ich denke, okay, nächstes Mal; Franziskus sagt, wir gehen trotzdem. Und das ist gut. Nicht, weil wir nur wenig Zeit haben – sondern weil wir es trotzdem tun.

Wir trinken schnell den Kaffee, essen fix den Kuchen, lachen ein bisschen darüber. Am Ende sagt Franziskus: »Wir bekommen das hin«, und lächelt sein Franziskus-Lächeln.

Ich habe mich die ganze Zeit gefragt: Braucht es das, solche Kuchenzeit? Ist das nicht unprofessionell, dass ich mir das wünsche? Von anderen Interviewpartnerinnen fordere ich ja auch nicht, sie sollen mir doch bitte etwas mehr Interesse entgegenbringen. Ich habe davon nichts geschrieben und niemandem erzählt. Weil ich dachte, hier geht es schließlich darum, die katholische Kirche zu verstehen, und das sind nur Befindlichkeiten. Aber ich werde im Nachhinein feststellen: Dieser Kuchen-Moment ist unverzichtbar, weil er einen Wendepunkt markiert. Ich merke, dass es Franziskus nicht egal ist, wenn ich mich innerlich verabschiede. Er interessiert sich vielleicht nicht für alle Dinge, die mir wichtig sind, aber er interessiert sich für mich. Er will es versuchen. Also beschließe ich, es auch wieder zu versuchen.

Wenn wir uns verstehen wollen, wenn ich die katholische Welt im Großen verstehen will, dann müssen wir uns im Kleinen begegnen. Ob für 15 Minuten beim Bäcker oder bei einem Dosenbier.

Als ich zurück nach Berlin fahre, überreicht Franziskus mir zum Abschied ein Geschenk. Es ist ein eingepacktes Buch, ich soll es erst an meinem Geburtstag aufmachen.

Es ist das Buch *Lebenslang für die Freiheit* von Can Dündar, dem türkischen Journalisten, der verhaftet wurde, obwohl er nur seinen Job machte, und der jetzt aus Deutschland für Pressefreiheit in der Türkei kämpft. In der Geburtstagskarte schreibt Franziskus: »Als ich das gesehen habe, dachte ich, das könnte dir gefallen. Ich kann mir vorstellen, dass du dich manchmal wie der Schmetterling fühlen musst, der vorne drauf ist.« Ich drehe die Karte um: Der Schmetterling hängt kopfüber.

Wieso Jesus (k)ein Spinner war

Mein Wille ist wieder da, aber die Lösung für das Problem nicht: Ich bin in wichtigen Fragen fundamental anderer Meinung als Franziskus. Zustimmen ist unmöglich, Bekehren auch. Mit »Denk halt, was du willst« trete ich auch auf der Stelle. Was bleibt noch?

In meinen Berlin-Tagen sitze ich oft auf dem Balkon und denke darüber nach. Wenn ich von dort aus den Kopf nach rechts drehe, könnte ich da irgendwo eine Kirche sehen, wäre sie nicht von einem Einkaufszentrum verdeckt.

Vielleicht ist ein Problem, dass Franziskus und ich nicht so miteinander reden, als ob auch der andere recht haben könnte. Franziskus stellt sich sicher nie die Frage, ob vielleicht doch nicht alles an der katholischen Lehre wahr ist. Ich denke nie darüber nach, ob etwas dran sein könnte. An den Dogmen, der Bibel, Jesus Christus, Gott. Für einen echten Austausch müsste man doch aber auch seinen eigenen Glauben und seine Positionen zur Debatte stellen.

Muss ich meinen Glauben zur Debatte stellen?

Als ich Freunden davon erzähle, geben sie zu bedenken, dass dann Franziskus das Gleiche tun müsste. Meine Überzeugungen seien ja nicht weniger wert als sein Glaube. Das stimmt. Aber unser gemeinsames Jahr ist nun einmal so angelegt. Es geht nicht darum, dass Franziskus sich in mich hineindenkt. Ich treffe ihn in seiner Welt und nicht umgekehrt.

Trotzdem merke ich, dass er sein Möglichstes tut. Auch mehr tut, als vereinbart war. Also bin ich auch wieder bereit dazu.

Aber kann ich das? Und will ich das? Was wäre denn die Konsequenz? Dass ich katholisch werde? Ich musste meinen Freunden versprechen, dass das nicht passiert.

An einem dieser Tage in Berlin telefoniere ich mit einem Kollegen. Er ist katholisch aufgewachsen und hat auch mal angefangen, Theologie zu studieren. Ansonsten teilt er vermutlich mehr Ansichten mit mir als mit Franziskus. Ich erzähle ihm von meinem Problem, Fallbeispiel: der Streit über das Frauenpriestertum. »Ich verstehe dich«, kommt es aus dem Hörer, »aber ich kann dir auch erklären, wie es in Franziskus' Kopf aussieht: Ich denke mir die Regeln nicht aus, sie kommen von Gott. Daher kann ich sie nicht ändern. Wie erkläre ich dir, Valerie, dass das nicht in meiner Macht steht?«

Da wird mir etwas klar: So, wie ich bei Franziskus manchmal das Gefühl habe, gegen eine Wand zu rennen, geht es auch Franziskus. Nur kommt er von der anderen Seite.

Wir legen auf, ich hole mir einen Kaffee, gehe auf den Balkon und schaue in die Richtung, in der die Kirche liegt.

Weil ich ja zu Franziskus durchkommen will, renne ich seit Wochen immer weiter gegen diese Wand, sie steht stabil, ich bekomme Kopfschmerzen, höre aber nicht auf, in der Hoffnung auf einen kleinen Durchbruch. Aber vielleicht geht es darum gar nicht. Irgendwie ist es leichter, mein Scheitern zu akzeptieren, wenn ich mir bewusst mache, dass Franziskus vor derselben Wand steht, sie auch gern durchbrechen würde und nicht weiß wie. Es gibt dann noch eine andere Möglichkeit: Ich muss versuchen, die Wand von Franziskus' Seite aus zu sehen. Vielleicht kann ich dann entdecken, wo die Lücken zwischen uns sind, die Öffnungen, die zu Fenstern werden können. Dann müssen wir weder etwas kaputt machen noch den anderen auf die eigene Seite ziehen – aber können uns trotzdem sehen.

Als Franziskus und ich das erste Mal über seinen Glauben sprachen, ich ihn mit dem Leid der Welt konfrontierte und er sich nicht beeindrucken ließ, sondern einfach sagte, er glaube trotzdem – da stieg ich aus. Ich wollte ihn aus der Reserve locken. Aber weil er sich nicht darauf einließ und nur sein Totschlagargument vorbrachte, dachte ich, wir könnten es auch lassen, über den Glauben zu reden.

Wir haben seitdem deshalb viel über Themen diskutiert, zu denen ich auch etwas sagen kann; und von denen Franziskus behauptet, sie seien für ihn nicht wesentlich im Glauben, wie das Frauenpriestertum. Aber sie sind mir wichtig – ich lerne einen Menschen kennen, indem ich ihn frage, was er von Gleichberechtigung hält. So, wie Franziskus mir eben Fragen über die Rolle Gottes in meinem Leben stellte, um mich kennenzulernen.

Wenn ich jetzt also seine Perspektive nachvollziehen will, muss ich weniger auf Konfrontation setzen, sondern mehr über die Dinge sprechen, die für ihn wesentlich sind. Mein Kollege am Telefon meinte, ich solle es mal mit der Trinität probieren, also der Dreifaltigkeit Gottes. Okay, dann fangen wir damit an.

Als ich das nächste Mal in Münster bin, setzen Franziskus, sein Mitbewohner Christian und ich uns zusammen. Christian hat an dem Jugend-Katechismus *Youcat* mitgeschrieben, der die katholische Lehre für junge Leute erklären soll – deshalb darf er bei einer Unterhaltung über die Trinität nicht fehlen. Denn alle Katholikinnen kündigten mir an, dass es kompliziert wird. Ich bitte die beiden also, mir zu erklären, was es mit diesem Vater-Sohn-Heiliger-Geist-Ding auf sich hat.

»Wir glauben an einen Gott, aber in drei Personen«, sagt Franziskus.

»Die offizielle Formulierung in der Messe ist: Wir beten zu Gott dem Vater durch den Sohn Jesus Christus im Heiligen Geist«, ergänzt Christian.

Damit solle ausgedrückt werden, dass Gott in sich selbst schon Beziehung ist. Zwischen Vater, Sohn, Heiligem Geist eben. »Und das«, sagt Christian, »ist im Christentum wesentlich, weil Gott die Liebe ist.«

»Gott ist die Liebe« – das steht im ersten Johannesbrief, Kapitel 4, Vers 16. Für Franziskus ist es die treffendste Definition von Gott. Gott ohne Liebe funktioniere nicht. Liebe funktioniert nicht ohne Gegenüber. Wäre *Gott* allein, würde ihm etwas fehlen – was aber nicht sein kann, weil es Gott ist. Er liebt die Menschen und wünscht sich ihre Liebe. Aber er ist auch ohne sie schon vollständig, ganz.

Die Trinität, lerne ich später, kann man eigentlich nur über Jesus Christus verstehen. Es geht um die Frage: Wer war dieser Jesus im Verhältnis zu Gott? Dann muss man viele Dinge, die für die Christen Erkenntnisse sind, zusammenbringen: Es gibt nur einen Gott. Aber Jesus ist so nah bei Gott, dass er selbst Gott sein muss. Und er ist noch heute erfahrbar, obwohl er schon bei Gott ist, das muss durch den Geist passieren, den Heiligen Geist.

Okay, denke ich da zwischen Franziskus und Christian. Gott ist eins und gleichzeitig drei. Alle Gläubigen kündigten mir vorher an, dass die Trinität schwierig zu verstehen sei. Ich habe, ehrlich gesagt, keine weiteren Fragen. Unglaublich ist unglaublich, wenn also ein Gott möglich sein soll, wieso dann nicht auch ein Gott in dreien?

Wir kommen daher ziemlich schnell auf ein anderes Thema, das mich beschäftigt: die ganzen toten Babys im Alten Testament. Als der Pharao das Volk Israel nicht aus Ägypten ziehen lassen will, schickt Gott Plagen. Die letzte: In Häusern, die nicht glauben, dass er der einzige Gott sei, sterben die erstgeborenen Söhne.

»Wenn es nur einen Gott gibt«, sage ich zu Franziskus und Christian, »müsste dieser Gott ja auch der Gott der Ägypter gewesen sein. Gott hat ihnen aber Plagen geschickt und ihre Neugeborenen getötet.«

»Gott ist auch der Gott der Ägypter«, entgegnet Christian, »aber diese Geschichte steht in einem anderen Zusammenhang. Nach dem Verständnis der damaligen Welt zeigt sich in dem Sieg eines Volkes über ein anderes der Sieg der Götter des einen Volkes über die Götter des anderen Volkes. Der Sinn der biblischen Geschichte ist es, zu zeigen, dass der Gott Israels über den Göttern Ägyptens steht. Er ist stärker, letztlich ist er der Einzige und die anderen sind gar keine Götter. Auch der Pharao, der als Gottkönig verehrt wird, ist nur König und nicht Gott. Die Menschen der damaligen Zeit konnten an den einen und wahren Gott nur dann glauben, wenn er auch mächtig ist und dies zeigt.«

»Aber trotzdem – wieso hat er dann die Erstgeborenen getötet?«

»Um zu zeigen, dass der Gott Israels wirklich mächtig ist und sein Volk befreien kann, musste Ägypten besiegt werden – und das hieß damals die Götter Ägyptens. Es geht in der Bibel um historische Fakten, aber das heißt nicht, dass sich jede Geschichte ganz genau so zugetragen haben muss.«

Hier sind wir wieder an dem Punkt, wieso ich die Theologie nicht verstehe.

»Das klingt ja auf jeden Fall erst mal nicht nach dem gütigen Gott, von dem ihr immer erzählt.«

»Das wird mit Jesus Christus deutlich«, sagt Franziskus.

»Wir Christen lesen das Alte Testament von Jesus Christus her und auf ihn hin«, erklärt Christian. »Alles, was im Alten Testament nicht mit ihm und seiner Lehre zusammenpasst, muss als zeitbedingt angesehen werden.«

Okay, bleiben wir doch mal bei Jesus Christus.

»Was macht euch so sicher, dass er Gottes Sohn ist?«

»Er ist gestorben und hat all unsere Sünden auf sich genommen«, sagt Franziskus.

»Das kann ja jeder sagen.«

»Gehen wir doch einmal von der Bibel aus«, meint Christian. »In der Bergpredigt sagt Jesus: Zu den Alten ist gesagt worden, du sollst nicht töten. Ich aber sage euch, wer seinem Nächsten auch nur zürnt, soll dem Gericht verfallen sein. Jesus stellt sich auf eine Stufe mit Gott, denn er legt das Wort Gottes nicht nur aus, sondern schreibt es aus eigener Autorität weiter.«

»Auch das kann jeder sagen.«

»Genau«, entgegnet Christian. »Es gibt nur zwei Möglichkeiten: Er ist wirklich Gott oder er ist ein durchge-knallter Spinner.«

»Wieso soll er kein Spinner gewesen sein?«

»Erstens ist es sehr schlüssig. Was Jesus in der Bergpre-digt sagt, setzt die Zehn Gebote fort. Jesus hält zum Bei-spiel an der Weisung Gottes fest, die Ehe nicht zu brechen, aber erweitert sie: ›Wer eine Frau auch nur lüstern ansieht, hat in seinem Herzen schon Ehebruch mit ihr begangen.‹ Es geht nicht darum, die Gebote nur äußerlich zu befol-gen, sondern auch innerlich. Zweitens sehe ich es daran, wie er gewesen ist. Die Übereinstimmung von Wort und Tat bei ihm – das ist völlig unvergleichlich.«

Mein Punkt ist, dass er ja ein netter Kerl gewesen sein kann, etwas narzisstisch vielleicht, wenn er sich auf eine Stufe mit Gott stellt, beweisen tut das nichts. Daher sage ich es noch mal: »Das beweist doch nicht, dass er kein Spinner war.«

Und dann sagt Franziskus: »Ich kann sagen, dass er kein Spinner war, weil ich ihn in meinem Leben erfahren habe. Gott ist ja nicht irgendwie in mein Leben getreten, son-dern durch Jesus Christus. Durch seine Kirche, durch sein Wort, durch die Kommunion, wenn die Hostie in seinen Leib gewandelt wurde.«

Zuerst will ich noch einmal ansetzen. Aber kann nicht. Was soll ich sagen? Das ist sein Glauben, seine persönliche Erfahrung. Ich kann sagen: Du spinnst, Franziskus. Aber dann wäre das Gespräch beendet. Wenn ich will, dass es weitergeht, muss ich das hinnehmen.

Christian ergänzt: »Nach so einer Erfahrung versucht man, mit seiner Intelligenz und seiner Bildung zu verste-hen, was da passiert ist. Man versucht, es rational einzuordnen. Wir glauben schließlich auch, dass Gott vernünftig ist, dass er die Vernunft geschaffen hat. Daher kommt dieser ganze Versuch in der Theologie, Glaube und Vernunft miteinander zu verbinden.«

Und da macht es klick.

Diejenigen, die die Theologie als Wissenschaft wie jede andere begreifen, lehnen es ab, sie durch persönliche Erfahrung zu begründen. Für sie müssen theologische Sachargumente auch für Leute funktionieren, in deren Leben Gott keine Rolle spielt. Viele Theologen sind daher gegenüber ihrem eigenen Glauben auch viel skeptischer als Franziskus.

Ich bin keine Theologin und werde es bis zum Ende dieses Jahres auch nicht werden. Ich kann nicht mit Sicherheit ausschließen, dass es Auslegungen gibt, die mich, auch ohne Glaubenserfahrung, überzeugen könnten, dass Jesus tatsächlich Gottes Sohn war. Gerade kann ich es mir aber schwer vorstellen. Christian hat am Anfang auch versucht, theologisch zu argumentieren, es leuchtete mir nicht ein.

Was mir aber einleuchtet, ist, dass es aus Franziskus' Perspektive heraus überhaupt keine andere Auslegung geben kann. Ich verstehe, warum es für ihn so wichtig ist, dass alles, was im Alten Testament der Lehre des gütigen Gottes widerspricht, uminterpretiert oder als »zeitbedingt« angesehen wird. Andernfalls würde es etwas anderem widersprechen, nämlich dass Gott uns liebt. Und dass er barmherzig ist. Das mag von außen nur persönliche Erfahrung von Franziskus sein, für ihn ist das Fakt. Eine Interpretation, die dem widerspricht, muss also falsch sein.

Das ist die Glaubensperspektive. Das ist Franziskus' Blick auf die Wand zwischen uns. Aus dieser Perspektive heraus ergibt es Sinn, dass Gott Bileam nicht willkürlich behandelt, sondern ihn auf den richtigen Weg führt. Das ist gemeint mit dem Satz »Das Alte Testament muss durch das Neue Testament gelesen werden«. Das Neue Testament handelt ausschließlich von Jesus Christus – seinem Handeln und Wirken. Jesus Christus haben sie persönlich erfahren und wissen daher für sich: Er ist barmherzig. Mit diesem Wissen, dem Fakt, dass Gott barmherzig ist, lesen sie das Alte Testament.

Ich kann nicht beurteilen, ob die Theologie eine klassische Wissenschaft ist, die an Universitäten gehört. Und ob sie tatsächlich ohne persönliche Glaubenserfahrung funktionieren kann. Aber ich verstehe in diesem Moment zumindest, warum es vernunftbegabten Menschen wichtig ist, sich mit ihr zu beschäftigen – obwohl sie sich der wissenschaftlichen Grenzen der Theologie bewusst sind. Menschen wie Franziskus oder Christian beschäftigen sich nicht mit der Theologie trotz ihrer Vernunftbegabtheit, sondern deswegen. Es ist das Bedürfnis, das Unglaubliche zu erklären.

Ich werde mir Gespräche wie dieses gerade oder das über die Missbrauchsskandale im Nachhinein als »Aha-Momente« notieren. Es waren die Situationen, in denen das, was ich auch vorher schon viele Male gehört habe, plötzlich bei mir ankam. Ich habe zwar auch diesmal gegen Franziskus argumentiert, wie immer, aber der Unterschied war, dass ich, als Franziskus »trotzdem« sagte, nicht ausstieg. Sondern fragte: Wie? Diese Frage ist vielleicht der Schlüssel, wenn ich seine Perspektive nachvollziehen will: Du siehst, was ich sehe; weißt, was ich weiß – und du glaubst trotzdem. Wie?

Verstehen

Zu Besuch in Franziskus' Heimat

Ein schwarzes Holzkreuz mit einem Holzjesus daran ist das Erste, was ich in Franziskus' Elternhaus sehe. Es steht, oberkörpergroß, auf der Kommode gegenüber der Eingangstür.

Bei meinen Eltern im Flur steht eine Schale für die Schlüssel, dank der man erfährt, ob sie zu Hause sind oder unterwegs, mehr nicht. Hier, im Eingangsbereich der von Boeselagers, macht der Holzjesus sofort klar: Sie betreten jetzt den katholischen Sektor.

Es ist Oktober. Franziskus und ich verbringen zwei Tage im Sauerland, einer Region im Osten Nordrhein-Westfalens mit Mittelgebirge, Wald und Stauseen. Seine Heimat. Hier ist er geboren und aufgewachsen, hier hat er, wie er es nennt, seine Berufung zum Priester erfahren. Wir sind zusammen hier, weil ich sehen will, wo er herkommt, um besser zu verstehen, wo er jetzt ist.

Unsere erste Station ist Menden, wo Franziskus' Eltern wohnen. Menden liegt eine Autostunde von Münster entfernt, im Erzbistum Paderborn, in dem 4,8 Millionen Menschen leben, der Katholikenanteil liegt bei 32 Prozent, macht etwa 1,5 Millionen Katholiken im näheren Umkreis.

Menden selbst hat 55 000 Einwohner. Hier gibt es fünf evangelische Kirchengemeinden, dreizehn katholische, einen türkisch-islamischen-Verein, kein Einkaufszentrum, aber ein Wasserrad an der Hönne, einem Fluss von stolzen 35 Kilometer Länge. Menden ist gemütlich, eine Kleinstadt mit Heile-Welt-Flair.

Das Haus der von Boeselagers liegt an einem Hang, von dem aus man über die Stadt schauen kann. Hier sind Franziskus, sein jüngerer Bruder und seine zwei älteren Schwestern groß geworden. Seine Eltern leben noch heute hier: Maria-Inez, 68, und Wilderich von Boeselager, 74, seit 46 Jahren verheiratet.

Maria-Inez und Wilderich – weil wir uns gefühlt sowieso schon kennen, haben sie mir das Du angeboten – kommen beide aus Adelsfamilien, die den Katholizismus so selbstverständlich weitergeben wie ihren Namen. Maria-Inez sagt Sachen wie: »Ich weiß, egal was geschieht, Gott ist die Liebe und er gibt uns die Kraft.« Und Wilderich: »Ich spüre immer wieder, da trägt mich jemand. Das muss ich nicht alleine schaffen.«

Ich war vorher etwas nervös, die beiden zu treffen. Ich höre oft von ihnen, sie kennen die Artikel, die ich über Franziskus schreibe, wir haben schon miteinander telefoniert. Sie unterstützen ihren Sohn bei diesem Projekt, daher will ich, dass sie mich mögen. Es fühlt sich beinahe an wie ein Schwiegerelternbesuch. Dann dämmert mir im Angesicht der Jesus-Figur, dass ich nicht mal ein Mitbringsel dabeihabe. Nur eine angefangene Packung Frischkäse und Tomaten in einer Netto-Tüte, Reste von gestern, die ich nicht wegschmeißen wollte. »Sorry, ich habe gar nichts mitgebracht«, sage ich. Franziskus und seine Mutter rufen gleichzeitig: »Nein!« Und Franziskus setzt hinzu: »Du hast *dich* mitgebracht!« Der Vater lächelt.

Die beiden haben ein Gebetszimmer. Darin stehen zwei

Sofas, viele Kreuze und Heiligenbilder. Auch in den anderen Zimmern sind zwischen den Büchern und Familienfotos Kreuze und Engelsfiguren verteilt. Mir fällt nicht eine Wohnung eines Freundes oder Familienmitglieds ein, in der auch nur ein einziges Kreuz hängt. Auf dem Fensterbrett im Wohnzimmer steht ein Foto von Franziskus und dem ehemaligen Kölner Bischof und Kardinal Joachim Meisner, verstorben 2017, der seine Hände auf Franziskus' Kopf gelegt hat. Es wurde am 28. Juni 2013 aufgenommen, es ist Franziskus' Priesterweihe.

Wir können das Bild sehen, als wir zu viert um den schweren Wohnzimmertisch sitzen und über ihre Familie, den Glauben und Franziskus' Vergangenheit sprechen. Ein Tag ist wenig, um das Leben eines erwachsenen Mannes nachzuvollziehen, das weiß ich. Aber es wird reichen, um zu realisieren, wie selbstverständlich, und immer schon, der Glaube zu Franziskus gehört.

Während Franziskus' gesamter Kindheit und Jugend war eines der ersten Dinge, die er am Morgen tat, beten, am Frühstückstisch, vor dem Essen: »Komm, Herr Jesus, sei unser Gast und segne, was du uns bescheret hast.« Eines der letzten Dinge des Tages war, vor dem Schlafengehen mit seiner Mutter Lieder zu singen wie:

Hab ich unrecht heut getan,
sieh es, lieber Gott, nicht an!
Deine Gnad' und Jesu Blut
machen allen Schaden gut.

Der Glaube gab dem Tag Struktur, auch als Franziskus älter wurde. Oft saß die Familie abends zusammen, die Eltern lasen ihm und seinen Geschwistern aus der Kinderbibel vor. Sie wollten ihren Kindern etwas vom Glauben mitgeben – aber ohne Zwang, wie sie ihn selbst in ihrer Jugend erfahren hatten. Die Sonntagsmesse war deshalb bei den von Boeselagers nicht Pflicht, sondern ein Ausflug. Das Beten von Rosenkränzen keine Strafe, sondern Familienbeschäftigung. So erzählen es zumindest Maria-Inez und Wilderich, so bestätigt es auch Franziskus.

»So fromm war meine Kindheit gar nicht«, sagt er auf dem Sofa. »Ich habe sonntags auch mal geschwänzt, um die *Sendung mit der Maus* zu schauen.«

Schwer, sich vorzustellen, wie Maria-Inez und Wilderich als Eltern mit mir umgegangen wären. Mit einer Tochter, die sich nicht einmal konfirmieren lassen wollte und die nie auf die Idee gekommen wäre, am Sonntagvormittag in die Kirche zu gehen. Ob dann immer noch alles so freiwillig gewesen wäre? Aber auch schwer sich vorzustellen, das alles nicht selbstverständlich mitzumachen, wenn man so aufwächst.

Auch Franziskus ist ausgebrochen. Nur in eine andere Richtung, als es die meisten anderen Jugendlichen, die ich kenne, tun. Mit 16 Jahren ging er im Rahmen eines Schüleraustauschs ein halbes Jahr auf ein Internat nach Irland. Als er wieder in Deutschland war, tauschte er sein katholisches Gymnasium, fünf Minuten von seinem Elternhaus entfernt, gegen ein Jesuiten-Internat im Schwarzwald. Es war sein eigener Wunsch. Dort sei mehr los gewesen, jeden Nachmittag Programm: Schülerzeitung, Umweltarbeitskreis, Altenbesuchsdienst, Basketball, Orchester.

»Ich habe das gebraucht«, sagt Franziskus, »um erwachsen zu werden und nicht mehr so ein Muttersöhnchen zu sein.«

Für mich wirkt es wie das gleiche Gefühl, das ich in diesem Alter hatte, wie es vermutlich die meisten haben: zuerst ein Suchen und dann die Entscheidung, dass etwas anders werden muss.

Franziskus betont, es sei ihm nicht um den Glauben gegangen, als er sich entschloss, auf das Internat zu wechseln. Aber als er dann da war, mit 16, wurde sein Interesse an Gott geweckt. Nicht das, das ihm am Kinderbett mitgegeben wurde, sondern jetzt ein echtes, eigenes, das aus ihm selbst kam. Es war ja auch die Zeit der großen Fragen, die Pubertät, und die Zeit seines Ordners mit den Gebetsliedern. Gott half ihm, einen Sinn zu sehen.

»Ich baute zum ersten Mal eine Beziehung zu einem väterlichen Gegenüber auf«, sagt Franziskus.

In den nächsten Jahren vernachlässigte Franziskus diese Beziehung dann wieder. Nicht, weil er Gott infrage stellte, das tat er nie. Aber es gab anderes zu tun – Freunde, Abi, Jungsein.

Dann passierte der Unfall, der die Familie von Boeselager veränderte, da war Franziskus 18 Jahre alt. Seine älteste Schwester, damals 25, fiel von einer Leiter – ein unglücklicher Moment, ohne Sinn. Seitdem ist sie querschnittsgelähmt. Viele würden sich danach von Gott, der doch Sinn geben soll, abwenden. Franziskus' Eltern und seine Schwestern suchten ihn. Ihr Glaube wurde *lebendig*, so nennen sie das.

»In dieser Zeit«, sagt Franziskus, »hat in meiner Familie eine Welle begonnen, die mich aber erst später erfasste.«

Nach dem Abitur ging er zur Bundeswehr, weil sein Vater das für richtig hielt, anschließend reiste er vier Monate durch Neuseeland. Er spazierte allein von Strandhütte zu Strandhütte und aß fast nur Spaghetti mit Pesto und Studentenfutter. Zurück in Deutschland, begann er ein duales BWL-Studium. Den theoretischen Teil absolvierte er bei Hamburg, in Elmshorn, wo er auch die Campusbar organisierte und den DJ gab. Es gibt ein Foto, auf dem man Francis – so nannten ihn seine Kommilitonen – sieht: am DJ-Pult, Kopfhörer auf dem Kopf, Mund auf, Augen geschlossen, offensichtlich leidenschaftlich mitsingend, an seinen Händen eine junge Frau, die anscheinend den DJ liebt. Ich konnte, als ich das Bild sah, gar nicht so viel lachen, wie es diesem Foto gebührt hätte. Lachen, weil es einfach nicht zu der Vorstellung vom Priester passt, die ich mir so lange in meinem Kopf ausgemalt habe.

Die Welle des Glaubens, die seine Familie schon nach dem Unfall der Schwester erfasst hatte, erreichte Franziskus in Köln, wo er den praktischen Teil seines Studiums beim Malteser-Orden absolvierte. Die Gebetskreise, die er dort zu besuchen begann, waren der letzte Anstoß. Auf einmal war Jesus für Franziskus überall: In der Bibel, die Franziskus nun regelmäßig las. In der Eucharistie, der Wandlung des Brotes, die er endlich verstand, endlich verinnerlichte, was da passiert: Jesus kommt zu ihm, Jesus ist immer bei ihm, dank Jesus ist er gerettet. Franziskus spürte, dass es wahr ist.

»In dieser Zeit«, sagt Franziskus, »ist Jesus in mein Leben getreten.«

Und so wurde die Frage in ihm immer lauter. Als er sie

bemerkte, war sie eigentlich schon lange da. Irgendwann war sie so präsent, dass er sie nicht mehr ignorieren konnte: Was hat es zu bedeuten? Will Jesus vielleicht mehr von dir? Will er, dass du Priester wirst?

»Die Berufung von Gott«, sagt Franziskus, »ist nichts, was man einfach so hört.« Sie ist keine CD. Sie passiert in einem drin, aber kommt doch irgendwie von woanders. »Ich habe Gott gesucht, er hat gezogen. Es waren zwei Dynamiken.«

Über zwei Jahre ging das so.

Immer wieder verwarf Franziskus den Gedanken, Zweifel standen ihm im Weg: Priester sollen für Menschen da sein, Menschen erwarten Antworten von Priestern. Aber, fragte er sich, wie soll das denn gehen? Wie soll man denn auf alles eine Antwort haben? Wie soll *er*? Aber auch wenn er sich rational dagegen entschied: Die Idee blieb in ihm.

Die Beziehung, die er zu der Zeit hatte, änderte daran nichts. Obwohl er in seine Freundin verliebt war, wie er sagt, trennte er sich nach ein paar Monaten von ihr.

»Weil eben etwas zwischen uns stand.«

Vielleicht die Frage: Wohin? Nach seinem Uniabschluss ging Franziskus zwei Wochen ins Kloster, um eine Antwort zu finden. Er betete, las die Bibel, suchte nach Zeichen, die von Gott kommen könnten. Aber: keine Erkenntnisse, kein Rufen. Er ging nach Hause, bewarb sich für Personalabteilungen und hakte die Idee ab.

Doch sie kam zurück.

Einige Wochen nach seinem Klosteraufenthalt organisierten seine Eltern Exerzitien, Gebetstage – in einem Kloster hier im Sauerland. Dort saß Franziskus in der

Anbetung. Er schaute auf die Monstranz, auf Jesus Christus, vielleicht zwanzig Minuten, wie immer.

Aber dann.

Dann.

Klatsch.

Wenn Franziskus heute von diesem Moment erzählt, schlägt er die Hände zusammen.

»Es war auf einmal klar«, sagt er.

Klatsch, klar.

Franziskus wusste es plötzlich: Er wird Priester. Er will es, Gott will es. Die Zweifel, die Gegenargumente, die er zwei Jahre lang mit sich herumgetragen hatte: alle weg. Er sah es, er war sicher, er kannte den Weg. Klatsch, klatsch, klatsch. Nach außen hin saß er einfach weiter in der Anbetung. Aber in ihm, da explodierte es. Was sollte dagegensprechen?

»Nichts sprach mehr dagegen!«, sagt Franziskus.

Als er von diesem Moment erzählt, stolpern die Wörter über seine Lippen. Er ist aufgeregt, redet schnell, als ob die Erschütterung der Explosion noch heute in ihm nachhallt. Er entschuldigt sich, weil ich irgendwann schweige; er denkt, es ist zu viel. Aber nein, ich höre einfach gern zu, es ist eine schöne Geschichte: das lange Zweifeln, das Finden am Ende. Es kommt mir auch überhaupt nicht so unwirklich vor; solche Geschichten kennt man, ob bei Berufs- oder Partnerwahl. Dass Leute ewig überlegen, und plötzlich wissen sie, was richtig ist. Wer kann schon erklären, warum? Die innere Ruhe, das sichere Bauchgefühl, die Euphorie. Man weiß eben. Diese Gewissheit ist für Franziskus seine Berufung.

Franziskus behielt die Entscheidung erst mal für sich.

Um sich selbst und die Welt zu testen. Die Gewissheit blieb. Also verabredete er sich zwei Wochen später mit seinen Eltern zum Essen und sagte ihnen: »Ich bin verlobt.« Sie stutzten kurz. Franziskus setzte hinzu: »Mit Jesus.« Und sie stutzten nicht mehr.

»Habt ihr jemals daran gedacht«, frage ich jetzt im Wohnzimmer, »dass euer Sohn Priester werden könnte?«

»Nein«, sagt Maria-Inez links von mir.

»Also eine totale Überraschung?«

»Nein«, sagt Wilderich rechts.

Nie hätten sie darüber gesprochen, noch nicht einmal richtig daran gedacht, aber sofort wussten sie, dass es das Richtige ist. Eine Erkenntnis, die schon immer irgendwie da war.

»Erstaunlich eigentlich«, sagt Wilderich, »nicht wahr?«

Einen Teil dieser Geschichte kannte ich schon vor diesem Besuch in Menden. Aber sie hier noch einmal zu hören, den Stolz von Franziskus' Eltern zu sehen, auf den Sesseln seiner Kindheit zu sitzen, das macht es auch für mich lebendig – der Glaube ist bei den von Boeselagers Familienmitglied.

Eigentlich dachte ich immer, Franziskus und ich kommen aus zwei verschiedenen Lebensrealitäten. Aber gerade scheinen es mir tatsächlich zwei Welten zu sein. Wir sind schon so verschieden aufgewachsen.

Franziskus sieht das anders. Er sagt, er kenne »meine Welt«, er habe ja auch mal studiert. Und natürlich hat er recht, irgendwie. Wir leben immerhin in einem Land und unter ähnlich privilegierten Umständen. Aber dann stimmt das auch wieder überhaupt nicht. Es ist, als hätte ich behauptet, den Glauben zu kennen, weil ich auf einem katholischen Gymnasium war. Franziskus müsste mich vermutlich ebenfalls monatelang begleiten, um den Unterschied zu begreifen. Was er entdecken würde, kann ich selbst nicht sagen, es sind ja meine eigenen Selbstverständlichkeiten. Franziskus hat die Jesus- und Engelsfiguren in seinem Elternhaus schließlich auch nie erwähnt.

Er hat nie nach einer Welt ohne Gott und den katholischen Glauben gesucht, weil er nie auf die Idee kam, dass es sie geben könnte. Deswegen hat er auch keine Angst, etwas zu verpassen, wenn er versucht, nach der katholischen Lehre zu leben. Wie auch ich keine Angst habe, etwas zu verpassen, wenn ich sonntags nicht in die Messe gehe. Wie ich nie nach einer Möglichkeit gesucht habe, Gott zu entdecken.

Ich glaube, Franziskus kann sich das nicht vorstellen. Ich glaube, wer so aufwächst wie er, kann kaum erahnen, wie wenig Gott, der Glaube und die Kirche in meinem Leben bislang eine Rolle gespielt haben. Wie wenig ich nach einem großen Sinn nach dem Tod suche, sondern nach einem guten Leben im Jetzt. Und wie sehr mir das ausreicht.

Das ist kein Vorwurf, wie sollte er auch? Ich begleite Franziskus schon seit Monaten in seinem Leben und fange gerade erst an zu verstehen.

Es ist wie mit der Liebe

Außer unserer gemeinsamen Zeit steht nichts im Terminkalender. Daher sind diese Stunden hier im Sauerland sehr entspannt. Die Tour durch Menden machen Franziskus und ich allein, so lange sind wir noch nie zu zweit spazieren gegangen. Wir laufen vorbei an Kirchen, der Stadtmauer, efeubehangenen Häusern. Berg hoch, runter, wieder hoch, über Treppen, Zebrastreifen und gepflasterte Wege. Zwei Stunden durch Franziskus' Vergangenheit. Da ist der Park, in dem er immer mit Pfeil und Bogen gespielt hat. Sein Kindergarten, die Grundschule, das Gymnasium, das Haus von Michael, seinem Grundschulfreund, mit dem er immer Fangen spielte. Und da ist natürlich seine Kirche, die St. Vincenz. Hier saß er mit seiner Familie immer in der dritten, vierten Reihe, schon als schmaler blonder Junge. Hier stand er das erste Mal allein hinter dem Altar: zwei Tage nach seiner Weihe, als Franziskus, der Priester.

Eigentlich habe ich mir Notizen gemacht, was ich alles mit Franziskus besprechen will. Um die Zeit, die wir zum Reden haben, effizient zu nutzen. Aber ich lasse meine Zettel in der Tasche. Es tut gut, mal kein Drehbuch zu haben.

Immer wenn Franziskus etwas erzählt hat, fragt er jetzt im Anschluss, wie das bei mir war. Wir erzählen uns Geschichten aus unserer Jugend, die von Kontrolle der Eltern handeln und von Bier ohne Kontrolle. Wir sprechen über unsere Freunde und Verwandten: Ich habe zwei Cousins und eine Cousine. Franziskus hat 22, er nennt sie »Vetter«. Als er auf seinem ehemaligen Schulhof auf ein Spielplatz-Schiff klettert, damit ich ein Foto machen kann, ruft er von oben herunter: »Warum geht das Schiff Kirche nicht unter?«

Kurze dramaturgische Pause.

»Weil es aus lauter Nieten zusammengesetzt ist.«

Okay, ich finde, wir sind bereit für einen Deine-Mutter-Witz. Ich erzähle diesen: »Deine Mutter schmeißt die Schule hin und wird Pokémon-Trainer.« Bei diesen Witzen ist nicht wirklich die Mutter von irgendjemandem gemeint, man sagt das nur so, weil man weiß, dass es doof ist, Witze ohne Sinn. Franziskus, lerne ich jetzt, hat auch vorher schon Deine-Mutter-Witze gekannt, er wusste damals, als ich ihn auf dem Weg zum Steuerberater danach fragte, nur nicht sofort, was ich meine. Da habe ich wohl zu schnell das Nachfragen aufgegeben. Was mir außerdem hier auffällt, ist, dass er jetzt manchmal »geil« sagt, wenn er etwas gut findet. Ich fürchte, das kommt von mir.

Wir holen uns einen Kaffee und setzen uns auf eine Bank an die Hönne, mit Panoramablick auf Fluss und Wasserrad. Kurz denke ich noch mal an meine Notizen. Och – nö. Wir reden stattdessen über seine Zeit im Internat.

»War deine Entscheidung auch eine Flucht?«, frage ich. »Weg aus Menden, an einen Ort, an dem Gleichaltrige wie du auch das Bedürfnis haben, über Glauben zu sprechen?«

»Flucht vielleicht, aber Glauben nein«, sagt Franziskus. »Mein Interesse wurde ja erst dort geweckt.«

Wir schweigen, schauen auf den Fluss, auf die aufge-brochenen Kastanien am Boden um uns herum und das herbstfarbene Laub, das darüber verteilt ist.

»Ich habe darüber nachgedacht, wann ich die Kirche das erste Mal bewusst doof fand«, sage ich.

Keine Ahnung, warum ich jetzt davon anfange.

»Es war auf der Beerdigung meines Opas, vor über zehn Jahren, eine evangelische Trauerfeier. Der Pfarrer sagte zwar etwas über das Leben meines Opas, aber vor allem ging es in seiner Predigt um Gott. Er ist bei Gott, Gott ist bei uns und so weiter. Und ich weiß noch, wie ich da saß und wütend wurde. Mich haben diese ganzen Flos-keln genervt. Die sagt der Pfarrer genau so bei jeder ande-ren Beerdigung. Die sind so austauschbar. Es ging aber um meinen Opa.«

Ich habe mich später oft gefragt, warum ich Franziskus das genau in diesem Moment erzählt habe. Aber eigentlich gab es keinen Grund. Wenn man sich kennenlernt, beginnt man irgendwann, sich persönliche Dinge zu erzählen.

Franziskus macht eine seiner »Mhhhhh«-Pausen.

»Ja«, sagt er schließlich, »ich versuche schon auch immer eine Verbindung zu finden zwischen der Person und dem Glauben. Dass man das auch im geistlichen Kontext ein-ordnet. Weil das ja meine tiefste Überzeugung ist. Aber es kann für einige natürlich zynisch klingen.«

»Ich verstehe schon, für viele sind das ja keine Flos-keln.«

»Ja, aber für dich waren sie das ja.«

»Ja, für mich.«

»So geht es sicher auch anderen.«

An diesem Moment finde ich es gut, dass Franziskus die

Trauerpredigt des Pfarrers nicht verteidigt. Er erklärt einfach seine Perspektive, aber erkennt meine genauso an. Vielleicht rede ich deswegen weiter. Ich sage, dass mich jetzt alle fragen, was ich glaube. Dass ich keine Antwort wisse. Und ich erzähle das, was ich lange für mich behalten habe, bewusst, weil ich nicht wollte, dass er zu viel hineininterpretiert:

»Ich habe mich an meine Konfirmationszeit erinnert. Ich wollte nicht konfirmiert werden. Meine Begründung war: Ich glaube an Gott, aber nicht an die Kirche.«

»Ich hatte auch den Eindruck, dass da bei dir etwas ist.«

Dass er so etwas sagen würde, hatte ich mir fast gedacht. Ist nicht schlimm. Aber eben auch nicht unbedingt richtig. Glaube ich.

»Ich weiß nicht, ob es etwas heißt. *Gott* war eben ein Wort. Das habe ich vielleicht einfach so benutzt, weil meine Mutter es benutzt hat. Das ist Sozialisation. Das heißt nicht, dass ich deinen Gott meinte.«

»Joseph Ratzinger hat mal gesagt: Es gibt so viele Wege zu Gott, wie es Menschen gibt. Wenn du das damals gesagt hast, steht ja schon ein Gottesbild dahinter. Die Idee eines Schöpfers, eines Drübers, einer Macht über Leben und Tod. Ob das Wort *Gott* ist oder ein anderes.«

Das Problem, über Gefühle oder Glauben zu sprechen: Man sucht ewig nach den richtigen Worten und weiß am Ende doch nicht, ob das Gegenüber das Gleiche darunter versteht. Weil man nur umschreiben, nicht darauf zeigen kann, wie zum Beispiel auf einen Tisch. Dieses Problem beschäftigt mich seit Wochen. Ständig höre ich in mich hinein, um herauszufinden, was ich glaube. Das ist anstrengend.

Wie bei einem Treffen mit zwei Freundinnen das letzte Mal in Berlin. Wir erinnerten uns an unsere erste Begegnung vor einigen Jahren. Die war eher zufällig, nicht abzusehen, dass so eine Freundschaft daraus erwächst. Im Nachhinein sagen wir: »Schicksal.« Sagen wir schon immer, sagten wir beim letzten Treffen wieder. Aber jetzt frage ich mich: Was soll das? Sagen wir das nur so? Weil »Das war Schicksal« schöner klingt als »Das war das StudiVZ-Erstibier-Treffen«? Es war schon mehr als das, finde ich. Das musste einfach so sein. Glaube ich an Schicksal? Ich würde ja trotzdem nicht ernsthaft abstreiten, dass es auch anders hätte kommen können. Also, ist es nur ein Wort? Oder mehr?

Ist das überhaupt wichtig, wenn sich deshalb in meinem Leben und Handeln nichts ändert? Und wenn ich an *das Schicksal* glaube, ist es dann das Gleiche wie Gott? Nur ein anderes Wort? Viele dieser Worte klingen schnell furchtbar kitschig: Schicksal. Gott. Glaube. Man kann sie kaum in den Mund nehmen, weil sie so furchtbar viel Pathos ankündigen. Etwas Großes, Tischreden-Kaliber: Meine Damen, meine Herren, ich habe die Weisheit gefunden. Als ob man irgendetwas sagen könnte, das nicht schon gesagt worden ist.

Oft, wenn ich etwas denke, setze ich sofort ein Fragezeichen oder Gegenargument dahinter. In meinem eigenen Kopf. Ich relativiere mich quasi permanent selbst. Irgendwann werde ich wahnsinnig, wie der Herr aus Stefan Zweigs *Schachnovelle*, der das Spiel immer wieder gegen sich selbst spielt.

Dieses Problem, die richtigen Worte zu finden! Es! Macht! Mich! Verrückt!

Wenn schon Herr Ratzinger gesagt hat, es gibt sieben Milliarden Gotteszugänge, warum reden wir überhaupt darüber? Wieso nach Worten suchen für etwas, das völlig individuell ist?

Vor ein paar Wochen saß ich mit einem Kollegen am Münsteraner Aasee. Er war mal katholisch, sagt jetzt aber ganz klar, er glaube an nichts Transzendentes. Also an keinen Gott, kein Drüber. Ich sagte ihm, dass ich öfter bewusst »Danke« denke, wenn mir etwas Gutes passiert. Zum Beispiel nach meiner ersten Woche mit Franziskus. Ich dachte: »Danke«, weil es so schöne Tage waren. Und fragte mich plötzlich, an wen das ging. Der Kollege sagte, er würde auch öfter »Danke« denken. Aber er sehe darin eher ein Wertschätzen seiner Privilegien. Als ich Franziskus von diesem Gespräch erzählte, meinte er, wenn man Danke sage, gehe das immer an jemanden.

Franziskus und mein Kollege benutzen beide das gleiche Wort. Aber ihre Erklärung ist eine andere. Was ist meine? Und was für ein Gefühl steht hinter ihren Erklärungen? Ist es das Gleiche, nur beschreiben sie es anders? Oder fühlen sich »Wertschätzung« und »Gott« unterschiedlich an? Und wenn nicht: Ist das, was für meinen Kollegen Wertschätzung ist, für Franziskus Gott? Aber Gott kann doch nicht einfach nur Wertschätzung sein. Oder doch?

Noch ein Beispiel: Stellen wir uns vor, ich muss operiert werden. Eine nicht gläubige Freundin verspricht, an mich zu denken und mir die Daumen zu drücken. Franziskus verspricht, für mich zu beten. Nehmen wir an, beide tun es wirklich. Und nehmen wir an, meine Freundin reflektiert zwar nicht, warum sie es tut, aber geht schon irgendwie davon aus, dass es etwas bewirkt, weil sie es sonst auch bleiben lassen könnte. Tun sie dann nicht beide das Gleiche? Franziskus richtet seine Gedanken eben an Gott, sie ihre an mich oder, sagen wir, ins Nichts. Falls es Gott gibt, würde er ihr sicher verzeihen, dass sie ihr An-mich-Denken nicht »beten« nennt, und ihren Wunsch genauso berücksichtigen wie den von Franziskus. Falls es Gott nicht gibt, gehen Franziskus' Wünsche genauso ins Nichts wie ihre. Also kommt es praktisch auf das Gleiche raus. Es ist entweder beides sinnlos oder beides sinnvoll.

Ich suche einen Vergleich und komme auf Brötchen. Die heißen in München Semmeln, in Berlin Schrippen. Man kann sie anders nennen, das ändert nichts daran, was sie sind. Meinen die Freundin und Franziskus das Gleiche und nennen es nur anders? Oder ist da doch ein Unterschied?

Die Frage, was Franziskus und mich unterscheidet, stelle ich mir in Bezug auf so vieles: Franziskus hat vor dem Projekt Gott befragt, ich meinen Bauch. Er schaut auf Zeichen in seiner Umgebung und sagt, die kämen von Gott. Ich sage manchmal auch: »Das war ein Zeichen!«, denke aber nicht automatisch, dass die von irgendwem geschickt sein könnten. Franziskus sagt, ihm sei irgendwann klar gewesen, dass er Priester wird, und nennt das »Berufung«. Ich will seit meiner Schulzeit Journalistin werden. Das kann man Berufung nennen; ich würde sagen, ich bin selbst drauf gekommen.

Ich erzähle Franziskus, da an der Hönne, von meinem Rausch auf der Papst-Wiese, also ohne es »Rausch« zu nennen.

»Ich habe da schon empfunden, was ihr als göttlich bezeichnen würdet«, sage ich. »Es hat mich berührt. Aber ich dachte gleich: Das sind ja das Gemeinschaftsgefühl und die Musik, die mich berühren.«

»Würde ich nicht sagen. Mich berührt Musik auch. Aber es ist ein anderes Berührtsein, als wenn ich im Herzen Gottes Gegenwart spüre und erfahre. Das ist nicht nur ein Gefühl, das ist eine Erkenntnis.«

»Aber was unterscheidet uns?«

»Dass ich darin Gott sehe, weil ich an Gott glaube.«

Mh.

Aber.

Mh.

Nee.

Das war ja nicht die Frage.

Oder doch?

Was ist denn das für eine Antwort?

Die Antwort war ja quasi die Frage?

Bin ich zu beschränkt oder ist das zu philosophisch?

Ich wollte wissen, wieso er glaubt, dass in diesem Gemeinschaftsgefühl Gott ist. Und er sagt: Weil er glaubt, dass es Gott ist.

Aber wenn er behauptet, nur sein Glaube unterscheide unser Gefühl, gesteht er doch ein, dass sein Glaube Einbildung ist. Weil Glaube allein schließlich kein Beweis sein kann für Gott. Oder? Franziskus kann etwas zwar als göttlich bezeichnen, aber das macht Gott ja nicht realer. Man kann eine Schrippe auch »Tomate« nennen, sie wird trotzdem dieses Weizenmehl-Gemisch bleiben.

Ich suche nach Worten für meinen Glauben und lande bei Backwaren. Das ist der Versuch, dieses Nicht-Anfassbare für mich greifbar zu machen. Eigentlich schabloniere ich immer noch, wie damals auf dem Weg zum Steuerberater. Nur nehme ich jetzt Franziskus' Schablone für meine Welt. Aber wenn man bei Backwaren landet, ist man vielleicht einfach nicht auf dem richtigen Weg zur Antwort.

Ich komme immer wieder an diesen Punkt, wie im ewigen Schachduell mit mir selbst. Fragen, Vergleiche, Fragen, zurückdenken, vordenken, vielleicht, vielleicht nicht, Fragen, bis ich mich frage, wie sinnvoll das ist. Und ob es an mir liegt oder das wirklich so schwer ist.

Ich erzähle davon niemandem hier. Weil ich keine Frage aufwerfen will, die ich am Ende vielleicht gar nicht beantworten kann. Weil ich immer noch nicht will, dass jemand »Ha, Bekehrung!« schreit, sobald ich etwas davon laut ausspreche. Ich erzähle das meiste auch nicht Franziskus, selbst hier an der Hönne nicht. Er würde nicht schreien. Aber wenn ich ihm zum Beispiel von meinem Was-auch-immer-ich-da-tat beim Weltjugendtag während des Amoklaufs in München erzählen würde: Was sollte er da sagen? Für ihn war das natürlich ein Gebet. Für ihn ist die katholische Lehre eben die Wahrheit. Aus seiner Perspektive muss ein Suchen ja katholisch enden. Ich will keine offenen Fragen mit ihm besprechen, wenn es für ihn nur eine Antwort gibt.

Und ich will auch keine falschen Hoffnungen bei ihm wecken. Er würde sich von ganzem Herzen darüber freuen, wenn ich zu Gott finden würde, für mich. Aber vielleicht sind die Bitten, der Dank einfach Selbstgespräche. Ich rede ja auch manchmal Richtung Tasche, wenn ich mein Handy suche. Ich gehe nicht davon aus, dass es antwortet, aber tue es.

Das ist eines der bahnbrechenden Ergebnisse meiner akribischen Nabelschau: Nicht alles, was ich tue, hat einen Sinn. Für Franziskus schon, zumindest die ganzen Selbstgespräche, Bitten, Dank, das geht alles an jemanden, an Gott. Nun könnte man natürlich fragen, ob der unvernünftiger ist, der mit einem Gegenüber spricht, oder die, die mit der Tasche redet.

Vielleicht kann ich auch gar nicht die richtigen Worte finden, weil ich nur von außen auf den Glauben schaue, weil ich eigentlich keine Antwort suche. Sondern nur Franziskus verstehen will. Wenn Menschen etwas fehlt, sie danach suchen, Gott finden und es ihnen hilft, ist das schön. Aber mir selbst fehlt nichts. Ich verspüre keine Sehnsucht nach etwas. Manchmal wünsche ich mir, dass die Welt weniger scheiße ist, ja. Das könnte man jetzt als den Wunsch nach einer höheren Gerechtigkeit, einer regelnden Instanz, der Aussicht auf Glück verstehen. Aber nur, weil wir uns einen barmherzigen Gott wünschen, gibt es ihn ja noch lange nicht. Oder ist Gott schon dadurch existent, dass man es sich wünscht? Ist ein ausgesprochener oder gedachter Wunsch mehr als eine Aneinanderreihung von Wörtern?

Vielleicht können nur die, die suchen, oder die, die es schon erlebt haben, wissen, was Franziskus meint. Wie mit der Liebe. Stellen wir uns vor, eine Außerirdische käme auf die Erde mit dem Auftrag, herauszufinden, was menschliche Liebe ist, weil es die auf ihrem Planeten

»Werisdelav« nicht gibt. Wenn sie hundert Menschen befragen würde, bekäme sie vermutlich hundert Antworten zu hören. Sie würde zurück zu ihrem Planeten gehen und sagen: Ich weiß nicht, was die meinen. Und ganz ehrlich, ich glaube, die wissen es selbst nicht. Jeder erzählt etwas anderes.

Aber wir, die Menschen? Die meisten würden doch behaupten, es zu wissen. Zumindest benutzen die meisten von uns das Wort »Liebe« wie selbstverständlich. Steht es auf einem Kinoplakat oder kommt im Radio, fragt keiner: Hey, weißt du, wie er oder sie das eigentlich in diesem konkreten Fall meint? Jeder definiert es anders. Grob kann man nur festhalten, dass es etwas Gutes ist – wobei ja nicht einmal das immer stimmt. Und den Außerirdischen könnte man vielleicht nur sagen: Wenn ihr liebt oder geliebt werdet, werdet ihr es wissen. Vielleicht ist es mit dem Glauben auch so, vielleicht lässt der sich nicht verstehen, wenn man ihn selbst nicht empfindet. Weil er etwas ist, das man einfach nicht in Worte fassen kann.

»Was ich mich frage«, sage ich an der Hönne, »Gott spielt für mich bisher keine Rolle. Und mir fehlt nichts. Wie sinnvoll ist es dann, nach meinem Glauben zu suchen?«

»Das kann ich für dich nicht beurteilen. Aus meiner Perspektive ist der Glaube natürlich immer eine Bereicherung, ein Geschenk.«

Wieder mag ich, wie Franziskus von unseren zwei Perspektiven spricht. So höre ich ihm viel lieber zu. Er redet weiter:

»Er hat für mich auch im stinknormalen Alltag eine enorm sinnstiftende und froh machende Bedeutung. Vielleicht kommst du ja mal in eine existenziellere Situation, in der die Gottesfrage eine größere Rolle spielt.«

Wenn ich auf meinem Sterbebett zu Gott finde, ist das ein Beweis für Gott oder dafür, dass ein Mensch in Angst bereit ist, alles zu glauben?

Große Fragen, keine Antworten, zumindest heute wird das nichts mehr. Ich werde noch eine Weile brauchen, um in Worte fassen zu können, was Franziskus und mich unterscheidet. Obwohl es eigentlich in diesem Moment schon so zum Greifen nah ist.

Jetzt laufen wir erst mal den kleinen Berg wieder hoch, zurück zu seinem Elternhaus, zurück zum Holz-Jesus.

Eine Nacht bleiben wir in Menden, schwenken mit seinen Eltern Wein und schwanken durch ihre Vergangenheit. Am nächsten Tag geht die Sauerland-Tour weiter. Franziskus und ich fahren zu unserem nächsten Ziel, das eine Stunde von Menden entfernt liegt. Dort steht das Schloss. Das Schloss der Familie von Boeselager. Franziskus' Großeltern haben dort gelebt, sein Vater ist dort aufgewachsen und Franziskus verbrachte hier die ersten drei Jahre seines Lebens. Heute wohnt seine Cousine mit ihrer Familie hier. Franziskus will seine adlige Herkunft nicht unterstreichen, eher davon ablenken. Aber ich kannte noch nie jemanden, der mal auf einem Schloss gelebt hat. Deshalb musste der Besuch hier auf die To-do-Liste.

Seine Cousine führt uns über das Gelände. Wir fangen an beim Stall, laufen an den vielen Wohnanlagen vorbei, wo auch die Verwaltung sitzt. Sie und ihre Familie leben von der Forstwirtschaft, der Landwirtschaft, einem Wildwald und der Gebäudeverwaltung. Sie haben Schweine,

Pferde, Hühner, alles, was es für einen Bauernhof braucht. Der Cousine ist es wichtig, zu betonen, was das Haus für das Leben ihrer Familie bedeutet: Schloss heißt nicht, dass man ein Prinzenleben führt. Sie würden sieben Tage in der Woche arbeiten, um sich um all das zu kümmern.

Wir laufen – tatsächlich – über einen Graben, dann durch ein Tor, auf dem das Wappen der Familie prangt, zwei gekreuzte Schaufeln mit einem Helm darüber, und stehen auf so etwas wie einem kleinen Schlossplatz. Das Schloss selbst hat keine hohen Türme, wirkt irgendwie quadratisch und imposant mit seinen grauen Steinquadern. Es ist nicht so groß wie das Disney-Schloss, sieht aber trotzdem märchenhaft aus, weil an der Fassade dunkelgrüner Efeu rankt.

Wir schreiten durch die Räume. Eigentlich gehen wir einfach, aber »schreiten« passt mehr in die Stimmung, die an dieser Stelle vermittelt werden soll. Wir schreiten also durch riesige Treppenhäuser, Speisesäle und das, was man früher vielleicht »Kaminzimmer« genannt hätte. Die Sessel und Sofas könnten Requisiten aus Jane-Austen-Filmen sein. An den Wänden hängen Gemälde, auf denen Personen zu sehen sind, die Franziskus »Ahnen« nennt, auch wenn er ihre Namen nicht kennt. Die ehemalige Wohnung von Franziskus' Familie liegt in einem Anbau, wir schauen uns die Räume an, die heute, ob vollgestellt oder leer, nicht mehr bewohnt sind. Franziskus kann sich kaum noch an die Zeit erinnern.

In einem der Kaminzimmer frage ich, ob jemand ein Foto von mir machen könne. Ich nehme Zettel und Stift heraus, setze mich auf einen Sessel – so einer, den man in den Museumsschlössern, in denen ich bislang war, niemals anfassen dürfte – und tue so, als ob ich etwas schreiben würde, wobei ich lächelnd in eine Zimmerecke blicke. Das ist meine Kreative-Denkerin-im-Schloss-Pose. Ich finde das alles hier ziemlich witzig und beeindruckend. Ich glaube, Franziskus und seine Cousine nicht. Sie will ihre adlige Herkunft ebenso wenig in den Fokus rücken wie Franziskus, nur kann sie die mit so einem Schloss noch schlechter verstecken. Kurz frage ich mich, ob dieser Besuch hier sinnvoll ist, um Franziskus kennenzulernen, oder ob ich nur scharf auf mein Foto war.

Dann, als ich wiederhole, wie verrückt es ist, diese Möbel hier einfach so rumstehen zu sehen, lacht die Cousine und sagt: »Ich würde sonst auch andere Möbel kaufen. Aber die meisten Dinge sind wie das Haus seit Jahrhunderten im Familienbesitz. Das verändert man nicht so leicht und schmeißt es schon gar nicht einfach weg.«

Und dann hat es sich doch noch gelohnt.

Ein Aha. Weil ich in diesem Moment begreife: Franziskus ist in dem Bewusstsein aufgewachsen, dass es wichtig ist, Dinge zu bewahren.

Ich sehe Traditionen und Regeln im Zweifel erst einmal skeptisch. Das kommt vielleicht von meinem Vater, der immer meint: Glaub nicht alles, was man dir erzählt. Selbst wenn es von ganz oben kommt. Er ist immerhin in der DDR aufgewachsen. Dort gab es nicht nur Schlechtes, was ich betonen muss, sobald ich davon rede, aber sie wuchsen dort auf mit erfundenen Traditionen wie Fahnenappellen ohne Sinn. Und Regeln wie der, dass man wählen gehen musste, obwohl man keine Auswahl hatte – kam man nicht an die Urne, klingelten sie einem aus dem Bett.

Ich konnte jedenfalls nie verstehen, wie man sich so an Regeln und Traditionen klammern kann, weil wir ja alle wissen müssten: Fortschritt ist immer dann passiert, wenn mit Traditionen gebrochen wurde.

Aber das, was Franziskus' Cousine jetzt sagt, leuchtet mir ein. Schablone: Wenn meine Eltern mir etwas vererben würden, würde ich es auch behalten, egal ob ich es schön fände oder nicht. Was für mich das Erbe meiner Mutter oder meines Vaters ist, ist für Franziskus das Erbe der katholischen Kirche. Als Ganzes. Das wirft man nicht einfach weg. Darauf passt man auf. Ich teile das nicht. Aber ich kann zum ersten Mal nachvollziehen, warum er so an der katholischen Tradition und ihren Lehrsätzen festhält. Er hat mir einmal gesagt, Glaube sei auch Verantwortung. Jetzt weiß ich, was er damit meint.

Frau De Palo ist tot

Es ist der 10. Oktober 2016, ein Mittwoch, als Margarete De Palo stirbt. Ein sonniger Tag, die Bäume leuchten orange.

Mir rutscht das Herz in die Kniekehle, als Franziskus es mir am Telefon sagt. Ich sitze gerade im Bus, bin in Münster mit einem Kollegen verabredet, um mir die Stadt anzusehen, abends will ich ins Theater. »Die Familie hat mich gebeten, sie noch einmal zu segnen«, sagt Franziskus am anderen Ende der Leitung. »Wenn du willst, kannst du mitkommen. Die Familie meinte, sie würde sich freuen.« Also gut. Ich steige aus dem Bus und warte an einer Straßenecke, Franziskus will mich abholen.

Ich habe noch nie einen toten Menschen gesehen. Seit ich hier bin, war ich auch noch auf keiner Beerdigung, es hat sich einfach nicht ergeben. Franziskus ließ immer wieder mal fallen, dass ich mich ja zumindest hinten in die Trauermesse setzen könne. Ich wusste nicht genau, was er sich davon erwartete, aber ich antwortete ihm immer: Das hat ja noch Zeit. Ehrlich gesagt, ich wollte nicht. Die letzte Beerdigung, die ich erlebt habe, ist zehn Jahre her und war halt nicht besonders spaßig.

Jetzt ist Frau De Palo tot, die »Oma« von Grazyna, ihrer Pflegerin. Es war klar, dass so etwas zu Franziskus' Job gehört; auch dass jemand sterben könnte, den oder die ich kenne, immerhin habe ich durch Franziskus viele alte Herren und Damen kennengelernt. Vorbereitet bin ich trotzdem nicht. Es ist lange her, dass jemand, den ich persönlich kannte, gestorben ist. Ich laufe an meiner Straßenecke Kreise in den Bordstein. Ich weiß nicht, wie man in so einer Situation reagiert.

»Ist das okay für dich?«, fragt Franziskus, als ich zu ihm ins Auto steige. Ich nicke sehr bestimmt, um keine Zweifel aufkommen zu lassen. Er erzählt, dass Frau De Palo heute Morgen um 8 Uhr gestorben sei. Mein Wecker hat um 8.23 Uhr geklingelt. Als ich die Rollos im Hotel hochgezogen habe, konnte ich das Haus gegenüber nicht sehen, weil es so neblig war, der erste Nebel seit ich hier bin.

Es ist fünf Monate und drei Tage her, dass wir das letzte Mal bei Frau De Palo waren, zu ihrem 91. Geburtstag. Als wir am Haus klingeln, macht Grazyna die Tür auf. Zuerst lächelt sie etwas verlegen. Dann drückt sie uns wie letztes Mal an sich. Nur lacht sie nicht, sie weint.

Wir gehen ins Wohnzimmer. Es ist groß, hell, edel, schick eingerichtet. Dort warten Hans Klümper, Frau De Palos Vormund, Manfred Meyer, Frau De Palos Bruder, und dessen Frau Rosi. Seit zwei Jahren sind die drei regelmäßig hier, um Frau De Palo zu besuchen – und auch Grazyna, die allen ans Herz gewachsen ist.

Grazyna will nicht mit in den ersten Stock kommen, in das Zimmer ihrer Oma. Sie war überhaupt nicht mehr drin, seit es dort heute Morgen still geworden ist. Als sie keinen raschelnden Atem mehr hörte, rief sie direkt den Arzt. Dann wusch sie ab und schälte Zwiebeln, um nicht daran zu denken. Sie sagt, sie wolle ihre Oma lebendig in Erinnerung behalten.

Herr Klümper, Herr Meyer und Frau Meyer gehen vor in Richtung Treppe, Franziskus hinterher, dann ich. Auf den Stufen dreht sich Franziskus noch einmal zu mir um und fragt, ob ich schon einmal einen toten Menschen gesehen hätte. Als ich verneine, versuche ich zu wirken, als ob mir das genauso wenig ausmachen würde wie die Entscheidung zwischen Pfefferminz- und Kamillentee. »Sie wird anders aussehen«, sagt er. Dann dreht er sich um, geht weiter und in das Zimmer von Frau De Palo.

Ich hole einmal tief Luft und folge ihm.

Zuerst sehe ich den Fernseher links, auf dem noch immer das Foto von ihr und Grazyna von der letzten Kreuzfahrt steht. Auch der Tisch steht noch da, aber Kochsalzlösung, Pflaster und Schere sind verschwunden. Dann drehe ich meinen Kopf nach rechts in Richtung Krankenbett und sehe Margarete De Palo.

Tot.

Es ist, als ob ich gegen eine Wand stoße. Ich will zurückstolpern, raus. Dann drückt es unter meinen Augen, Tränen, keine Ahnung, woher. Ich beruhige mich, nach außen hin ist nichts passiert, glaube ich. Nach fünf Sekunden ist das Weingefühl weg. Ich schaue auf ihre Bettdecke. Die Farben auf dem Stoff sind hell. Grün, gelb, lila, blau, rot. Ich gucke so lange dorthin, bis ich sie auswendig kann. Hinter dem Bett sehe ich dann durchs Fenster den Nachbarn, wie er seinen Rasen bewässert. An der Wand daneben hängt an einem Bild eine selbst gebastelte Kette aus Papier, ich kann von hier aus nur die 90 erkennen, die mit Buntstiften krakelig daraufgemalt ist. Sie muss von ihren Neffen und Nichten sein, Frau De Palo hatte keine Kinder.

Als ich da stehe, entscheide ich, dass ich nicht nur über Franziskus' Trauerarbeit schreiben will. Ich will auch über Frau De Palo schreiben. Weil sie ja nicht nur gestorben ist, sondern gelebt hat. An keinem Text werde ich länger arbeiten; weil man kaum Worte finden kann, um einem Leben gerecht zu werden.

Irgendwann schaue ich doch wieder von der Bettdecke auf, blicke auf Frau De Palo. Ihr rechtes Auge ist halb geöffnet und starrt ununterbrochen an die Decke. Ansonsten kann ich zuerst gar nicht beschreiben, was es ist, das den Unterschied macht. Sie bewegt sich nicht, klar. Aber dann merke ich: Sie bewegt sich nicht. Also: Nichts an ihr bewegt sich. Das habe ich noch nie gesehen. Da fehlen Blut, Luft, Leben. Eine Seele? Würde ein Windstoß kommen, davon bin ich in dem Moment überzeugt, nicht mal ihr Haar würde noch wehen.

Herr Klümper, Herr und Frau Meyer stehen neben mir am Bettende, ich schaue nicht rüber, ab und zu höre ich jemanden schluchzen. Franziskus steht genau dort, wo er vor ein paar Monaten, als wir zuletzt hier waren, stand. Er legt seine rechte Hand auf Frau De Palos Schulter, so wie damals. Aber er streichelt sie nicht mehr, sie sagt nicht Danke. Er lächelt, als er sie anschaut. Ich bin dankbar. Wenn Franziskus weinen würde, würde ich auch sofort damit anfangen.

Franziskus liest Gebete vor, bedankt sich für ihr Leben: »Im Wasser der Taufe bist du mit Christus begraben worden und hast in ihm neues Leben empfangen. Der Herr vollende, was er an dir begonnen hat. «

Am Ende legt Franziskus die Ausschnittkanten des Nachthemds von Frau De Palo so übereinander, dass es komplett geschlossen ist, der oberste Knopf war offen. Er verdeckt die Stelle zwischen den zwei Schlüsselbeinen. Es sah aus, als ob die Haut dort in ein kleines Loch gefallen wäre.

Wir gehen hinunter und setzen uns an den Kaffeetisch. Die Bestatter kommen. Wir bleiben im Wohnzimmer, als sie Frau De Palo die Treppe heruntertragen, in einem schwarzen Sack, mit einer roten Blume darauf. Grazyna schaut nicht hin, sondern auf den Tisch. Sie weint. Franziskus hat seine Hand auf ihrer Schulter. Danach wird über Termine gesprochen: Frau De Palo soll noch heute Abend eingeäschert werden, sie hatte sich eine Feuerbestattung gewünscht. Das Kondolenzgespräch und die Beerdigung werden für nächste Woche angesetzt. Franziskus und die anderen besprechen, was in der Todesanzeige stehen soll. Zwischendurch sagt Grazyna immer wieder: »Fünfeinhalb Jahre.« Weint. Sagt: »Es ist schwer, aber vielleicht für Oma ist besser.« Und: Sie vertraue auf Gott.

Als Franziskus und ich wieder in seinem Auto sitzen, fragt er mich, ob ich darüber reden wolle. Ich will, weiß aber nicht, was.

»Es war seltsam, dass sich nichts an ihr bewegt hat«, sage ich schließlich.

»Ja, sie war auch schon ganz kalt.«

Dabei war sie erst ein paar Stunden tot.

»Warum hast du sie berührt?«, frage ich.

»Ich weiß nicht, das war intuitiv. Vielleicht, damit man es sich noch mal klarer macht.«

»Wie geht es denn dir?«

»Ich finde es schade, dass ich sie nicht noch mal gesehen habe.«

»Wäre es nicht noch trauriger für dich, wenn du sie noch besser gekannt hättest?«

»Nein, eine Beerdigung ist umso schöner, je besser man eine Person kannte.«

»Nagt es nicht an dir, dem Tod ständig zu begegnen?«

»Das nicht. Für mich ist der Tod ja auch hoffnungsvoll.«

»Was dann?«

»Die Trauer der Menschen kann an einem nagen. Sie sind oft hoffnungslos.«

»Wird man mit der Zeit gleichgültiger?«

»Also, ich bin auf jeden Fall abgehärteter.«

»Ist das gut oder schlecht?«

»Beides. Es ist schlecht für den seelsorglichen Kontakt, weil ich nicht mehr die gleiche Anteilnahme habe. Aber es ist gut, weil ich mich damit selbst schütze.«

»Wie willst du denn den Menschen helfen, wenn du die verstorbene Person kaum kanntest, wie Frau De Palo?«

»Für die Gläubigen bin ich auch so eine Art Garant für das Transzendente und ihre Fragen: Wo ist unser Verstorbener? Ist er weg – oder gibt es nicht einen Ort, wo seine Seele jetzt ist? Und auch die, die keinen Gottesbezug haben, wissen, da kommt jemand, dem sie sich anvertrauen können. Ich bin Blitzableiter.«

»Wie?«

»Ich höre zu, bin da, lasse das Gespräch laufen, aber gebe trotzdem eine Orientierung. Die Menschen brauchen jemanden, der ihnen nicht nur zuhört, sondern Halt gibt.«

Franziskus nimmt mich mit nach Roxel, ich lasse den Theaterbesuch sausen, mir ist nicht danach. Ich setze mich an den Laptop und schreibe auf, was am Nachmittag passiert ist. Später beim Einschlafen denke ich daran, dass Frau De Palo jetzt schon eingeäschert ist.

Eine Woche später sitzen Herr Klümper, die Meyers, Grazyna, Franziskus und ich wieder in Frau De Palos Wohnzimmer, ich auf der Bank, auf der sie oft gesessen hat, ehe sie bettlägerig wurde. Franziskus erklärt, was bei diesem Kondolenzgespräch passieren soll: Sie wollen die Beerdigung planen; die Texte, Lieder und Fürbitten. Und er wolle etwas über Margarete De Palo erfahren, um bei der Beerdigung über sie erzählen zu können.

Rosi Meyer wünscht sich, dass sie Osterlieder singen, Auferstehungslieder. »Im Christentum geht es doch um Hoffnung«, sagt sie. Sie fragt, ob es denn möglich sei, eine Messe zu feiern, auch wenn nicht so viele Leute kommen. »Natürlich«, sagt Franziskus. Er könne die Messe auch mit nur einem einzigen Angehörigen tun, wenn diesem das wichtig sei.

Nach eineinhalb Stunden muss Franziskus gehen. Es ist 18 Uhr, morgen um elf die Beerdigung – das ist auch für einen Priester wenig Zeit zur Vorbereitung. Ich bleibe noch, um mehr über Margarete De Palos Leben zu hören. Noch fast drei Stunden, aber sie fühlen sich viel kürzer an.

Es ist verrückt, ihr Leben erzählt zu bekommen, weil ich sie ja erst als alte Dame kennengelernt habe, die in mir ein beklemmendes Gefühl auslöste, wie ich es am Anfang oft hatte, wenn Franziskus und ich sehr alte Menschen besuchten. Frau De Palo hat gelebt, gelacht, gelitten wie wir alle, wie ich. Das weiß man irgendwie, aber man macht es sich nicht bewusst. Täglich begegnet man so vielen Menschen; die meisten sind für das eigene Leben nur

Statisten. Unmöglich, sich klarzumachen, dass all diese Leute auch eine Hauptrolle spielen, in ihrem eigenen Film. Auch für mich, die ich doch seit Monaten durch so viele Leben streife. Ich bin froh, von einem dieser Leben noch mehr zu erfahren, auch wenn Margarete De Palo es mir nicht mehr selbst erzählen kann.

Die Geschichte, die man zuerst von Margarete De Palo erzählen muss: Im Herbst 1944 entscheidet sie sich, nach Bayern zu reisen und ihre Brüder zu suchen. Sie sind dort wegen der Kinderlandverschickung, jetzt neigt sich der Krieg dem Ende zu. Margarete ist allein unterwegs, insgesamt eine Woche, weil sich Züge verspäten oder ganz ausfallen und sie laufen muss. Überall in Deutschland fallen zu dieser Zeit Bomben. Aber das hält sie nicht auf. Sie schafft es, ihre Brüder zu holen, da ist sie nicht einmal 20 Jahre alt.

Margarete De Palo, sagen sie am Tisch, war eine Kämpferin. Eine Powerfrau. Die nicht lange fragte, sondern anpackte.

Geboren wird sie als Margarete Meyer am 7. Mai 1925 in Paderborn. Während des Krieges kümmert sie sich als Ersatzmutter um ihre drei jüngeren Brüder, geht gleichzeitig arbeiten. Sie macht eine Ausbildung zur Arzthelferin – im Lazarett. Nach dem Krieg heiratet sie einen Arzt, wird schwanger, verliert das Kind. Als sich herausstellt, dass ihr Mann morphiumabhängig ist, verlässt sie ihn. Die Ehe wird später annulliert. Sie geht nach Hannover, arbeitet als Bankangestellte, obwohl sie keine Ausbildung hat; fängt dann in einer Drogerie an, managt diese und kauft sie schließlich auf. Margarete De Palo hat noch nicht einmal einen Schulabschluss, aber so etwas kann sie nicht abhalten.

Sie kämpft auch um ihre Gesundheit. Dreimal in ihrem Leben erkrankt sie an Krebs, zweimal Unterleib, einmal Magen. Dreimal siegt sie.

Nach ihrem ersten Sieg fährt sie, Anfang dreißig, zur Erholung ins italienische Padua. Als sie dort ankommt, fragt sie einen Polizisten nach dem Weg zu ihrem Hotel. Er bringt sie hin. Als sie nach einiger Zeit wieder rauskommt, steht er unten neben dem Hoteleingang. Er kann kein Deutsch, sie kein Italienisch, er will ihr die Stadt zeigen, sie willigt ein. Der Polizist ist Pino De Palo.

Pino und Margarete heiraten 1962, da ist sie 37. Sie verkauft ihre Drogerie in Hannover, gemeinsam ziehen sie nach Imperia, einer Hafenstadt im Norden Italiens. Fast zehn Jahre leben sie dort, dann will Margarete De Palo zurück nach Deutschland – es sei dort zu dieser Zeit nicht üblich gewesen, sagen die Angehörigen, dass Frauen arbeiten, und das passt nicht so richtig zu Margarete De Palo.

1971 ziehen sie wieder hierher, in die Münsteraner Gegend. Sie beginnt einen Job als Dolmetscherin, später übernehmen sie gemeinsam die Leitung eines Seniorenheims. Sie kaufen sich erst eine Eigentumswohnung, später das Haus.

Sie reisen viel: USA, Kanada, Südafrika, Hongkong, nie Pauschalreisen, nie Saus und Braus. Ans Nordkap fahren sie mit dem Auto, durch die USA mit dem Fernbus.

Und was Margarete De Palo ihr Leben lang am liebsten mag: wiederkommen und von ihren Reisen erzählen, hier auf diesem Sofa, da vergehen Stunden, andere kommen kaum zu Wort, aber langweilig sind ihre Geschichten nie.

Pino stirbt im Jahr 2000, sie hatten 40 Jahre lang eine gute Ehe, haben immer zusammengehalten, die Hinterbliebenen können sich nicht an einen Streit erinnern. Es geht ganz schnell, innerhalb von drei Tagen ist er tot, er wird nur 69. Danach erzählt Frau De Palo bei Familienfesten nicht mehr von ihren Reisen, sondern fragt, was sie denn jetzt machen solle. Sie ist viel allein. Irgendwann braucht sie Hilfe und will eine Pflegekraft aus Polen engagieren. Und da kommt Grazyna.

Grazyna sagt bei ihrem ersten Treffen, ihr Deutsch sei nicht so gut, deshalb wolle sie Margarete De Palo »Oma« nennen. So hat sie auch die Dame genannt, die sie die fünf Jahre zuvor gepflegt hat und der sie genauso viel Liebe geschenkt hat. Oma. Das war ihre Bedingung. Margarete De Palo gefällt das nicht. Herrn Klümper, der mit an ihrem Sterbebett stehen wird, hat sie nicht einmal das Du angeboten. Aber sie willigt schließlich ein, Grazyna zieht zu ihr.

Am Anfang ist es nicht leicht für Grazyna. Aber sie ist eben Grazyna. Zuerst wäscht sie nur Geschirr und mäht den Rasen. Am Ende tupft sie ihrer Oma jeden Abend Olivenöl auf die Lippen gegen die Trockenheit.

»Für sie war es sehr besonders, diese Nähe zuzulassen«, sagt die Schwägerin am Tisch über Frau De Palo.

»Ich mochte alles an Oma, ich weiß nicht, was ich am liebsten mochte«, sagt Grazyna. »Ich liebe meine Oma.«

Ich mache das Diktiergerät aus.

Ich fühle mich wie am Ende eines Buches, das man gern gelesen hat, ein bisschen melancholisch, aber gut. Bevor ich gehe, frage ich die Runde noch, ob es für sie einen Unterschied mache, dass Franziskus an Frau De Palos

Totenbett war. »Es gab mir das Gefühl, sie ist jetzt in Gottes Hand«, sagt Frau Meyer.

Als wir am nächsten Tag neben dem Grab stehen und zusehen, wie die Urne in die Erde gelassen wird, ist es unmöglich, sich vorzustellen, dass da das Leben endet, von dem ich gestern erst erfahren habe. Ein Dutzend Leute sind gekommen. Franziskus besprengt die Urne mit Weihwasser und wirft Erde darauf. Er sagt: »Staub bist du, und zum Staub kehrst du zurück. Der Herr aber wird dich auferwecken.« Später erklärt er mir, das sei für ihn der persönlichste Moment im Kontakt mit den Verstorbenen – oder mit ihrer Seele, er verabschiedet sich. Die Trauergäste treten nacheinander nach vorn, werfen auch Erde darauf und Blumen hinterher. Ich stehe mit etwas Abstand hinter allen, ich will nicht stören, und denke: »Tschüs, Frau De Palo.« 91 Jahre verschwinden einfach so in einem Loch.

Es ist seltsam, aber nicht beängstigend. Es ist traurig, aber nicht niederschmetternd. Es hat sogar etwas Schönes, weil ich das Leben von Frau De Palo nie kennengelernt hätte, wenn sie nicht gestorben wäre. Und auch Traurigkeit hat etwas Schönes. Sie beweist, dass eine Sache, oder hier eine Person, etwas bedeutet hat. Wie traurig wäre es, wenn niemand traurig wäre.

Franziskus sagte am Anfang, die Beerdigung werde umso schöner, je besser er den Menschen kannte. Ich verstehe jetzt, was er meint. Ich wäre am liebsten weggerannt, als ich Frau De Palos Zimmer betrat. Stattdessen hörte ich ihre Geschichte, und das war viel ehrlicher, schöner, viel gerechter diesem Leben gegenüber. Ich weiß jetzt immerhin: Frau De Palo hatte dreimal Krebs, eine Karriere, eine glückliche Ehe, einen unbeugsamen Willen. Sie verlor ihren Mann und fand Grazyna, die ihr an ihrem letzten Morgen Olivenöl auf die Lippen träufelte. Klingt wie ein Happy End.

Franziskus kann mit dem Tod gut umgehen, weil er für ihn nicht das Ende ist. Aber auch für alle, die das nicht glauben können oder wollen, muss der Tod vielleicht nicht der Schrecken sein, vor dem jeder Angst hat. Oder das Tabu, über das keiner spricht. Und sollte es vielleicht auch nicht. Man kann nicht da sein für die Hinterbliebenen, wenn man dem Tod aus dem Weg geht. Man kann nicht Halt geben, wenn man sich selbst aus der Bahn werfen lässt.

Als wir zurückgehen, zwischen den Gräbern entlang, sind überall auf dem Friedhof noch andere Menschen unterwegs. Sie bleiben irgendwo stehen, schauen auf einen Namen, legen Blumen ab. Es ist irgendwie beruhigend, das zu sehen, weil es so selbstverständlich wirkt. Man verbringt halt Zeit mit seinen Lieben, und der Besuch bringt die Blumen mit, wie sich das gehört.

Der Tod ist ein Teil des Lebens – das sage ich meistens viel leichter dahin, als ich es meine. Aber im Augenblick fühlt es sich so an, als ob das auch in Ordnung so ist. Gerade finde ich einfach die Vorstellung schön, dass die Meyers, Herr Klümper, Grazyna, Franziskus, die anderen Gäste und ich gleich zusammen Pizza essen werden. Alle werden sich bedanken, einige weinen; und wir werden anstoßen – nicht auf den Tod, sondern auf Frau De Palo und ihr großes Leben. Wo auch immer sie jetzt ist.

Was in der Bergpredigt
über Homosexualität steht

Nach Frau De Palos Beerdigung war ich für ein paar Tage in Berlin, vorhin bin ich wieder in Roxel angekommen. Morgen muss ich um 5.30 Uhr aufstehen, jetzt ist es 0.30 Uhr und ich liege hellwach in meinem Hotelbett. Morgen fliegen Franziskus und ich gemeinsam nach Rom, zu einer Tagung seiner Gemeinschaft Emmanuel. Die europäischen Vertreter für die Jugendarbeit treffen sich für Workshops und Besprechungen. Aber nicht deswegen begleite ich Franziskus. Wir fanden, die Gelegenheit sei günstig, um gemeinsam die Stadt zu besuchen, und den Papst natürlich. Ich war noch nie in Rom. Und irgendwie gehört das doch dazu, wenn man die katholische Kirche verstehen will.

Vier Tage werden wir bleiben, ein straffes Programm steht an, für das man eigentlich ausgeschlafen sein sollte. Aber wenn ich einen Flug erwischen muss, klappt das nie. Ich mache das Licht wieder an, all meine Sachen sind noch im Koffer verstaut. Das einzig Lesbare in Griffweite ist eine Ausgabe des Neuen Testaments. Sie gehört dem Hotel, in jedem Zimmer liegt so ein Buch im Nachtschrank, bisher habe ich es da liegen lassen.

Am Anfang stand die Bibel mal auf meiner Leseliste, aber ich habe sie wieder gestrichen. Nicht, weil die Lektüre nicht wichtig wäre. Es war eine pragmatische Entscheidung. Ich habe nur ein Jahr – ja, mittlerweile denke ich »nur« – und ein vernünftiges Bibelstudium allein dauert schon länger. Man muss sich entscheiden. Ich habe entschieden, die katholische Kirche nicht durch die Bibel, sondern durch Franziskus verstehen zu wollen.

Aber jetzt greife ich doch zum Buch, weil ich mir die Bergpredigt sowieso schon lange mal anschauen wollte. Ich schlage das Matthäus-Evangelium auf, Kapitel 5, es beginnt mit den Seligpreisungen Jesu:

Als Jesus die vielen Menschen sah, stieg er auf einen Berg.
  Er setzte sich, und seine Jünger traten zu ihm.
Dann begann er zu reden und lehrte sie.
Er sagte: Selig, die arm sind vor Gott; denn ihnen gehört
  das Himmelreich.
Selig die Trauernden; denn sie werden getröstet werden.
Selig, die keine Gewalt anwenden; denn sie werden das
  Land erben.
Selig, die hungern und dürsten nach der Gerechtigkeit;
  denn sie werden satt werden.
Selig die Barmherzigen; denn sie werden Erbarmen finden.
Selig, die ein reines Herz haben; denn sie werden Gott
  schauen.
Selig, die Frieden stiften; denn sie werden Söhne Gottes
  genannt werden.
Selig, die um der Gerechtigkeit willen verfolgt werden;
  denn ihnen gehört das Himmelreich.
Selig seid ihr, wenn ihr um meinetwillen beschimpft und
  verfolgt und auf alle mögliche Weise verleumdet werdet.

Mein erster Gedanke ist: Krass, das wurde vor 2000 Jahren aufgeschrieben. 2000 Jahre. Ein Zeitraum, der meine Vorstellungskraft sprengt. Man muss sicher nicht ans Himmelreich glauben, um diese Worte bemerkenswert zu finden. Jesus schaut auf die, die sonst vergessen werden, spricht denen Mut zu, die an eine bessere Welt glauben. Man könnte daraus auch eine Aufforderung zur Passivität lesen: Ruhig Blut, Freundinnen und Freunde, im Himmelreich wird's besser. Aber nach dem, was Papst Franziskus beim Weltjugendtag gesagt hat, sehe ich in diesen Seligpreisungen eine Ermutigung. Eine Aufforderung, nicht aufzugeben. »Selig sind, die um der Gerechtigkeit willen verfolgt werden.« Er sagt, diese Welt ist jetzt, hier, wert für sie zu kämpfen.

Hätte die Menschheit – und hätten die Christen – die Bergpredigt ein wenig ernster genommen, wäre allen viel Leid erspart geblieben.

Nach den Seligpreisungen folgen die sogenannten Antithesen, von denen Franziskus' Mitbewohner Christian schon sprach, als wir über Jesus diskutierten. Jesus zitiert, was »den Alten« gesagt wurde, was also in den Zehn Geboten stand. Aber er ergänzt diese – in einer recht drastischen Wortwahl.

Ihr habt gehört, dass zu den Alten gesagt worden ist: Du sollst nicht töten; wer aber jemand tötet, soll dem Gericht verfallen sein. Ich aber sage euch: Jeder, der seinem Bruder auch nur zürnt, soll dem Gericht verfallen sein; und wer zu seinem Bruder sagt: Du Dummkopf!, soll dem Spruch des Hohen Rates verfallen sein; wer aber zu ihm sagt: Du (gottloser) Narr!, soll dem Feuer der Hölle verfallen sein.

Was in mir ein theologisches Kopfkarussel auslöst, ist aber der folgende Teil:

Wenn du deine Opfergabe zum Altar bringst und dir dabei einfällt, dass dein Bruder etwas gegen dich hat, so lass deine Gabe dort vor dem Altar liegen; geh und versöhne dich zuerst mit deinem Bruder, dann komm und opfere deine Gabe.

Theologen würden mir das, was jetzt folgt, vermutlich um die Ohren hauen. Ich verstehe das aber so: Wenn du im Sinne Jesu Christi handeln willst, dann kümmere dich zuerst darum, wie es den Menschen geht, die du verletzt hast. Und nicht um Rituale – wie die Opfergabe –, von denen du glaubst, sie dienten Gott. Weil Gott nicht in den Ritualen und Gesetzen ist, sondern in deinem Nächsten. Und sofort habe ich Menschengruppen im Kopf, die sich von der katholischen Kirche nicht gerade mit Nächstenliebe behandelt fühlen: Homosexuelle, Transmenschen, wiederverheiratete Geschiedene, überzeugte Singles mit erfüllendem Sexleben. Für mich würde das Befolgen der Bibelstelle heißen, diese Menschen über die Regeln zu stellen. Ein aktuelles Beispiel ist die Gleichstellung der homosexuellen Ehe. Würde man Jesus folgen – erst die Nächstenliebe, dann die Regeln –, würde man niemandem eine Ehe verweigern, nur weil er oder sie homosexuell ist.

Ich lege die Ausgabe des Neuen Testaments wieder in den Nachtschrank. Schlafen kann ich jetzt noch weniger.

Dieses Mal läuft bei der Sicherheitskontrolle am Flughafen alles glatt, den Schnaps haben wir in Roxel gelassen. Im

Flugzeug betet Franziskus, ich lese Zeitung. Als wir beide fertig sind, erzähle ich ihm, dass ich die Bergpredigt gelesen habe. Und weil es mich doch noch beschäftigt, beschreibe ich ihm meine Interpretation der Stelle mit den Opfergaben.

»Erst der Mensch, dann die Regeln«, sage ich, »so handelt die katholische Kirche aber nicht immer. Beispiel Homosexualität: Ihr wollt unbedingt den Regeln folgen. Aber es wäre doch nicht in Jesu Sinn gewesen, wenn ihr dafür Menschen verletzt.«

Ich sage bewusst »verletzt«.

Ich kann keine theologische Debatte mit Franziskus über den Sinn der Ehe führen, will ich auch nicht. Ich will über die Konsequenzen sprechen, an deren Ende Menschen stehen.

»Es ist schlimm, wenn Menschen verletzt werden«, sagt Franziskus daraufhin. »Das will natürlich niemand.«

»Ihr tut es aber, wenn ihr Homosexuelle ausschließt.«

»Sie sind nicht ausgeschlossen.«

Das Thema hatten wir schon einmal: Franziskus meint, jeder sei eingeladen, in die Kirche zu kommen, ohne Ausnahme. Homosexuelle lebten nicht das Ideal, aber das lebe niemand, auch er nicht, wenn er beispielsweise nicht so oft bete, wie er es versprochen hat. Ich stelle infrage, ob das Ideal dann überhaupt notwendig ist. Franziskus' Meinung nach schon.

»Man braucht etwas, woran man sich messen kann«, sagt er. »Man muss ein Verständnis für das Ideal erzeugen.«

»Mit eurem Idealbild schiebt ihr jeden und jede, die anders leben, in die Andersartigkeit. Du sagst damit: Ihr seid falsch.«

»Ich würde das niemals zu jemandem sagen.«

Das glaube ich ihm. Und das ist sein Dilemma. Er will einerseits keinen Menschen als »falsch« bezeichnen, andererseits betrachtet er nur eine bestimmte Lebensweise als richtig. Aber wenn man jemandem das Gefühl gibt, seine Lebensweise sei nicht richtig, dann sorgt man dafür, dass er sich in seinem Sein, als Mensch, falsch fühlt. Das braucht man gar nicht auszusprechen.

»Was ich nicht verstehe«, setze ich an. Ich bin ruhig, aber muss laut und deutlich sprechen, um das Flugzeug zu übertönen, Franziskus hat sein Ohr zu mir gedreht, ich sehe seinen Blick nicht. »Du sagst: Gott ist die Liebe. Und dann wollt ihr aber die Liebe zweier Menschen untersagen, nur weil sie das gleiche Geschlecht haben. Aber wenn ihr die Liebe begrenzt, begrenzt ihr mit euren Regeln Gott.«

»Gott hat eben Mann und Frau erschaffen«, antwortet Franziskus.

Er schaut mich jetzt an, ich drehe das Ohr in seine Richtung.

»Sie sind fruchtbar«, fährt er fort. »Homosexuellen fehlt in dem Sinne etwas, sie können nichts dafür und sie sind trotzdem geliebt. Aber: Es ist eben so. Sie können keine Kinder bekommen.«

»Das heißt doch nichts. Einige Menschen sind unfruchtbar, andere wollen keine Kinder. Es dreht sich nicht alles um Fruchtbarkeit. Ihr macht das zu einem riesigen Wesensmerkmal, indem ihr das Thema so groß macht.«

»Ich mache dieses Thema ja nicht groß!«

Franziskus sagt das etwas energischer, als es im Flugzeug nötig wäre. Er wirkt ziemlich verärgert. Einige Monate später wird mir eine alte Freundin von Franziskus erzählen, dass sie ihn noch nie habe laut werden hören. Als ich ihr antworte, ich schon, fragt sie, wie ich das geschafft hätte. Ich: »Ich habe gesagt, dass er Menschen verletzt.« Sie: »Verstehe.«

Ich werde dieses Mal nicht wütend oder sprachlos. Weil mich Franziskus' Position nicht mehr überrascht – und weil ich sein Dilemma sehen kann.

»Wir reden darüber, weil du es angesprochen hast«, spricht er weiter. »Ich reagiere nur. Weil für andere immer wichtig ist, wie die Kirche mit Homosexualität umgeht. Wir schreiben uns nicht auf die Fahnen, dass wir unbedingt Homosexuelle diskriminieren wollen. Es ist keine Diskriminierung. Es geht nur darum, ein Ideal zu haben.«

»Du tust so, als hätte dieses Ideal keine Auswirkungen. Die Kirche ist aber eine moralische Instanz, sie hat Macht. Und auch du sprichst von deinem Ideal doch nicht in einem luftleeren Raum, das hat einen Effekt. Du sorgst damit dafür, dass Menschen sich in deiner Umgebung anders verhalten, dass sie Dinge verschweigen, dass sie lügen. Sie können sich nicht geben, wie sie sind.«

»Ich weiß nicht, was ich dazu noch sagen soll. Ich will natürlich nicht verletzen. Aber ich glaube eben auch, dass es ein Leiden ist, weil ihnen etwas fehlt. Das ist halt meine Meinung.«

»Es gibt genügend liberale Katholiken, die das anders sehen als du.«

»Ja, natürlich gibt's die. Jeder hat das Recht auf seine eigene Meinung.«

»Deine Meinung ist also nicht in deinem katholischen Glauben angelegt. Du könntest es anders sehen.«

»Falsch. Es ist ja nicht einfach nur meine Meinung. Das ist die offizielle Lehre der katholischen Kirche. Die Ehe ist nach unserem Verständnis von ihrem Wesen her auf Kinder ausgerichtet. Das heißt, für eine Ehe muss zumindest die, sagen wir: anatomisch-geschlechtliche, biologische Möglichkeit da sein, Kinder zu bekommen. Daher können Gleichgeschlechtliche nicht kirchlich heiraten.«

Bei der Homosexualität unterscheidet die katholische Lehre zwischen Mensch und Tat. Ausgelebte Homosexualität, also in der Ehe und durch Sex, ist demnach eine schwere Sünde. Die »Veranlagung« allein aber nicht. Homosexuelle sind berufen, ihre sexuelle Orientierung als Prüfung Gottes zu betrachten. Im Katechismus, der die katholischen Lebensregeln enthält, steht mittlerweile auch, dass »eine nicht geringe Zahl« Menschen »homosexuell veranlagt« sei. Doch in anderen offiziellen Schriften des Vatikans heißt es weiterhin, dass Homosexualität auch »überwunden« werden könne. Sprich: Die Annahme, dass Homosexualität geheilt werden kann und sollte, kursiert immer noch.

Aber wie so oft in der katholischen Lehre ist es Auslegungssache, wie viel oder wenig Toleranz man aus den vatikanischen Zeilen abliest. Man kann sie so verstehen, dass nicht ausgelebte Homosexualität unproblematisch ist, homosexuelle Menschen komplett gleichwertig – wie Franziskus es tut. Joseph Ratzinger hingegen, der spätere Papst Benedikt XVI., bezeichnete in einer Veröffentlichung Homosexualität an sich schon als »objektiv untergeordnet«. Auf diese Veröffentlichung stützen sich die Richtlinien für die Priesterausbildung – und die sind erst von 2016, sie erscheinen ein paar Wochen, nachdem Franziskus und ich im Flugzeug sitzen. Laut denen darf immer noch nicht zur Weihe zugelassen werden, wer Homosexualität praktiziere, »tiefsitzende homosexuelle Tendenzen« habe oder eine »sogenannte ›homosexuelle Kultur‹« unterstütze. Denn diese Leute seien »in schwerwiegender Weise« daran gehindert, »korrekte Beziehungen zu Männern und Frauen aufzubauen«.

»Es gibt genug Menschen«, betone ich gegenüber Franziskus, »die katholisch sind und trotzdem nichts gegen die Homo-Ehe haben. Auch du könntest es also anders sehen.«

»Aber ich finde es eben nicht gut, so zu tun, als ob das egal wäre. Auch homosexuelle Menschen sind geliebt, aber sie können nun einmal durch ihren eigenen Geschlechtsverkehr nicht zur Fortpflanzung der Menschheit beitragen. Und das sage ich jetzt nicht abschätzig, sondern rein faktisch.«

»Du kannst nicht einerseits sagen, Homosexuellen fehle etwas, und ihnen die Ehe absprechen, und andererseits sagen, es gebe kein Problem, weil ja jeder willkommen sei. Ihr diskriminiert. Auch du, Franziskus. Um jemanden zu diskriminieren, muss man es nicht böse meinen.«

Franziskus schaut mich an, mit einem Blick, der gleichzeitig fragend und genervt ist. Er wird lauter.

»Ja, aber wie soll ich es denn sagen?! Ich habe ja nur ehrlich geantwortet. Natürlich will ich niemanden verletzen. Also, was soll ich tun? Ich könnte sagen: Okay, dann reden wir ab jetzt nicht mehr über das Thema.«

»Darum geht es nicht. Ich will ja darüber reden.«

»Okay, aber wie soll ich es denn deiner Meinung nach ausdrücken, um keine Menschen zu verletzen?«

Das Dilemma.

»Das geht eben nicht. Es ist egal, welche Worte du benutzt, wenn dahinter das Denken steht: ›Eure Liebe ist nur eine Liebe zweiter Klasse.‹ Das wird immer verletzen.«

»Aber das denke ich ja nicht.«

»Das steht faktisch hinter deinem Denken.«

»Das magst du so sehen. Ich denke ja, es geht um eine andere, das heißt andersartige, aber nicht anderswertige oder gar zweitklassige Liebe!«

»Wenn du dieser Liebe die Ehe verweigerst, wird sie dadurch zweitklassig.«

»Ich sehe das anders. Es tut mir leid, wenn ich Menschen verletze. Aber wenn ich sage, es sei egal, dann ist das gelogen.«

Ich denke an meinen Kollegen, der mich in Franziskus' Kopf blicken ließ: Wie erkläre ich ihr, Valerie, dass das nicht in meiner Macht steht?

Und wie erkläre ich Franziskus, dass sein Mitleid nichts an den Konsequenzen ändert, an deren Ende Menschen aus der Gemeinschaft der »Idealen« ausgestoßen werden?

Wir sind im Landeanflug. Es gibt nichts mehr zu sagen. Ich schaue aus dem Fenster, sehe zu, wie Rom größer wird. Ich weiß, dass wir uns in diesem Punkt nicht annähern werden; ich weiß, dass ich nicht verstehen werde, wieso Franziskus es nicht sehen kann und so beharren muss. Aber es macht mich nicht mehr wütend, ich bin ruhig.

Als ich später einem schwulen Kollegen von diesem Gespräch erzähle, sagt der: »Ich verstehe jetzt, dass Franziskus es nicht böse meint.« Er sagt nicht, dass es das besser macht.

Jetzt machen Franziskus und ich erst mal weiter, schauen Rom an, wir haben keine andere Wahl. Aber: Es ist auch kein Problem. Wir werden schöne Tage miteinander verbringen. Dass Bemerkenswerte ist, dass wir zwei Stunden über ein Thema streiten können, das uns beiden wichtig ist, und dann zusammen Spaß haben. Vor einigen Monaten wäre das noch nicht möglich gewesen; jetzt funktioniert es.

Als das Flugzeug landet, drehe ich mich zu Franziskus, der sich gerade bekreuzigt, und frage: »Wo müssen wir jetzt hin?«

Reiches Rom

Wenn Städte eine Clique bilden würden, hätte Rom auf jeden Fall das Sagen: Alles hier wirkt wie ein Bizeps-Vergleich der Jahrhunderte. Das Kolosseum: 2000 Jahre alt; das Forum Romanum: noch älter; die Spanische Treppe und der Trevi-Brunnen aus dem 18. Jahrhundert; das Nationaldenkmal aus dem 19. Jahrhundert. Die ganze Stadt erstrahlt und erdrückt in Geschichte aus Gold, Marmor und vielen alten Steinen. Rom wirkt mächtig, und wir sind noch gar nicht beim katholischen Teil der Stadt.

Ich bin ja nicht wegen einer Tour durch die Jahrhunderte hier, sondern um die katholische Kirche besser zu verstehen. In Rom sitzt der Vatikan, ihr Herz und Kopf. Die Vatikanstadt ist 44 Hektar groß, 56 Mal der Kölner Dom. Die Stadt ist auch ein eigener Staat, der kleinste unabhängige der Welt. Staatsoberhaupt ist der Papst, Staatsform ist die Monarchie, die offizielle Einwohnerzahl liegt bei 750.

Franziskus und ich erkunden zusammen die vatikanischen Museen, den Petersdom und den Petersplatz. In den Museen sind die Jahrtausende nebeneinander ausgestellt, in Statuen, Gemälden und Teppichen, die mal den Oberhäuptern der katholischen Kirche gehört haben. Es ist zu viel. Deswegen ist das Einzige, was mich ehrfürchtig macht, die Sixtinische Kapelle, in die Michelangelo seine

Schöpfungsgeschichte gemalt hat, samt den berühmtesten Fingerspitzen der Welt, von Gott und Adam, die sich fast berühren. Ich komme vor Müdigkeit kaum noch die Treppen dorthin hoch und setze mich auf die Bank an der Seite, Audioguide am Ohr. Franziskus setzt sich neben mich und hört der Stimme aus seinem Guide aufmerksam zu. Ich flüstere irgendwann vorsichtig, ob er denn gar nicht müde sei, er saß auch bis 2 Uhr am Schreibtisch. »Ich bin gerade fast eingeschlafen«, flüstert er zurück. Das beruhigt mich.

Als wir über den Petersplatz gehen, kommen wir an einem Obdachlosen vorbei, der auf den Treppen aus Marmor schläft, hinter ihm ragt der Petersdom in all seiner Mächtigkeit in die Höhe. Ein verstörendes Bild. Aber anders verstörend, als ich es noch vor einigen Monaten empfunden hätte. Früher hätte ich nur gedacht: Tja, von wegen »Kirche für die Armen«. Jetzt denke ich: Hey, was soll das denn? Das passt doch nicht zu dem, was ihr erzählt?! Ich bin weniger gleichgültig.

Die katholische Kirche ist natürlich auch in Deutschland reich; aber hier in Rom kann einen der Reichtum wirklich erdrücken. Der Vatikan verfügt über ein Milliardenvermögen. Immer wieder werden ihm Undurchsichtigkeit, Vetternwirtschaft, fragwürdige Finanzgeschäfte vorgeworfen. Papst Franziskus hat angekündigt, die Finanzen neu zu ordnen. Ob und wie das klappt, lässt sich von außen schwer nachvollziehen. Aber Zeichen gesetzt hat er auf jeden Fall. Als er 2013 sein Amt antrat, zog er nicht in den apostolischen Palast, sondern blieb in seinem Gästehaus. Statt Limousine fährt er Kleinbus. Statt eines großen Menüs isst er mit seinen Mitarbeitern in der Kantine. Es heißt, Geschenke verkaufe er und spende den Erlös. Das klingt sympathisch, es ist aber auch seltsam, dass das 2000 Jahre nach der Bergpredigt noch Schlagzeilen macht.

Die meisten Päpste liegen unter dem Petersdom begraben. Als Franziskus, nicht der Papst, und ich hineingehen, fühlen wir uns erst einmal ganz klein. Vermutlich Absicht. Der Petersdom – 133 Meter hoch, der Kölner Dom passt hier fast zwei Mal rein – wurde im 16. Jahrhundert erbaut und ist der Mittelpunkt des katholischen Rom. Vorn unter dem Altar sollen die Gebeine von Petrus liegen, dem ersten Papst. Franziskus glaubt das. Die Wissenschaft ist sich uneins. Ich finde es nicht wichtig. Milliarden von Menschen kamen über Jahrhunderte hierher, um zu beten. Das allein finde ich schon beeindruckend.

»Was bedeutet Rom für dich?«, frage ich ihn.

»Die katholische Kirche ist eine Einheit. Und eine Einheit braucht ein Zentrum, von dem aus man sie koordinieren kann. Das ist Rom.«

»Warum ist die Einheit so wichtig? Wenn es doch so viele Wege zu Gott gibt wie Menschen? «

»Damit wir unseren eigenen Glauben in Gemeinschaft leben können. Und um gemeinsam die frohe Botschaft zu verkünden.«

»Und wieso braucht diese Einheit einen nicht abwählbaren Vorsteher wie den Papst?«

»Es braucht bei dieser Größe eine gewisse Hierarchie, um Ordnung zu schaffen; um den Weg zu weisen. Er setzt Regeln oder sorgt für die Umsetzung der Dogmen. Regeln sind wichtig, zum Glauben und zum Leben.«

Die globale Einheit und das Papsttum sind wesentliche Punkte, die die katholische Kirche von den protestantischen unterscheiden. Zum Protestantismus zählen alle

Kirchen, die aus der Reformation hervorgegangen sind. Lutheranerinnen, Reformierte, Unierte, Baptistinnen, Pietisten, Evangelikale, viele, viele Freikirchen. In Deutschland reicht das protestantische Spektrum von progressiv-liberalen Gemeinden, in denen Bibeln in gendergerechter Sprache verteilt werden, bis hin zu solchen, die die Bibel samt generischem Maskulinum und Schöpfungsgeschichte wörtlich verstehen. Es gibt kein Oberhaupt, das für alle Protestantinnen sprechen könnte.

In der römisch-katholischen Kirche ist der Papst der Hirte für eine Milliarde Katholiken. Sie glauben und hoffen, dass der Papst im Sinne Gottes handelt. Ich hoffe auch. Bei dem Papst laufen Exekutive, Legislative und Judikative zusammen. Das wird in anderen Staaten Diktatur genannt.

Auf dem sogenannten Ersten Vatikanischen Konzil von 1870 wurde die Unfehlbarkeit des Papstes beschlossen. Das heißt, er kann – unter bestimmten Auflagen in Glaubens- und Sittenfragen – Lehraussagen treffen, an denen keine und keiner mehr rütteln kann. Die dann halt so sind. Unfehlbar eben. Franziskus, der Priester, sagt zur Unfehlbarkeit, sie werde oft missverstanden. Sie würde nicht für alles, was der Papst sagt oder veranlasst, gelten. Tatsächlich hat das Dogma der Unfehlbarkeit praktisch kaum Auswirkungen, es wurde erst einmal eingesetzt. 1950 verkündete Papst Pius XII. die leibliche Aufnahme Marias in den Himmel. Was bedeutet, dass sie ohne Sünde war und nicht wie alle anderen Menschen durchs Fegefeuer musste. Zugegeben – die Unfehlbarkeit ist etwas, was mich in meinem Leben eigentlich nicht betrifft. Trotzdem halte ich es nicht für eine gute Idee, einer Person Allmacht zuzusprechen, wenn auch nur theoretisch. Einige Christen sahen das 1870 ähnlich und lehnten das neue Dogma ab, sie wurden exkommuniziert und nannten sich ab sofort Alt-Katholiken. Die alt-katholische Kirche gibt es in Europa noch heute, sie hat 70 000 Mitglieder, in Deutschland sind es knapp 16 000. In der alt-katholischen Kirche ist alles anders: Frauen dürfen auch geweiht werden, Geweihte dürfen heiraten – und das sogar gleichgeschlechtlich. Ganz einheitlich sind also auch die nicht mehr, die sich heute als katholisch verstehen.

Kirche ist demnach nicht gleich Kirche. Katholisch nicht einmal gleich katholisch.

An einem der Abende in Rom bin ich noch mit Emmanuel-Leuten unterwegs. Franziskus ist in der Unterkunft geblieben, um Schlaf nachzuholen. Wir gehen in einen Kiosk, in dem es mehr als hundert verschiedene Biersorten gibt. Ich hasse Entscheidungen. Nach Ewigkeiten greife ich zu einem Bier, dessen Etikett zwei comicartige Gestalten zeigt, die kurz vor einem Kuss zu stehen scheinen, darunter steht »Passionate«. Es war das Etikett, das mir als Erstes ins Auge fiel, weil es am buntesten war. Dass es da um sexuelle Leidenschaft geht, darüber habe ich nicht nachgedacht – bis mich einer aus der Runde fragt, welches Bier ich genommen hätte, ich es ihm zeige, er wortlos nickt und sich wegdreht. Verdammt, habe ich ihn jetzt provoziert? Ich wollte gar nicht über Sex diskutieren, ich wollte nur ein Bier trinken. Drei Mal mache ich den Schritt zurück zum Regal, um das Bier auszutauschen. Drei Mal lasse ich es bleiben, weil ich es bescheuert finde. Als wir draußen zusammenstehen und trinken, überdecke ich mit meinem Daumen einen Teil des Etiketts. Ich versuche mir einzureden, dass das Zufall ist.

Natürlich habe ich keine Ahnung, was der Mann mir mit seinem Nicken sagen wollte. Vielleicht fragte er sich tatsächlich, warum ich ausgerechnet diese Flasche nehmen musste. Vielleicht aber auch nicht. Der Punkt ist: Ich habe darüber nachgedacht, das Bier zurückzustellen. Da ist sie, die Schere im Kopf. Es muss niemand neben mir stehen, um mir zu sagen, nach welcher Flasche ich greifen soll. Die katholische Moral arbeitet von allein.

Auf dem Heimweg komme ich mit dem Nicker – Otto heißt er – ins Gespräch. Nach seiner Meinung zu dem Etikett frage ich nicht, weil ich keine Lust auf Konfrontation habe. Stattdessen lande ich noch einmal bei der Bergpredigt. Otto erzählt zuerst von seiner Arbeit mit katholischen und nicht katholischen Jugendlichen und dann darüber, was Glaube für ihn bedeutet.

»Im Glauben geht es um das, was uns alle verbindet: die Sehnsucht nach Liebe und das Bedürfnis, zu lieben. Gott ist die Erfüllung dieser Sehnsucht. Durch den Glauben erfahren wir, dass da jemand ist, der uns ganz kennt, aber uns nicht verurteilt – sondern uns erst recht liebt.«

Klingt natürlich nicht schlecht. Aber:

»Das widerspricht für mich in einigen Punkten dem Handeln der Kirche«, sage ich. Und erzähle ihm von meiner Interpretation der Bergpredigt. »Die katholische Kirche beharrt so sehr auf ihren Regeln, dass sie in Kauf nimmt, Menschen zu verletzen; obwohl das der Liebe widerspricht.«

Und Otto? Der stimmt mir zu. Glaube ich zumindest. Er sagt:

»Die Regeln sind nicht das Wesentliche. Die Liebe ist es. Der Katechismus, das Regelwerk unserer Kirche, versucht zu erklären, aber er ist nicht die Substanz. Auch Jesus hat ja die Regeln gebrochen.«

Ja, na, also: EBEN!

»Viele Leute wenden sich von der Kirche ab«, spricht er weiter, »und ich glaube, sie hat es selbst verbockt. Weil sie nicht gelebt hat, worauf es im Christentum ankommt. Wir reden nur noch darüber, was wir dürfen und was nicht. Das Wesentliche kommt nicht mehr an: Gott ist die Liebe. Der Katechismus mit seinen Regeln kommt erst danach.«

»Wozu braucht es überhaupt die Regeln?«, frage ich auch ihn.

»Sie sollen helfen. Wir glauben, dass es einen Weg gibt, der uns glücklich macht, und dafür sind die Regeln da. Sie sollen Orientierung geben.«

In diesem Halbsatz liegt eines meiner Hauptprobleme versteckt: Katholikinnen, Christen allgemein, glauben den einen Weg zu kennen, der für alle am besten sei. Das ist das Ideal, über das Franziskus und ich immer streiten.

»Ich glaube, wir Menschen wissen tief in unserem Inneren, was zu tun ist, was die Wahrheit ist«, sagt Otto. »Nur scheitert man daran, deswegen macht man sich Regeln. Aber hätten wir die Liebe bis ins Letzte verinnerlicht und wären stark genug, uns immer daran zu halten, dann bräuchten wir sie nicht.«

Das Bier ist schon eine Weile leer, als Otto und ich uns verabschieden. Über all das, was er über Regeln gesagt hat, denke ich noch eine Weile nach, als ich wieder in meinem Zimmer bin. Regeln sind für Franziskus und andere ein natürlicher und wichtiger Bestandteil von Glauben und Leben. Und für mich ja auch. Ich bin ja nicht gegen alle Regeln. Das Grundgesetz, gewisse Anstandsregeln, die Straßenverkehrsordnung – das sind alles nützliche Dinge. Sie ermöglichen uns das Zusammenleben als Gesellschaft. Auch Hierarchien sind manchmal sinnvoll, am Arbeitsplatz oder in der Politik. Aber erstens bin ich skeptisch gegenüber allem, was als unfehlbar angesehen wird. Und zweitens muss man meiner Meinung nach Regeln immer wieder hinterfragen, vor allem dort, wo sie das persönliche Leben betreffen. Weil ich finde, dass alle möglichst so leben können sollten, wie sie selber es wollen, solange sie durch ihre Lebensweise die Freiheit und das Wohl eines anderen nicht beschränken. Auf mich wirken viele Regeln der katholischen Kirche wie Vorschriften. Es stört mich, dass die katholische Kirche glaubt, nein: sich anmaßt, zu wissen, was für alle das Beste ist. Also auch für mich.

Für Franziskus und Otto aber ist der Papst wie ein Vater und die Kirche die Mutter. Die sucht man sich auch nicht aus, aber man vertraut darauf, dass sie einem mit ihren Erfahrungen sagen können, wie man am besten durch sein Leben geht. Franziskus und Otto glauben, dass es einen Weg gibt, der alle glücklich macht, und dass die katholische Kirche ihn kennt. Deswegen kann Franziskus vermutlich nicht von seinem Ideal abweichen: Er ist der tiefsten Überzeugung, dass es Menschen langfristig nicht glücklich machen wird, wenn sie in einer gleichgeschlechtlichen Beziehung leben. Er will sich über niemanden erheben, er wünscht eigentlich nur allen ihr Glück. Das ist auch irgendwie nachvollziehbar – von seiner Seite der Wand aus betrachtet. Aber auf meiner Seite kann es trotzdem nichts ändern, weil niemand Mitleid will, sondern Anerkennung.

Ich bleibe dabei: Würde man auf die Regeln pfeifen und mit Liebe im Herzen handeln, so schnulzig es klingen mag, käme man gar nicht auf die Idee, dass Gott etwas gegen die gleichgeschlechtliche Ehe haben könnte. Regeln können der Liebe im Weg stehen. Aber wir sind eben nicht immer in der Lage, mit Liebe im Herzen zu handeln, weshalb wir Regeln brauchen.

Jesus bräuchte sie wohl nicht.

Jemand hat mir mal gesagt, glauben tut man nicht mit dem Kopf, sondern vor allem mit dem Herzen. Also beschließe ich, in Rom eine Messe zu besuchen. Italienisch verstehe ich nicht, da muss ich mir über die Texte keine Gedanken machen und kann mich stattdessen auf den Rest einlassen. Das gehört doch dazu, wenn ich Franziskus verstehen will, denke ich.

Ich gehe in die Kirche San Marcello nahe der Piazza Venezia, während meiner Stadt-Tour habe ich das Schild für die Messe, 18 Uhr, gesehen. Die Kirche wurde im 16. Jahrhundert neu erbaut, Barock-Stil, über dem Altar erstreckt sich eine riesige goldene Kuppel.

Die Kirchenbänke sind nicht voll, aber in fast jeder Reihe sitzen zwei, drei Leute, man hört sie miteinander flüstern, auf Italienisch, Englisch und Deutsch. Ich setze mich links in die Mitte. Notizblock und Fotoapparat lasse ich in der Tasche. Obwohl ich den Priester, einen älteren Herrn mit weißen Haaren, nicht verstehe, erkenne ich den üblichen Ablauf der Messe.

Als ich das letzte Mal in Roxel war, sprach ich mit Franziskus' Mitbewohner Timo darüber, was man eigentlich tue, wenn man in einer Anbetung sitzt. Er meinte: dankbar sein, Szenen aus der Bibel im Kopf nachspielen, um etwas bitten, versuchen innerlich leer zu werden, also frei. So könne man alles Gott in die Hand legen und, so sagt er das, sich von Ihm lieben lassen. Jetzt ist zwar nicht Anbetung, sondern Messe, aber da ich sowieso nichts verstehe, probiere ich es einfach aus.

Ich gehe die Menschen durch, für die ich dankbar bin. Bei allen denke ich etwas wie: Danke, dass sie so und so ist; danke, dass er das und das macht. Das ist schön, weil es überhaupt nicht schwer ist und einem bewusst macht, was für großartige Menschen einen umgeben. Und wie viele es sind. Deshalb kürze ich irgendwann ab: Danke für alle, du weißt schon, wen ich meine.

Ich denke kurz über Bibelszenen nach, lasse es aber. Es käme mir vor, als würde ich mich darüber lustig machen.

Stattdessen sitze ich da und mache ein paar Gedankenübungen, die ich »Perspektivwechsel« nenne, mein neues Lieblingswort. Dabei gehe ich verschiedene Dinge durch, die mich in Gesprächen mit einigen Katholiken stören, und versuche, mich an ihre Stelle zu denken, indem ich ihren Glauben durch meine Überzeugungen ersetze.

Also: Es stört mich, dass sie denken und manchmal auch sagen, dass ich nur deshalb nicht glaube, weil ich eine bestimmte Erkenntnis noch nicht gewonnen hätte. PERSPEKTIVWECHSEL: Wenn Leute mir erklären, Gender sei grober Unfug, oder, Feminismus brauche man nicht, dann denke ich auch: Ihr habt euch einfach noch nicht damit auseinandergesetzt.

Nächster Punkt: Es stört mich, dass sie von Austausch

sprechen und dann sind es doch nur Missionierungsversuche. PERSPEKTIVWECHSEL: Wenn ich ein Seminar mit AfD-Wählerinnen besuchen würde, würde ich auch behaupten, eine offene Diskussion zu führen, und letztlich doch hoffen, sie überzeugen zu können.

Noch einer: Es stört mich, wenn ich das Gefühl habe, darauf achten zu müssen, welche Bierflasche ich kaufe und was ich über Sex sage. PERSPEKTIVWECHSEL: Auch ich will, dass Menschen auf ihre Sprache achten – wenn jemand »behindert« oder »schwul« als Schimpfwort verwendet, finde ich das unerträglich.

Mit dem innerlich Leerwerden klappt es nicht ganz. Aber ich bin Fan dieser Übung.

Nebenbei versuche ich, mich auf die Atmosphäre in der Kirche einzulassen. Auf dieses große Gewölbe, den leichten Kerzen- oder Weihrauchgeruch. Darauf, was da vorn passiert, und was da auch schon seit 2000 Jahren ungefähr so passiert. Wenn gesungen wird, hat das etwas Beruhigendes. Ich fühle mich als Teil von etwas, auch wenn ich nicht mitsinge.

Anders ist es, wenn nicht gesungen wird. Dann geschieht nichts mit mir. Auch nicht, wenn ich dem Priester dabei zuschaue, wie er die Hostie hochhält. Ich versuche es: mir vorzustellen, dass da Jesus Christus drin sein könnte. Dass sein Geist auf die Gaben kommt, wenn der Priester die Wandlungsworte spricht. Aber: nichts. Keine Ehrfurcht, kein Verstehen, kein Erkennen.

Trotzdem hat so eine Messe ihren Reiz. Man wird ganz ruhig, hat immer etwas zu denken und zu schauen, ein bisschen, wie wenn man am Straßenrand sitzt und Leuten beim Leben zuguckt. Vielleicht ist es das: Mir geht es um die Menschen. Nicht um etwas Höheres. Vielleicht glaube ich an so etwas wie das Gute im Menschen? Was ja genauso irrational wäre, wie an Gott zu glauben, weil man auch dieser Vorstellung das Leid der Welt entgegenhalten kann.

Als die Kommunion verteilt wird, das Brot, das der Leib Christi sein soll, bleibe ich in der Bank. Ein junges Paar, mein Alter, beide einen Ehering am Finger, geht nach vorn und setzt sich dann wieder schräg vor mich. Er bleibt erst einmal mit geschlossenen Augen sitzen. Sie kniet sich hin, faltet die Hände, schließt die Augen. Ihr Kinn nähert sich ihrer Brust. Diese Bewegung – einstudiert. Aber trotzdem echt. Als ob sich die Frau in etwas hineinfallen lassen würde. Franziskus sagt immer, Glaube sei auch, sich angenommen zu fühlen. Die Frau sieht angenommen aus. Macht das Sinn? Kann man angenommen aussehen? Ich sehe nicht zum ersten Mal, wie sich jemand hinkniet. Aber gerade löst diese Bewegung der Frau etwas in mir aus. Eine Erinnerung, ein eigenes Gefühl.

Früher, während der Schulzeit, war es egal, was tagsüber Tragisches passierte, und egal, ob es wirklich schlimm war oder im Nachhinein banal, abends saß ich mit meiner Familie zusammen um den Esstisch. Das war nicht das, was mir wichtig war in dem Moment. Oft hat es auch genervt, weil Familie eben manchmal nervt oder weil ich andere Probleme hatte. Aber: Es war immer gleich, beständig. Diese Essen zeigten mir, dass nicht alles von meinem Problem berührt wird, einiges wankt nicht. Das machte unbewusst auch das Problem kleiner. Bemerkt habe ich das erst, als ich nach der Schule für einige Monate nach Australien ging. Da hatte ich Probleme, kleinere und größere, wie man sie eben hat. Doch abends saß ich nicht mehr am heimischen Esstisch. Das Gleichbleibende hat gefehlt, die von allem unberührte Routine, weshalb sich die Probleme anfangs allumfassend angefühlt haben.

Und da ist es auf einmal klar, da auf der Kirchenbank. Ein Aha-Moment.

Ich habe mich immer gefragt, wieso Gott, wenn er vernünftig und gut ist, diese ganzen Rituale, die Gesänge, den Messablauf braucht. Aber nicht Gott braucht all das, sondern die Gläubigen. Dieses Wiederkehrende, auch bei Regeln und Traditionen, bildet für sie einen Schutzraum, einen Kokon. Den Halt und die Zugehörigkeit, die mir meine Familie gibt, gibt ihnen die Kirche.

Viele Menschen gehen in Kirchen, wenn schlimme Dinge passieren, um sicherzugehen, dass die Welt noch steht, auch wenn ihre eigene aus den Fugen geraten ist. Kirchen sind Garanten dafür, dass es immer irgendwie weitergeht. Denn dort erfährt man, dass kein Problem alles verschluckt. Egal, was passiert, die Messe wird gefeiert, und zwar genau mit dem gleichen Ablauf wie immer. Jeden Tag, weltweit.

Jetzt gerade finde auch ich diese Vorstellung beruhigend.

Ein Priester in meiner Welt.
Oder: Feminismus in Berlin

Das Letzte, was wir von Rom bekommen, sind zwei Kaffee, zwei Tiramisu und ein Kuchen für 27 Euro in einem Café nahe dem Petersdom, dann reicht es auch. An einem Montagabend fliegen Franziskus und ich zurück nach Köln und fahren von dort aus weiter nach Roxel. Dort vergeht die Zeit schnell zwischen Messdienerstunden, Messen, Sitzungen und Kaffee mit Gemeindemitgliedern. Wenn ich Franziskus hier begleite, fühlt es sich mittlerweile manchmal so sehr nach Alltag an, dass es fast mein eigener sein könnte. Was uns aber innerlich unterscheidet, ist, dass ich mich bewusst – weiterhin, immer wieder und trotzdem – dafür entscheiden muss, das alles ernst zu nehmen. Manchmal fällt mir das leicht. Manchmal ist es schwieriger.

An einem Abend schauen wir bei einer Freundin von Franziskus zu dritt einen Film, es gibt Chips und Bier. Ihre Wohnung ist voll von Jesusbildern, Kreuzen, Kerzen und christlichen Büchern, aber das überrascht mich nicht mehr. Nicht einmal, dass sie mir, als wir über den Film *Seelenvögel* sprechen, in dem es um todkranke Kinder geht, eine Plastikfigur in die Hand drückt, die einen zehn Wochen alten Embryo darstellt – sie ist Frauenärztin. Doch als wir aufbrechen, kommt das Gespräch auf das kleine Becken an der Wand neben ihrer Haustür. Es ist mit Weihwasser gefüllt; wenn sie das Haus verlässt, tunkt sie ihren Finger hinein und bekreuzigt sich, »um mir bewusst zu machen, dass ich nicht allein unterwegs bin«, wie sie sagt. Unter dem Becken steht eine beinahe leere Plastikflasche, ein bisschen angebeult, ohne Etikett, aber mit einem Jesus-Sticker drauf. Sie sagt, dass sie bald mal wieder in die Kirche müsse, um die Flasche mit Weihwasser aufzufüllen. Da sagt Franziskus: »Moment, das haben wir gleich.« Er nimmt die Flasche, hält sie in der Küche unter den Wasserhahn, betet kurz, zieht ein Kreuzzeichen darüber, reicht sie seiner Freundin und grinst. »Bitte schön.« Sie grinst auch und sagt: »Danke, wie praktisch.«

Leitungswasser wird heiliges Wasser, weil Franziskus eine Handbewegung macht.

Es war ein schöner Abend, wirklich, daher lächle ich das weg. Weil ich auch nicht wüsste, was ich sonst machen sollte.

Manchmal ist es schwieriger.

Am Samstag, fünf Tage nach unserer Rom-Reise, sitzen Franziskus und ich schon wieder im Zug, Ziel dieses Mal: Berlin. Der Gegenbesuch steht an. Er soll jetzt meine Welt kennenlernen, meine Freunde, mich. Vier Tage haben wir dafür Zeit. Seit Wochen überlege ich, was ich ihm zeigen könnte. Es ist nicht leicht, mein Leben ist weniger symbolhaft als seines. Keine Kirchen, keine Rituale, nichts besonders Heiliges zu essen. Eigentlich lesen, schauen und reden wir einfach sehr viel, meine Freunde oder Kolleginnen und ich. Das passiert oft in Bars, manchmal auf Balkonen, auch ein Ballon in der Luft würde sich notfalls eignen. Es geht nicht um Orte.

Also mache ich mit Franziskus einfach, was ich auch mit anderen Besuchern machen würde: Essen in unserer Küche, gekocht von meiner Mitbewohnerin und mir (Schönian'scher Nudelauflauf und geile Birnen). Brunch in meinem Lieblingscafé; Wundern im Theater, ob das jetzt alles richtig bei uns ankam; Versuche, beim Italiener kluge Sachen über den Rotwein zu sagen. In meiner Lieblingsbar trinken wir mit meinen Freunden Mexikaner (Schnaps mit Tomatensaft) und in meiner Lieblingskneipe Futschi (Weinbrand mit Cola), dazu singt Marius Müller-Westernhagen aus der Jukebox.

Alle werden mir im Nachhinein sagen, dass sie einander sympathisch fanden. Franziskus unterstützt Marius laut bei seinem »Sexy«. Meine Freunde lachen, erzählen ihm von dem Holzkarussell, das sie für die nächste Party gebaut haben, von der Hausarbeit, die sie gerade schreiben, und den Booten mit Techno-Musik in Belgrad. Aber Franziskus fragt sie nicht nach ihren Überzeugungen, sie ihn kaum nach seinem Glauben. Themen, die zu Streit führen könnten, meiden meine Freundinnen bewusst. Sie wollen, wie ich, dass Franziskus eine gute Zeit hat; wollen ihn nicht belagern oder belehren, so, wie sie ja auch nicht belehrt werden wollen. Sein Lebensstil ist nichts für sie, genauso wenig wie sein Glaube, aber sie haben auch nicht das Bedürfnis, ihn davon abzubringen. Das, was sie empfinden, ist so etwas wie eine tolerante Gleichgültigkeit, das Schnapspralinen-Phänomen. Ich habe bewusst niemandem Regieanweisungen gegeben – also, außer anzuordnen, wann es Mexikaner gibt –, weil ich sehen wollte, was zwischen meinen Freunden und Franziskus passiert.

Positiv gesehen: Auch wenn man weiß, dass Meinungen und Leben verschieden sind, kann man Rücksicht aufeinander nehmen. Man kann in dem Wissen, die Welt anders zu sehen, nebeneinandersitzen und einen guten Abend haben.

Negativ betrachtet: Wie weit ist man voneinander entfernt, wenn man über bestimmte Themen gar nicht erst redet, weil man weiß, dass es zu nichts führt?

Ich frage Franziskus später, ob ihn etwas überrascht habe. Er sagt Nein, solche Abende kenne er ja: »Ich war ja auch mal Student.« Er meint damit, er habe auch mal in Bars gesessen.

Aber es geht ja nicht um die Bar.

Noch bevor ich Franziskus das erste Mal gesehen hatte, wusste ich, dass ich mit »meinem« Priester nach Berlin fahren will. Gute Geschichten brauchen Gegenseitigkeit. Vorgestellt hatte ich mir das ungefähr so: Ich lerne seine Welt kennen, er also meine. Ich verstehe, er versteht. Aber so funktioniert das nicht. Vier Tage ersetzen nicht ein Jahr.

Es ist trotzdem wichtig, dass Franziskus hier ist. Denn zu einer guten Beziehung – nach diesem Jahr schreibe ich einen Ratgeber – gehört auch, dass man einfach mal darauf pfeift, ob dieser letzte Schnaps tatsächlich nötig ist für das große Verstehensprojekt, und ihn einfach trinkt, weil man halt gerade gemeinsam Schnaps trinken will. Dass man unbeschwert Zeit miteinander verbringt, ohne nach dem Sinn zu fragen. Und dass man das gegenseitige Interesse und Bemühen spürt. Ich merke, Franziskus will meine Freunde kennenlernen. Er, der sonst gern als Erster nach Hause geht, sitzt neben uns, bis ihm die Augen zufallen.

Als ich um 3 Uhr sage, dass wir gehen, fragt er trotzdem: »Schon?«

Auch das schafft Verbundenheit.

Am besten klappt das mit dem Verstehen in den Momenten, in denen ich einfach nur aus meinem Leben erzähle. An einem Vormittag sitzt Franziskus an meinem Küchentisch und ich krame Fotoalben hervor, zeige Kinder- und Familienfotos, meine Abi-Zeitung und sogar das Heft, das ich während meiner Pubertät zusammengeschrieben habe, weil Franziskus mir ja auch seinen Ordner mit Gebeten und persönlichen Notizen gezeigt hat. Zwischen den Stapeln liegt auch der Zettel mit meinem Konfi-Spruch, weil ich dachte, der könnte Franziskus interessieren.

Für unsere Konfirmation mussten wir uns damals einen Bibelspruch aussuchen, ihn während eines Gottesdienstes vorlesen und unsere Wahl begründen. Die Herausforderung für mich, an die ich mich gut erinnere, bestand darin, einen Spruch zu finden, in dem das Wort »Gott« nicht vorkam. So wurde es schließlich dieser, aus dem 1. Korintherbrief, Kapitel 13, Vers 13: »So bleiben nun Glaube, Liebe, Hoffnung, diese drei, doch die Liebe ist die Größte unter ihnen.« Die Begründung, die ich vorgelesen habe, war diese:

> *»Ich habe diesen Spruch gewählt, weil wir hiermit einen neuen Abschnitt unseres Lebens feiern und diese drei Dinge unser weiteres Leben bestimmen oder zumindest bestimmen sollten.*
> *Denn ohne sie wäre das Leben nicht möglich: Die Hoffnung brauchen wir. Und zwar immer. Ohne sie würden wir nicht*

*aufstehen, zur Arbeit gehen oder Ähnliches. Doch manchmal
bleibt von der Hoffnung kaum noch etwas übrig. Um sie
wieder zu erhalten, ist der Glaube nötig: Man hat zwar nie
eine Garantie, aber er gibt einem zumindest eine Chance.
Und diese Chance gibt dann wieder Hoffnung.
Die Liebe ist, wie im Spruch gesagt, die Größte unter ihnen.
Denn das Wichtigste ist es, mit den Menschen, die man liebt,
zusammen zu sein. Es geht aber nicht nur um die Liebe zum
Partner. Liebe ist überall. Man kann zum Beispiel auch
Gegenstände, Musik oder Ähnliches lieben. Das alles macht
das Leben doch erst wirklich schön. Doch trotzdem gibt es
immer noch zu wenig Liebe auf der Welt. Würde es mehr
davon geben, gäbe es auch weniger Gewalt und Kriege.
Doch wenn wir uns zum Beispiel nur diesen Spruch zu
Herzen nehmen, könnten wir das ändern. Dazu brauchen
wir nur den Glauben und die Hoffnung.«*

Ich musste ein bisschen schmunzeln, als ich die Sätze nach
mehr als zehn Jahren zum ersten Mal wieder las, weil sie
mich doch sehr an die Diskussionen mit Otto und Franziskus erinnerten.

Als ich Franziskus den Zettel an meinem Küchentisch
zeige, fängt er an zu lächeln.

»Danke«, sagt er. »Das berührt mich. Es ist schön, von
der 14-jährigen Valerie so etwas zu lesen.«

»Als Tausch gegen deine Gebetsbücher«, sage ich und
lächle auch.

»Da wird viel von deiner ganz persönlichen Philosophie
deutlich.«

»Wie findest du, dass ich Gott explizit ausklammere?«

»Ohne dich enttäuschen zu wollen: Für mich steht ein

gewisses Gottesbild dahinter. Du hättest auch eine Bibelstelle nehmen können, in der es um Frieden geht. Du hast dich aber mit der Liebe beschäftigt, der Hoffnung und dem Glauben.«

Am Sonntagnachmittag in Berlin gehen Franziskus und ich spazieren. Ich will ihm erzählen, wer ich bin, was mir wichtig ist und warum. So oft in den letzten Monaten hätte ich ihm gern meine Überlegungen, Standpunkte oder Probleme mit bestimmten Dingen erklärt. Zum Beispiel, warum ich immer so komisch gucke, wenn er mir meinen Koffer abnehmen will oder wenn er wartet, bis ich durch eine Tür gegangen bin. Nie war genug Zeit.

Lange wusste ich nicht, wie und bei welchem Thema ich anfangen soll. Vor einigen Tagen entschied ich schließlich, dass ich bei mir persönlich anfange. Ihm also nicht nur meinen heutigen Standpunkt erkläre, sondern ihm von meinem Weg dorthin erzähle. Um ein Beispiel herauszugreifen, das mich prägte, beschloss ich, ihm zu erzählen, wie ich Feministin geworden bin. Nicht, weil ich nur das wäre. Sondern weil ich hoffe, wenn er mich in diesem einen Punkt versteht, wird er eine Idee von meinem Denken bekommen und das auf andere Themen und Situationen übertragen. Franziskus soll durch mich den Blick auf die Welt von Leuten wie mir verstehen: diese urbane Mittzwanziger-Generation, für die Glaube und Gott keine Rolle spielen, dafür aber Klimaschutz, Politik oder Feminismus.

Drei Stunden lang laufen wir jetzt durch Berlin, nicht durch die Hauptstadt, sondern durch mein Berlin. Wir laufen über den Spielplatz, über den ich schon seit Jahren fast täglich gehe, und spazieren durch den Park, in dem ich mir immer vornehme joggen zu gehen.

Ich erzähle Franziskus von meiner Kindheit und meiner Überzeugung, dass alle Menschen gleich sind, also die gleichen Rechte und Freiheiten besitzen. Von meiner Pubertät, den bunten Haaren, der Erkenntnis, dass es nicht so ist. Von meiner Welt, die in die Kategorien Gut und Schlecht passte – gut: alle, die das genauso sehen; schlecht: die anderen. Von meinem Entschluss, das Schlechte nicht zu akzeptieren. Und von der Frage, die ich mir seitdem immer wieder stelle: Wo ist die Grenze meiner Akzeptanz? Schließlich lande ich bei meiner Uni-Zeit, in der sich vieles ausdifferenzierte.

Franziskus hört die ganze Zeit zu; immer wenn ich mich entschuldige, dass es so durcheinandergeht, sagt er, nein, rede weiter, und: »Danke, dass du dich bemühst, mir deine Geistesentwicklung darzustellen.« Franziskus ist ein guter Zuhörer. Ein Priesterkollege formulierte es mal so: Er gibt den Menschen Raum. Also laufen wir durch meine vom Herbst golden angetupfte Stadt. Ich rede und rede, meine Hände spinnen vor mir den Gesprächsfaden, nur manchmal blicke ich zu Franziskus hinüber. Er hat seinen Kopf leicht zu mir geneigt, schaut nach unten, nickt manchmal unwillkürlich. Er wirkt konzentriert.

Also erzähle ich weiter.

Wie ich im Politikstudium das erste Mal etwas von Feminismus hörte – und es mich nervte.

Ich weiß noch genau, dass alle mir ständig von irgendwelchen Problemen erzählen wollten und ich dachte: Ich habe doch gar keine Probleme. Fußball wollte ich eh nicht schauen. Wenn ich Jungs meine Tasche aufdrückte, obwohl ich sie selbst hätte tragen können, waren die ja die Doofen. Als eine Kommilitonin Mario Barth einen Sexisten nannte, dachte ich nur: »Alter, chill mal, der macht doch nur schlechte Witze.«

Während des Studiums lernte ich dann, was das Genderkonzept ist: die Unterscheidung zwischen der biologischen Gegebenheit und unserem gesellschaftlich konstruierten Geschlecht. Dass das ein sinnvolles Konzept sein könnte, leuchtete mir prinzipiell schon ein. Genau wie Feminismus, also der Kampf für die Gleichberechtigung aller Menschen, egal welches Geschlecht sie haben und welche sexuelle Orientierung.

Ich war nur nicht der Meinung, dass Feminismus in meiner Welt nötig sei. Hier war ja alles okay. Meine Freunde, Arbeitskolleginnen, Bekannten, Kommilitoninnen und ich wussten ja, was das Problem war, und der Rest käme dann von selbst, es geht ja schließlich immer vorwärts.

Dass das nicht stimmt, merkte ich Anfang 2013 durch die Sexismus-Debatte, die infolge einer Bemerkung des FDP-Politikers Rainer Brüderle gegenüber Laura Himmelreich entbrannte. Als sie, Politik-Journalistin beim *Stern*, es wagte, dem Politiker Brüderle eine politische Frage zu stellen, antwortete der alte Herr mit Blick auf ihr Dekolleté: »Sie können ein Dirndl auch ausfüllen«, greift dann im Laufe des Gesprächs nach ihrer Hand, küsst diese, sagt: »Ich möchte, dass Sie meine Tanzkarte annehmen.« Himmelreich machte das in einem Artikel publik und erntete dafür harsche Kritik; daraufhin veröffentlichten andere, vor allem Frauen, ihre eigenen Erfahrungen mit Alltagssexismus unter dem Hashtag #Aufschrei auf der Internetplattform Twitter. Es waren Zehntausende Tweets.

Ein paar Beispiele von dem, was diese Frauen posteten: Der Typ, der nachts plötzlich neben dir steht und fragt, ob du einen Freund hast. Der Typ, der dich tagsüber ausfragt, ob du einen Freund hast, und warum denn nicht, wo du doch so hübsch seist. Dass man aufhört zu lächeln, um nicht mehr angesprochen zu werden. Die Anwältin, die an ihrem ersten Tag gefragt wird: »Für wen tippst du?« Der Chemie-Lehrer, der Schüler an Chloroform riechen lässt und sagt: »Damit werden in Filmen Mädchen betäubt.« Die Leute, die einen humorlos nennen, weil man darüber nicht lacht. Die Leute, denen man solche Situationen beschreibt und die fragen: Ja und? Der Verwandte, der sagt, Frauen könnten Astronomie nicht von Astrologie unterscheiden. Der Onkel, der meint, Haushalt und Kinder seien Frauenaufgaben. Das verschämte Zögern bei der Überlegung, ob man diese Erlebnisse überhaupt teilen sollte.

Zwischen all diesen Erfahrungsberichten beschrieben die Frauen auch ihre Erleichterung darüber, die Tweets der anderen zu lesen. Weil sie darin den Beweis vor sich sahen: Sie waren nicht allein. Und es war und ist nicht okay.

Ich erzähle Franziskus von einigen dieser Nachrichten. Und betone dann, dass nicht sie es waren, die mich politisiert haben. Auch nicht Brüderle, Himmelreich oder die anschließend in der Öffentlichkeit geführte Sexismus-Debatte. Sondern die Reaktionen aus meinem Umfeld. Die schockierten mich. Für mich war klar, dass wir – meine Freunde, Kollegen, Bekannten, diese liberale Elite Anfang/Mitte zwanzig – es ja wissen. Wir wissen, dass Brüderles Spruch absolut sexistisch und scheiße war, dass die ganze

Kritik an Himmelreich sexistisch war; dass ein Mann die nie so abbekommen hätte; dass das zum Himmel schreit. Dass all das, was unter dem Hashtag gesammelt wird, täglich passiert.

Aber viele wussten es nicht. Das war der erste Schock. Und der zweite: Wenn man es ihnen sagte, stritten sie es ab.

Sie sagten, Himmelreich sei selbst schuld. Sie hätte ja etwas sagen können. Oder sie hätte Brüderle eben nicht ansprechen dürfen; sie müsse ja mit so etwas rechnen, wenn sie es wage, an der Bar noch eine politische Frage zu stellen, als Journalistin – wie es jeder Mann auch getan hätte. Dritter Schock: Diese vielen Frauen und ihre Erlebnisse, die unter #Aufschrei gesammelt wurden, wurden als Einzelfälle abgetan, dabei erzählten sie alle das Gleiche.

Ich selbst wurde als Einzelfall abgetan. Sie sprachen mir meine eigenen Erlebnisse und meine Wahrnehmungen ab – und dass die für irgendetwas stehen könnten, was grundsätzlich falsch läuft. Ich führte so viele Diskussionen, in denen ich mich selbst als Exempel anführte. Ich sagte, dass ich, die sie ja kennen, diese selbstbewusste Frau, die immer den Mund aufmacht, selbst solche Erfahrungen gemacht habe. Das Gefühl zu wissen, dass hier etwas nicht in Ordnung ist, aber nicht zu wissen, was man tun soll. Dass auch ich nichts sage bei einem blöden Spruch eines Arbeitskollegen, wie einem »Hallo«, das klingt, als ob er gerade ein geiles Auto hinter einem Schaufenster gesehen hätte; oder bei einer unangenehmen Berührung, sei sie auch nur an der Schulter. Das scheinen Kleinigkeiten zu sein, das Gefühl der Unausweichlichkeit, der Machtlosigkeit ist keine.

An eine Diskussion erinnere ich mich besonders gut. Ein eiserner Brüderle-Verteidiger in meinem Alter sagte mir, ich würde die Frauen zu Opfern stilisieren. Ich würde ihnen unterstellen, sich nicht wehren zu können, wenn sie etwas stört. Er habe wohl ein stärkeres Frauenbild. Das machte mich sprachlos. Und da merkte ich: Wir leben nicht in derselben Realität.

Auch hier hatte ich wieder gedacht, es wüssten ja alle, zumindest in meinem Umfeld, in meinem Alter. Ich dachte, sie wüssten, dass Frauen bei sexistischen Kommentaren oft lächeln, damit die Situation vorbeigeht, nicht eskaliert – und nicht, weil es uns gefällt. Dass wir oft nichts sagen, damit die witzige Stimmung, auf die alle immer so viel Wert legen, nicht zerstört wird. Damit wir nicht als Spaßbremse dastehen. Dass wir im Dunkeln immer mit lauter Musik an einer Gruppe Männer vorbeigehen und nur so tun, als ob wir ihre Sprüche nicht hörten. Dass wir es dann, zu Hause angekommen, nicht unserem Freund oder unserer Freundin erzählen – aber nicht, weil es in Ordnung ist, sondern nur weil es so normal ist.

Ich fing also an, über diese Dinge zu reden, und stieß immer wieder auf diese zwei Realitäten von Männern und Frauen. Und ich bemerkte, dass auch viele meiner Freundinnen, ebenfalls starke, selbstbewusste Frauen, in einigen Situationen wie gelähmt sind und nichts sagen.

Ich fragte mich, woher das kommt, und fand – für diese Fragen – Antworten in den Gender-Theorien.

Um beim Beispiel der dummen Sprüche eines Kollegen zu bleiben: Dass ich darauf nicht reagiere, liegt daran, dass Mädchen nicht gesagt wird: »Wenn du dich unwohl fühlst, dann sprich es aus.« Ihnen wird nicht gesagt, dass Männer nicht das Recht haben, ungefragt ihr Alter, Geschlecht oder Aussehen zu bewerten. Ihnen wird nicht gesagt, dass Frauen das Recht haben, anderen Grenzen aufzuzeigen. Mädchen wird gesagt: »Steh drüber, lächle das weg. Sei nett, sei lieb, sei keine Spielverderberin, achte auf die anderen, spiel dich nicht auf.«

Wie hätte ich als Anfang 20-jähriges Mädchen auf die Idee kommen können, den alten Redakteur zurechtzuweisen? Ich hatte überhaupt kein Verhaltensrepertoire in petto, nichts, was ich ihm hätte entgegensetzen können. Ich war und bin mir sicher, dass ich nichts gesagt habe, weil Mädchen so erzogen werden, nichts zu sagen. Weil ihnen nie gesagt wird, dass sie »ihren Mann stehen müssen«.

Und als ich einmal erkannt hatte, dass das eben nicht mein persönliches, individuelles Problem war und auch nicht selbstverständlich oder natürlich, gingen die Fragen weiter: Was ist eigentlich natürlich? Ist es natürlich, dass nur Jungs Fußball schauen? Ist es natürlich, dass Jungs meine Tasche tragen, obwohl die so leicht ist, dass ich das locker selbst schaffe? Ist es natürlich, dass »Männer nicht zuhören und Frauen schlecht einparken«? Woher kommt denn unsere Idee davon, dass dem so ist? Und: Muss das so sein? Könnte es nicht auch sein, dass Jungs mit pinken Ponys spielen und später als Väter zu Hause die Kinder großziehen wollen? Und dass Mädchen nach ganz oben auf das Klettergerüst klettern und später ihre Anwaltskanzlei schmeißen? Kann es nicht sein, dass wir alle irgendwann sein können, wie wir wollen, ohne auf unser Geschlecht zu achten? Brötchen verdienende Mütter, Brötchen backende Väter. Oder eben umgekehrt!

Und dann komme ich, Franziskus hört weiter geduldig zu, zu dem Punkt, an dem er und ich uns so sehr unterscheiden. Warum ich nämlich finde, man sollte Gegebenes im Zweifelsfall einmal zu viel hinterfragen.

Weil ich eben seit damals und immer mehr der Überzeugung bin, dass das meiste nicht »einfach so ist«. Es ist irgendwie zu etwas geworden, das heißt, man kann es auch ändern. Ich will es ändern. Ich will, dass Menschen, egal wie sie leben, arbeiten, lieben, woher sie kommen, wie sie aussehen, was sie können, gleich viel wert sind, die gleichen Rechte haben und frei sind. Wobei frei sein bedeutet, eine Wahl zwischen verschiedenen Wegen zu haben; und nicht nur von klein auf eine Norm vorgelebt zu bekommen, bei der die einzige Freiheit darin besteht, sich dafür oder dagegen zu entscheiden. Wie die Norm, mit welchen Menschen wir aufgrund ihres Geschlechts eine Beziehung leben dürfen. Freiheit bedeutet, von einer Norm abweichen zu können, ohne gleich ins Abseits zu geraten. Wie bekommt man das hin? Indem man die Norm kaputt macht. Nicht alle. Aber die, die ohne Sinn in unser persönliches Leben, unsere Freiheit eingreifen.

Wenn wir die Norm aufbrechen, kann keiner mehr falsch sein, nur aufgrund dessen, wie er oder sie lebt oder liebt. Und das will ich. Dieses Aufbrechen muss im Großen passieren, aber auch im Kleinen.

»Und deswegen trage ich meine Tasche gern selbst«, sage ich zu Franziskus. »Einfach weil ich es kann; und es keinen Grund gibt, außer der Norm, es nicht zu tun.«

Als ich das gesagt habe, bin ich durch mit den Punkten, die ich definitiv loswerden wollte, und fast etwas außer Atem. Wir stehen mittlerweile im Hauptbahnhof am Gleis für die S-Bahn. Franziskus nickt noch einmal, wie schon die ganze Zeit, sagt: »Verstehe.« Er hat nicht viel gesprochen, auch jetzt nicht.

»Was denkst du?«, frage ich.

»Ich glaube, dass wir uns in vielem nah sind und uns auch annähern können, aber dass wir auch gleichzeitig die Grenzen sehen müssen.«

»Würdest du sagen, du verstehst mich jetzt besser?«

»Das kann ich schwer sagen. Ich glaube, so etwas passiert unterbewusst.«

Während meines Monologs haben wir uns auf den Weg zu einem Krankenhaus gemacht. Es ist Sonntag, Franziskus hat vormittags keine Messe gefeiert und will das nachholen. Eigentlich wollten wir dafür in eine Kirche, aber da fällt die Messe aus und aus verschiedenen Gründen bleibt als letzte Möglichkeit für heute nur noch die Klinik-Kapelle. Eigentlich waren wir zum Essen mit meinem Bruder und seiner Freundin verabredet.

Bevor ich ihnen absage, schaue ich noch mal fragend zu Franziskus, er schaut zurück. In seinem Blick liegen keine Bedenken, ob wir wirklich absagen können, sondern eine Entschuldigung, dass wir es tun.

Natürlich liegt mir die Frage auf der Zunge, ob es nicht möglich wäre, die Messe ein einziges Mal ausfallen zu lassen, wenn er sie doch gestern gefeiert hat und morgen wieder feiern wird. Und er meinen Bruder ja noch nicht kennt. Aber ich tue es nicht. Es ist ihm zu wichtig.

Vor einigen Monaten wäre ich sicher noch genervt gewesen. Hätte Franziskus' Verhalten sehr komisch gefunden. So, wie er es komisch fand, dass ich darauf bestehe, meinen Koffer selbst zu tragen. Aber jetzt weiß er, dass es mir nicht um den Koffer geht, sondern um Machtstrukturen, die auch im Kleinen wirken. Und ich weiß, dass er nicht Angst hat, dass Gott vom Himmel steigt, wenn er die Messe einmal verpasst. Sondern dass es ihm um seine Beziehung zu Jesus Christus geht, die er pflegen muss; weil er aus dieser heraus lebt. Man kann uns jetzt zustimmen oder nicht. Der Punkt ist: Aus unserer jeweiligen Perspektive ist unser Handeln nicht übertrieben, sondern logisch.

Nach der Messe setzen wir uns in die U-Bahn Richtung Theater. Und ich bin immer noch im Rederausch. Franziskus sagte, er verstehe, also kann ich nicht aufhören, ihm immer mehr Beispiele dafür zu nennen, was gerade nicht richtig läuft in dieser Gesellschaft; und wozu wir Feminismus brauchen.

Ich komme auf mein aktuelles Lieblingsbuch zu sprechen, *Untenrum frei* von Margarete Stokowski. Stokowski ist Journalistin, Feministin und erklärt, warum wir ihrer Meinung nach weder politisch noch sexuell frei sind und wie das zusammenhängt. Auch sie tut das, indem sie von sich selbst und ihrem Erkenntnisweg erzählt – auf so großartige Weise, dass ich manchmal das Lesen unterbrechen muss, um einfach kurz dankbar zu sein, dass es Stokowski gibt.

Eigentlich will ich Franziskus von einer Passage aus ihrer Kindheit erzählen, als sie – Topfhaarschnitt und in den Klamotten ihres Bruders – von einer Erzieherin nicht als Mädchen erkannt wird. Sie beschließt daraufhin, nicht mehr normal zu sprechen, sondern mit möglichst hoher

Stimme zu piepen, damit solche Verwechslungen in Zukunft nicht mehr passieren können. Und schreibt:

> *Vielleicht war das der erste Moment in meinem Leben, in dem ich merkte: So eine Geschlechterrolle wird sich nicht von selbst spielen. Mädchensein erfüllt sich nicht von allein, es ist ein Tun – das ist es, was die Formulierung ›doing gender‹ meint: Wir müssen es tun, und zwar ständig. Und das kann Arbeit sein.«*

Ich will Franziskus damit sagen, dass das soziale Geschlecht nicht einfach nur *da* ist, weshalb es auch nicht natürlich ist und hinterfragt werden kann. Was ich dabei vorausgesetzt habe, ist, dass es natürlich nicht cool ist, wenn eine Fünfjährige anfängt zu piepen, weil sie meint, sich ihrem Geschlecht und ihrer Identität anpassen zu müssen.

Aber ich komme nicht einmal so weit. An der Stelle, wo die Erzieherin fragt, ob Stokowski Mädchen oder Junge sei, unterbricht mich Franziskus: »Das ist doch normal. Warum ziehen die Eltern sie denn nicht so an, dass man das erkennt?«

Und mir bleibt kurz die Spucke weg.

Schon wieder.

Da wäre ich wirklich nicht drauf gekommen, dass man den Eltern die Schuld geben könnte. Und nicht dem Umstand, dass überhaupt alles in männlich oder weiblich eingeteilt werden muss.

Franziskus wollte sicher keinen Streit. Er bemerkt überhaupt nicht, dass er da etwas sagt, wofür ich jedem meiner Freunde das Stokowski-Buch um die Ohren gehauen hätte. Drei Stunden ist er gerade neben mir hergelaufen, nickend, hat gesagt, er verstehe. Und sobald ich die Beispiele etwas abwandle, von mir selbst weg, wird klar: Er versteht nicht.

Daraus mache ich ihm keinen Vorwurf. Ich erkenne mich sogar wieder. Nur weil Franziskus mir einmal gesagt hat, Glaube gebe Halt, kam es ja trotzdem monatelang nicht bei mir an.

Das Projekt ist so angelegt; ich tauche in seine Welt ein, nicht umgekehrt. Vier Tage ersetzen nicht ein Jahr.

Aber es zeigt mir einfach, dass Franziskus meine Welt, mein Denken nicht kennt, nicht wirklich. Was nicht unbedingt seine Schuld ist. Ich könnte ja auch jedes Mal einen Finger heben, wenn ich mich an seinen Aussagen störe. Mache ich aber nicht; Franziskus ist nicht wie meine Freunde, und das ist in Ordnung. Daher bekommt er das Stokowski-Buch nicht ab; ich gehe nicht weiter auf seine Aussage ein – tolerante Gleichgültigkeit, einerseits. Und andererseits: Man muss, sagt Stokowski, sich seine Kräfte einteilen. Und heute haben wir ja schon einen Anfang gemacht.

Trump

Als einen Tag nachdem Franziskus und ich uns in Berlin verabschieden, am 9. November 2016, Donald Trump neuer Präsident der Vereinigten Staaten von Amerika wird, geht in mir kurz etwas kaputt – wie bei so vielen anderen auch. Ich schreie. Vergesse alles; essen, trinken, duschen, Zähne putzen. Tauche ab ins Internet; telefoniere mit Freunden; fange in jedem Gespräch wieder an zu schreien; weine; rauche; trinke mittags Bier; nachmittags Gin; abends beides; nur essen kann ich nicht viel. Immer wenn ich versuche, mich damit zu beruhigen, dass es nur eine Nachricht von vielen ist, wird mir schmerzlich bewusst, dass sie das nicht ist. Dass jemand, der so gegen Frauen, Schwarze, Einwanderer, Homosexuelle, Menschen mit Behinderung und Minderheiten hetzt, tatsächlich von so vielen gewählt wurde. Es bricht mir das Herz.

Nachdem ich irgendwann wieder klar denken kann und begreife, wie viele Menschen offensichtlich anders denken als ich, werde ich dankbar dafür, dass ich bei diesem Projekt mitmache, dass ich ein Jahr mit Franziskus verbringen darf. Nicht weil Trump und Franziskus auch nur irgendwie vergleichbar wären. Sondern weil ich erstens merke, dass ich viel zu sehr in meiner Blase lebe, immer noch, und froh bin, sie zumindest manchmal verlassen zu können. Und weil ich durch Franziskus lerne zuzuhören.

Ich muss an einen Abend während meiner ersten Wochen in Roxel denken. Es liefen Nachrichten, ein Flüchtlingsboot war untergegangen, es starben wieder sinnlos Menschen, Kinder. Da saß ich in meinem Hotelzimmer in Roxel und fragte mich: Was machst du eigentlich hier? Die Welt geht gerade irgendwo unter. Und du rennst hier einem Priester hinterher. Dafür wollte ich doch nicht Journalistin werden. Ich wollte Menschen aufklären, ihre Geschichten erzählen, Leuten andere Blickwinkel eröffnen. Es gibt, dachte ich, so viel Wichtiges, worüber zu schreiben wäre. Über Politik, innen und außen; über Menschen, denen es nicht so gut geht wie mir. Stattdessen saß ich da und schrieb über einen, der siebenmal pro Woche in die Kirche rennt. Und fragte mich, warum eigentlich. Klar machte es mir Spaß; aber ich wollte doch mehr als das, irgendwie wollte ich doch etwas bewirken.

Gerade denke ich, dass es für mich persönlich wenig Bedeutsameres gibt, als diesem Priester hinterherzurennen. Als dieses Jahr von Franziskus und mir. Es hat für mich auch eine politische Dimension bekommen.

Gesellschaften driften auseinander, weil die einen Angst vor der Verschiedenheit haben und die anderen die Verschiedenheit derer, die solche Angst haben, nicht ertragen. Franziskus und ich versuchen die Verschiedenheit auszuhalten. Im Gespräch zu bleiben. Zusammenzubleiben, wo sich so vieles entfernt. Das ist doch so wichtig. Nur wenn wir miteinander reden, können wir voneinander lernen, uns verstehen, nur so kann diese Gesellschaft funktionieren, nur so können wir diese Welt gestalten. Es darf nicht passieren, dass wir aufhören uns zuzuhören.

Das klingt so leicht, aber es ist so schwer. Ich lerne es durch Franziskus. Und das ist vielleicht mehr, als ich mir von diesem Jahr je erhoffen konnte.

Advent, Advent

Ich gestehe: Ich mag Weihnachten. Und die ganze Vorweihnachtszeit. Sobald der erste Glühwein vom letzten
Jahr – es bleibt immer welcher übrig – auf dem Herd
steht, verteile ich in der Wohnung die viel zu kitschi-
gen Weihnachtsdecken meiner Mutter (Schleifchen und
Schneemenschen); stelle den viel zu teuren Kleinkram
(ein kleiner roter Stofftannenbaum! Mit Glocken!!) ins
Fenster und wickle das goldene Lametta sogar um die
Türgriffe. Weihnachten, das ist für mich: die immer glei-
che CD von Frank Schöbel (*Weihnachten in Familie,* eines
der meistverkauften DDR-Alben), ganz ironisch natürlich.
Schmalzkuchen uff'm Machdeburjer Weihnachtsmarkt.
Der Film *Drei Haselnüsse für Aschenbrödel.* Plätzchen ba-
cken, Plätzchen essen, viel zu viele Plätzchen essen. *Last
Christmas* überall. Schrottwichteln. Weihnachtsfeiern.
Glühwein, immer wieder Glühwein. Und ja, verdammt,
Lametta.

Ich weiß, dass es ohne Jesus Christus auch keine Weih-
nachts-CD von Frank Schöbel gäbe. Aber es spielt keine
Rolle. Meine Mama verkleidet sich an Weihnachten nicht
als Christkind, sondern als Weihnachtsfrau. Vor meinem
Lieblingsglühweinstand hängt kein Engel, sondern Rudolf
das Rentier. Und im Supermarkt singt kein Kirchenchor,
sondern George Michael. Weihnachten heute funktioniert

auch ohne Gott. Für mich und viele andere. Jesus ist nur der längst vergessene Anlass.

Was Weihnachten für Franziskus bedeutet: dass Gott in Jesus Christus Mensch geworden ist. Und somit fast alles.

Der erste Advent fällt auf das letzte Novemberwochenende. Eine Freundin besucht mich in Münster, gemeinsam gehen wir in die Sonntagsmesse. Die Bänke sind, bilde ich mir ein, etwas voller als sonst. In jeder Reihe sind auf Schulterhöhe mehrere Kerzen befestigt. Ich mache mir Sorgen, dass etwas anfangen könnte zu brennen, oder jemand. Franziskus versichert mir später, es sei noch nie etwas passiert. Über dem Mittelgang hängt ein großer Adventskranz, bei der ersten Strophe des Eingangsliedes wird die erste Kerze angezündet, »holen wir das Licht in die Welt«, sagt Franziskus. Er trägt ein violettfarbenes Gewand. Violett steht als liturgische Farbe für die Zeit des Übergangs und der Verwandlung. Sie wird in Bußzeiten getragen, vor Ostern, und jetzt vor Weihnachten. Denn eigentlich ist gerade Fastenzeit, in der man sich durch Verzicht auf das Hochfest vorbereitet. Was bei all den Lebkuchen wohl in Vergessenheit geraten ist.

Advent ist lateinisch und bedeutet »Ankunft«. Mit dem ersten Advent beginnt das Kirchenjahr, also der Jahreszyklus, nach dem sich die Feiertage, die Bezeichnung der Sonntage und die Abläufe der Gottesdienste richten.

Meine Freundin ist katholisch aufgewachsen. Erst vor Kurzem ist sie aus der Kirche ausgetreten, weil sie die Institution kritisch sieht. Aber auch, weil sie, wie sie sagt, nicht an Gott glaubt.

Jetzt stehen wir nebeneinander, evangelisch getauft, katholisch getauft, beide mittlerweile kirchenlos, in der Messe. Wenn die anderen aufstehen, tun wir das auch. Wenn sie sich hinknien, bleiben wir sitzen. Singen sie, schaue ich nur ins Liederbuch und lese den Text mit den Augen mit. Doch meine Freundin singt; und hat dabei sichtlich Freude. Auch die Texte spricht sie mit – mir dabei Wer-kann-der-kann-Blicke zuwerfend –, sogar das Glaubensbekenntnis. Als ich sie später frage, wie sie es fand, sagt sie, sie habe sich an ein Gefühl der Sicherheit aus der Kindheit erinnert, aber das mache sie auch melancholisch: »Es ist da schon eine Tür zu einem wichtigen Teil meiner Kindheit, also zu einem Teil von mir, zugefallen. Das tut weh, auch heute noch, auch wenn ich dem nur selten nachhorche. Aber an Weihnachten in der Kirche merke ich es.«

Ich mag das mit den Kerzen. Auch, eine Freundin neben mir zu haben; und während der Hostienverteilung nicht die Einzige zu sein, die in den Bänken bleibt. In richtige Weihnachtsstimmung bringen mich diese ersten Dezembertage in Münster aber noch nicht. Kerzen und Chor allein aktivieren noch nicht meinen Christmas-Modus.

Franziskus selbst kommt erst am 24. Dezember so richtig in Weihnachtsstimmung. Er ist kein Fan von dem, was aus Weihnachten und der Vorweihnachtszeit geworden ist. Ich bin froh, dass er meine Wohnung in Berlin noch lamettafrei gesehen hat. Am 6. Dezember schenkt er mir einen Schoko-Nikolaus – keinen Weihnachtsmann. Das ist wichtig und erkennbar am weißen Gewand, der Mitra, dem spitzen Bischofshut, und dem Bischofsstab. Ich freue mich, und Schokolade ist Schokolade.

Vermutlich hätte ich es allein nicht getan, aber meine Mitbewohnerin war sofort dabei. Also gehen wir am zweiten Advent, zwei Tage nachdem ich wieder in Berlin bin, in die evangelische Kirche nebenan. Es ist unser Weihnachts-action-Tag. Gestern habe ich schon das Lametta verteilt, nachher backen wir Plätzchen – die Frank-Schöbel-CD liegt bereit – und gehen auf den Weihnachtsmarkt, ich bin im Modus. Es sind noch vier andere Freunde heute dabei, in die Kirche wollten sie aber nicht mitkommen. Sie fanden es, auch ganz ironisch, nicht lustig.

Warum wir trotzdem gehen? Wir finden es nicht nur lustig. Sondern irgendwie schön. Irgendwie passend in der Vorweihnachtszeit. Wir sind die Einzigen aus der Runde, die getauft sind, wir haben zusammen im Konfirmations-unterricht gesessen. Vielleicht ist es wirklich nur eine Erinnerung, die uns hinträgt. Als würde man seine alte Schule besuchen: Man freut sich, ist aufgeregt; aber das heißt nicht, dass man zurückwill.

Wir laufen den Kirchenglocken entgegen, die wir sonst nur von unserem Balkon aus hören. Eigentlich rennen wir, weil wir spät dran sind, und lachen dabei wie Schulkinder. Dann durch die Tür hinein, die Orgel spielt. Meine Mitbewohnerin dreht sich zu mir um und grinst breit, ich grinse zurück. Es fühlt sich ein bisschen rebellisch an, unser Ding durchzuziehen und hier einfach so knallhart an einem Sonntagvormittag in eine Kirche zu spazieren.

Wir setzen uns in die letzte Reihe. Vielleicht hundert andere Leute sind außer uns noch da, mehr, als ich erwartet habe, sie ist beinahe zur Hälfte besetzt. Die meisten sind Kinder und junge Erwachsene, weil heute Kindergottesdienst ist. Der Gottesdienst wird von einer Frau geleitet. Endlich. Es gibt keine Messdiener, keinen Weihrauch, weniger Gold, keine Wandlung. Ein Abendmahl gibt es trotzdem, aber in vielen protestantischen Kirchen gehen sie nicht von einer tatsächlichen Wandlung der Hostie aus, sondern von einer symbolischen Gegenwart Jesu, deswegen können alle daran teilhaben.

Meine Mitbewohnerin und ich gehen nicht nach vorn, als die Hostien verteilt werden. Auch wenn die Pfarrerin explizit sagt, dass alle eingeladen seien, ob evangelisch oder nicht. Aber vielleicht denke ich dafür schon zu katholisch; es käme mir vor, als würde ich sie veralbern. Doch wir singen mit, wenn auch zum Glück aller Beteiligten so, dass uns niemand hört.

Wir finden es beide schön; trotzdem werden wir es wohl nicht so schnell wiederholen. Uns fehlt das Bedürfnis, und vielleicht auch der Glaube. Aber gehen Leute nur wegen des Glaubens in die Kirche? Darf man auch ohne kommen? Sollte man das? Denn natürlich sind diese Gottesdienste schön, ob katholisch oder evangelisch. Orgel, Chor, Glocken, alte Steine, Kerzen – selbstredend. Hundebabys mag auch jeder. Aber wir mögen ja nicht Gott, sondern die Atmosphäre. Wir sind quasi Atmo-Schmarotzer.

Und wenn man Atmo-Schmarotzerin ist, wie meine Mitbewohnerin und ich, ist man dann besonders anfällig für den Glauben? Oder besonders immun, weil man zwar gern kommt, aber auch problemlos wieder gehen kann? Ich frage mich auch, was Franziskus dazu sagen würde. Wahrscheinlich, dass ein Gottesdienstbesuch immer sinnvoll ist. Aber insgeheim würde er doch denken und hoffen, dass irgendwann auch der göttliche Funke überspringt. Wenn der Funke aber tatsächlich bleibt, wo er ist, würde

Franziskus dann wollen, dass wir bleiben? Er findet es schließlich auch nicht gut, dass Leute nur deshalb nicht aus der Kirche austreten, weil sie in diesem schicken Ambiente heiraten möchten. Die sind ja auch Atmo-Schmarotzer.

Als wir nach dem Gottesdienst in die Wohnung kommen, haben die anderen schon Kaffee gekocht.

Eine Woche später, immer noch Berlin, gehe ich schon wieder in eine Kirche. Diesmal am Samstagabend, es ist »Nightfever«, ein Anbetungsabend. Nightfever-Abende gibt es seit dem Kölner Weltjugendtag 2005 in ganz Deutschland: Auf dem Altar wird die Monstranz mit der geweihten Hostie aufgestellt, alles Licht in der Kirche wird gelöscht, nur noch Kerzen brennen, dazu spielt romantisch-kitschig-schöne Musik. Die Leute sind eingeladen, ein Teelicht anzuzünden und sich dann in die Bänke zu setzen und zu beten. Ein Teil des Nightfever-Teams stellt sich mit Teelichtern auf die Straße und fragt Passanten, ob sie eines anzünden wollen. Sie locken die Leute mit der Atmosphäre an.

Diese Nightfever-Atmosphäre hat mich schon in der ersten Woche gefangen. Es war mein erster Samstag in Roxel, im April, vor sieben Monaten. Franziskus saß währenddessen an der Seite der Kirche und nahm die Beichte ab, auch das gehört zum Nightfever-Konzept. Ich hatte zur Sicherheit eine Zeitschrift in der Tasche, weil er angekündigt hatte, dass wir vier Stunden bleiben würden. Aber ich las sie nicht. Zuerst ging ich durch die Kirche, machte Fotos, beobachtete die Leute. In jeder Stunde waren es mehrere Dutzend, die mit der Kerze in der Hand von der Straße in die Kirche kamen. Sie stellten die Teelichter vor dem Altar auf, am Ende brannten mehrere Hundert Lichter. Fast niemand ging sofort wieder, die meisten setzten sich danach noch einmal in die Kirchenbänke.

Ich nahm irgendwann auf dem Teppich vor der ersten Kirchenbank Platz, schaute mal auf die Kerzen, mal auf die Menschen. Woran ich die ganze Zeit dachte, weiß ich nicht mehr genau. Aber auf einmal waren die Stunden vorbei. Die Szene, die sich mir von diesem Abend am meisten einprägte, passierte zum Schluss. Nightfever endet immer mit dem Nachtgebet. Alle stellten sich dafür vor den Altarraum, vor die Kerzen, und beteten gemeinsam. Ich stand irgendwo an der Seite. Und da sah ich Franziskus im Mittelgang, er ging nach vorn zu den anderen. Es war die Art, wie er ging.

Er ging nicht nur, er eilte, als ob da etwas auf ihn warten würde, das er noch nie gesehen hatte; eine Erwartung, eine Sehnsucht ging mit ihm. Und als er vorn stand, stellte er sich breitbeinig hin, die Arme angewinkelt, seine Hände hielt er auf Hüfthöhe, die Innenflächen nach oben gerichtet, den Kopf legte er leicht in den Nacken und er sang und in seinen Brillengläsern spiegelte sich das Licht der Kerzen.

Dieses Mal nehme ich einen Freund mit. Das ist meine neue Idee auf der großen Glaubenssuche: Ich nehme einfach Freunde mit in die Kirche, höre, was sie denken, in der Hoffnung, dadurch besser zu verstehen, was ich denke. Mein Freund ist nicht gläubig, bestreitet aber die Wirkung von Orgelmusik zwischen alten Steinen genauso wenig wie ich.

Wir treffen uns vor der Kirche. Wir wollen uns noch in

die Messe setzen, die vor Nightfever stattfindet, kennt er ja auch nicht. »Kann man da einfach so rein?«, fragt er.

Die Kirche ist riesig, hat eine große Kuppel; für Berliner Verhältnisse ist es recht voll, glaube ich, zumindest sitzen in fast jeder Bankreihe Menschen. Wir sind ein bisschen zu spät dran und setzen uns in die letzte Reihe. Er flüstert mir Fragen ins Ohr zu dem, was dort vorn passiert, ich antworte. Wer ist das? – Konzelebrant. Warum hat sich der Mann vor der Kerze verbeugt? – Nee, der hat sich in Richtung Tabernakel verneigt. Was passiert jetzt? – Anfang der Wandlung. Warum knien einige? – Weil sie sich klein machen wollen vor Gott. Was machen die da? – Friedensgruß.

Nach der Messe wird umgebaut, wir warten draußen. Als wir wieder reinkommen, ist das Licht aus. Es brennen nur noch Teelichter in weißen Papiertüten. Sie stehen im Gang, auf den Bänken, vorn vor dem Altar. Man erahnt den roten Backstein des Gebäudes, die Musik spielt schon, Keyboard und Akkordeon. Der Kirchgang wirkt mit den Lichtern an der Seite wie eine Landebahn, eine Zielgerade; und wenn man ein bisschen schielt, dann sehen die Lichter aus wie Sterne. Mein Freund neben mir formuliert es so: »Man kann schon nicht leugnen, dass das absolut lässig aussieht.«

Wir bekommen ein Teelicht in die Hand gedrückt, gehen nach vorn, zünden es an einem der brennenden Lichter an, stellen es vor den Altar, ich denke an einen Wunsch, was ich erst reflektiere, als wir uns in eine der Bänke gesetzt haben und schweigen. Bringt das was? Wenn ich mal in Kirchen bin, zünde ich gern eine Kerze an und denke dabei an jemanden. Jetzt frage ich mich, warum eigentlich. Wenn ich nach vorne blicke in Richtung Hostie, muss ich gleichzeitig an tausend andere Dinge denken. Anders ist das, wenn ich die Menschen beobachte. Sehe, was das, was auch immer sie da gerade fühlen, mit ihrem Ausdruck macht. Ihre Gesichtszüge sind friedlich, ihr Blick zärtlich. Sie schauen nach vorn, als würden sie dort etwas erkennen, was ich nicht erkennen kann. Wie Franziskus. In der Reihe neben uns sitzt eine junge Frau, sie singt »Jesus, berühre mich«, und zwar so, als ob er ihr wirklich gegenüberstünde; hinter ihr sitzt eine, die weint. Es ist ein gutes Weinen. Mein Freund nennt das später einen »Ort des Friedens«. Das hätte ich mich nie getraut zu sagen, es trifft die Stimmung aber ziemlich gut. Es ist schön, wunderschön sogar; gleichzeitig ist es eben auch völlig verrückt und abstrakt.

Nach einer halben Stunde gehen wir. Auf dem Weg zur U-Bahn reden wir darüber, was es ist, das uns gefallen hat.

»Man kommt eben runter«, sagt er. »In dem Moment ist man nur da und denkt an nichts anderes, und das ist das Schöne.«

»Manchmal habe ich das Gefühl, mich fallen lassen zu können«, sage ich. »Aber im nächsten fällt mir wieder ein, wofür dieser ganze Aufwand getrieben wird; und wie seltsam das ist.«

»Aber irgendwoher muss diese Atmosphäre ja kommen, das funktioniert ohne Kerzen und Musik ja nicht.«

»Ja, aber es ist doch verrückt, dass sie das für Jesus tun.«

»Ach so, ja, klar: völlig.«

Er sagt, es hätte ihm auch nichts ausgemacht, noch zu bleiben. Mir auch nicht, theoretisch. Aber praktisch sind wir nicht geblieben. Denn, na ja, es ist eben Samstag, wir sind noch verabredet. Was haben die Kirche und die Gläubigen davon, wenn wir theoretisch Gefallen an diesem Anbetungsabend finden, aber dann halt doch nicht genug, um unseren Abendplan danach zu richten?

Ich erzähle meinem Freund von meiner These der Atmo-Schmarotzer. Und dass ich mich frage, ob es im Sinn der Christen ist, wenn wir Nightfever besuchen – wenn wir doch gar nicht an das glauben, was dahintersteht. Er denkt schon, sagt er. Die Gläubigen, die Kirche, die würden sich über alle freuen, die kommen, natürlich auch über uns: »Und das, was du ›Atmosphäre‹ nennst, ist für sie ja Gott.«

Drei Gottesdienste und
eine heilige Nacht

Während Franziskus sein Hochfest fast erreicht hat, fühlt sich meine Weihnachtsstimmung an, als hätte sie die Spitze des Tannenbaums schon überschritten.

Am 21. Dezember sitze ich wieder im Zug nach Münster; und je näher ich komme, desto schlechter wird meine Laune. Noch nie musste ich Weihnachten arbeiten, ein Privileg des Freiberuflertums. Eigentlich sollte ich in den nächsten Tagen in der Heimat mit den Leuten, die ich sonst nie sehe, zu viel Glühwein trinken, und zwar an meinem Lieblingsstand auf dem Weihnachtsmarkt in Magdeburg, an dem der Rudolf-Rentier-Kopf hängt, der »Jingle Bells« singt; und ich sollte doch wieder erst am 23. Dezember losgehen, um die letzten Geschenke zu besorgen; und nach meinem Nahkampf im Einkaufszentrum mit halb Magdeburg dann völlig erschöpft auf die Couch meiner Eltern fallen und Tee trinken. Eine Lebkuchen-Packung schafft man auch nur als Familie. *Aschenbrödel* habe ich noch nicht gesehen. Und Frank Schöbel allein zu hören ist sinnlos.

Im Sommer habe ich Franziskus gefragt, ob es denn wirklich notwendig sei, dass ich an Weihnachten komme. Aber er hat schon recht, da ist halt der Heiland geboren; ohne den wäre das ja alles nichts. Das Gute ist, dass am

24. Dezember meine Eltern, mein Bruder und eine meiner Omas nach Münster kommen. Ich wollte es ihnen ausreden, weil eine so lange Fahrt für einen Tag nun wirklich Quatsch ist. Aber sie blieben dabei. Uns ist Weihnachten auch wichtig. Aber eben nicht wegen Jesus Christus, sondern um als Familie zusammen zu sein.

Franziskus hat in diesen Tagen noch mehr zu tun als sonst: kleben, basteln, schneiden – das Weihnachtszeug, das alle erledigen müssen; hinzu kommen bei ihm aber noch die vielen Besuche bei Gemeindemitgliedern, die selbst nicht mehr in die Kirche gehen können. Vor allem rotieren er, seine Mitbewohner und vermutlich alle Priester weltweit jedoch, weil die Kirchen nie voller sind als an Weihnachten. Das benötigt viel Planung. Der Druck ist groß, irgendetwas zu sagen, das die Menschen wiederkommen lässt.

Ich verkrümle mich meist in mein Hotelzimmer, schreibe Texte, lese, trainiere vor dem Spiegel, wie tief sich Mundwinkel nach unten ziehen lassen. Ich habe Heimweh.

Später werde ich über diese seltsam trostlosen Tage denken, dass meine innere Uhr einfach schon katholisch tickte. Ich habe ungeplant – und unbewusst – ein bisschen Weihnachtsstimmung gefastet, damit es dann richtig losgehen konnte.

Und dann ist er endlich da, der 24. Dezember. Heiligabend. Die Heilige Nacht. Der Geburtstag Jesu Christi. Das Ereignis, wegen dem Franziskus überhaupt erst Priester sein kann und wegen dem heute kein Kind in Deutschland in der Schule sitzen muss. Die Kurzfassung der Weihnachtsgeschichte lautet ungefähr so: Josef und Maria – mit Jesus im Bauch, von dem sie weiß, dass er von Gott ist, weil ihr das ein Engelchen geflüstert hat – müssen wegen einer Volkszählung von Nazareth nach Bethlehem. Sie machen sich auf, samt Esel, und klopfen an viele Türen auf der Suche nach einem Schlafplatz. Fast alle Herbergsleute schicken sie weiter (Lehre der Geschichte und auch heute noch aktuell: Nehmt Fremde, die um Hilfe bitten, um Gottes willen halt auf); ein Herr aber lässt sie in seinen Stall. Dort bringt Maria Jesus auf die Welt und legt ihn in eine Krippe, weil sonst nichts da ist. Hirten kommen vorbei, weil denen ein Engel erschien und sagte, dass sie das wirklich nicht verpassen sollten. Könige finden den Weg, weil sie dem Stern folgen, der über dem Stall leuchtet.

Eigentlich weiß kein Mensch, wann genau Jesus geboren wurde. In der Bibel findet sich weder der Tag noch das Jahr, und nicht einmal Bethlehem als Geburtsort ist sicher. Einige errechnen den 24. Dezember aus verschiedenen biblischen Indizien, durch die man auf den Tag schließen kann, an dem der Engel – vielleicht – Maria erschien. Meistens wird angenommen, dass Weihnachten einfach die heidnische Sonnenwendfeier ersetzte. Zumindest die Symbolik funktioniert an diesem Tag sehr gut: Jesus soll als Licht in der dunkelsten Stunde zu den Menschen gekommen sein. Daher wird Weihnachten in der längsten Nacht des Jahres gefeiert. (Die eigentlich schon drei Tage vorher ist, am 21. Dezember, weil wir früher einen anderen Kalender hatten, aber machen wir es nicht komplizierter, als es ist.)

Franziskus leitet heute drei Gottesdienste, bei allen werde ich ihn begleiten: 15.30 Uhr der Kindergottesdienst in Roxel; 17 Uhr die Familienmesse in Roxel; 22 Uhr die Nachtmesse in der Nachbargemeinde Albachten. Und obwohl Timo und Christian heute auch noch mehrere Messen feiern in Roxel, Mecklenbeck und Albachten, befürchten die drei, dass der Platz in der Kirche nicht reichen wird.

Am Vormittag begleite ich Franziskus noch zu einer Krankenkommunion. Als wir ins Auto steigen, sieht er nicht nach gnadenbringender Weihnachtszeit aus. Das komme erst heute Abend, sagt er, jetzt sei noch zu viel zu tun. Er meint die Messe um 22 Uhr, die mag er am liebsten. Ich mag es eigentlich, um die Uhrzeit mit meiner Familie *Tabu* zu spielen.

Dann sitzen wir im Wohnzimmer der jungen Frau, mein Alter, die wegen einer Operation heute nicht in die Messe kommen kann. In der Ecke steht ein großer Weihnachtsbaum. Ich sitze auf der Couch, sie auf ihrem Bett, das hierhergeschafft wurde, Franziskus auf dem Sessel. Als er die Kommunion, die geweihte Hostie, aus der Schale holt, rückt er vom Sessel runter, kniet sich hin. Er nimmt die Oblate mit zwei Fingern, hält die andere Hand darunter, sagt: »Der Leib Christi«, sie sagt: »Amen«, er gibt ihr die Oblate, sie isst sie, schließt ihre Augen und schaut nach unten. Es ist nicht mehr überraschend für mich, was hier passiert; auch nicht mehr ungewohnt, so nah dran zu sein; aber es ist immer noch schön zu sehen, wie unser Besuch, Franziskus' Besuch, hilft. Sie hat danach Tränen in den Augen. Ein bisschen aus Freude, dass Franziskus da war, aber auch aus Traurigkeit. Sie sagt, Weihnachten beginne für sie immer nach der Messe, wenn die Gemeinde »O du fröhliche« singt. Das fehle ihr. Sie und Franziskus singen es dann gemeinsam, zumindest hier im Wohnzimmer. Ein bisschen erinnert sie mich an mich selbst in den letzten Tagen.

Dann ist es so weit.

Valerie macht Kartoffelsalat.

Meine Familie sitzt noch im Auto, auf dem Weg von Magdeburg hierher, sie kommen zur 17-Uhr-Messe.

Eigentlich wäre ich gern mit ihnen essen gegangen. Aber es hat nichts auf, absolut gar nichts, nicht einmal mein Hotelrestaurant. Zur Erklärung meiner Verwunderung: In Magdeburg würde man sicher etwas finden, wenn man sich rechtzeitig kümmert, in Berlin sowieso. Die Dame des einen geöffneten Restaurants in Münster, die ich vor einem Monat anrief und nach einer Reservierung fragte, lachte mich aus. Also feiern wir im Pfarrzentrum, das ist der Vorteil, wenn man die heimischen Priester kennt. Es gibt Kartoffelsalat – und alles liegt in meiner Verantwortung. Ich dachte, eine Stunde reiche zum Schneiden, Rühren, Räumen, Decken und was man sonst so tut, aber nach 59 Minuten ist der Raum noch nicht dekoriert, der Salat schmeckt na ja, die Küche sieht aus, als ob Rudolf das Rentier sich hier einmal mit Schwung umgedreht hätte, und ich schwitze, als ob ich den Adventskranz anzünden müsste und es nur noch ein einziges Streichholz gäbe.

Dann muss ich auch noch in den Gottesdienst. Ich stürze hinaus und rein in die Kirche, die zum Glück nur 30 Meter entfernt ist, und renne fast gegen eine Wand aus Menschen. Es ist 15.26 Uhr, und die Bänke der Kirche sind komplett besetzt, genau wie die Stuhlreihen dahinter, sodass schon jetzt ein paar Dutzend Menschen stehen. Ich stelle mich dazu, atme einmal tief ein und aus und habe das Gefühl, nicht die Einzige zu sein, bei der das nicht hilft.

Überall in der Kirche sind rote Schleifen und Tannenzweige verteilt, vorne links ist ein riesiges Krippenspiel aufgebaut. Im Altarraum stehen zwei große Tannen, die fast bis zur Decke reichen und irgendwie deplatziert auf mich wirken. Weil ich mich nicht erinnere, jemals Bäume in einer Kirche gesehen zu haben.

Als Franziskus vorn auftaucht und anfängt zu sprechen, versteht man ihn kaum. Es sind vielleicht 300 Menschen in der Kirche und die meisten davon gehen mir bis zur Hüfte. Es ist laut, überall wird geflüstert, geredet oder gelacht. Franziskus wusste das vorher, deswegen sagt er auch nicht viel. Es ist nur ein Wortgottesdienst, keine Messe, weil keine Eucharistiefeier stattfindet. Aber es gibt ein Krippenspiel. Erwachsene lesen am Mikro die Geschichte von Maria und Josef vor. Eine kleine Maria und ein kleiner Josef, vielleicht acht Jahre alt, laufen dazu durch die Kirche, an der Hand einen Plüschesel.

Der Gottesdienst endet schon nach einer halben Stunde – mit »O du fröhliche«. Ich habe im ganzen Hin und Her kaum etwas davon mitbekommen. Es war zwar niedlich mit den Kindern, aber nicht sehr besinnlich.

Als die Menschen aufstehen, warten schon die Nächsten für die 17-Uhr-Messe. Sobald eine Bank leer ist, stürzen sie sich darauf. Einzelne besetzen ganze Bänke für die Familie. Ich mache mit. Eigentlich wollte ich ja noch einmal kurz raus, um meine Familie zu begrüßen, aber ich lerne schnell. Es ist alles ein bisschen, wie ich es mir am Hotelpool auf Mallorca vorstelle, nur ohne Handtücher.

Um 16.20 Uhr, 40 Minuten vor der Messe, sind alle Bank-

und Stuhlreihen besetzt. Ich sitze in Reihe 9, das ist noch Loge, und warte auf meine Familie. Alle Schönians in einer Messe, das hätte vor einem Jahr wohl keiner gedacht.

Früher sind wir an Weihnachten in die Kirche gegangen. Allerdings so früher, dass ich mich nicht einmal mehr daran erinnern kann, ich war höchstens fünf Jahre alt. Ich weiß nicht, warum meine Eltern entschieden, nicht mehr zu gehen, so richtig wissen sie es wohl selbst nicht. Jetzt sieht unser Heiligabend normalerweise so aus: Die Weihnachtsfrau kommt, und wer an seine Geschenke will, muss erst Gedichte aufsagen, eine Rechenaufgabe lösen oder Lieder singen. Aber weil wir nach einer halben Strophe – mein Vater sagt, es sei eine Strophe – meist den Text nicht mehr wissen, singen wir »Lalalala« in Fußballfan-Tonlage.

Als meine Familie hereingeschlichen kommt, müssen wir alle ein bisschen grinsen, weil uns das hier völlig unwirklich erscheint. Als es losgeht, 17 Uhr, ist es schon dunkel geworden. Die Kirche ist noch voller als im Gottesdienst davor.

Es ist Familienmesse, das heißt, Franziskus versucht sie kinderfreundlich zu gestalten. Statt einer klassischen Predigt führt er ein Zwiegespräch mit den Kindern in den ersten Reihen – eine Katechese.

Franziskus: »Mögt ihr Geschenke?«

Kinder: »Ja.«

Franziskus: »Ich auch! Wisst ihr, welches Geschenk am längsten hält?«

Kind: »Liebe!«

Franziskus: »Jetzt hast du meine Predigt abgekürzt. Ich hatte erst mal mit einem Pferd gerechnet.«

Die Predigt zählt zu einer der Kernaufgaben des Priesterdaseins, sie ist die Verkündigung des Wortes Gottes. Und nie wird es an mehr Menschen verkündet als an Weihnachten. Vor ein paar Tagen saß ich mit fünf Priestern am Mittagstisch, die über ihre geplanten Predigten sprachen, das machen sie sonst nicht oft. Die Predigt soll tief gehen, aber auch aktuell sein. Sie soll einladend wirken, bestärken, auffordern, zum Nachdenken anregen, aber bitte auch die schöne Weihnachtsstimmung nicht verderben. Was alle Priester hier in Münster thematisieren werden, ist der Anschlag vom Breitscheidplatz vor einigen Tagen in Berlin. Ein islamistischer Attentäter war dort mit einem Lkw in die Menge gefahren, insgesamt hat er zwölf Menschen getötet. Auch bei Franziskus wird er in der Predigt am Abend eine Rolle spielen.

Franziskus sagt jetzt zu uns, dass wir nicht alles allein schaffen müssen. Wir müssten keine Angst haben. »Fürchtet euch nicht!« – das habe der Engel gesagt, als er den Hirten erschienen sei. Wir könnten darauf vertrauen, dass Gott uns hilft. Aber dafür müssten wir eine Beziehung zu Jesus Christus leben. Das ist sein Versuch, die Menschen dazu zu bringen, öfter in die Kirche zu kommen.

Als der Friedensgruß dran ist und sich die Leute zu uns umdrehen, sind meine Eltern kurz etwas erschrocken. Meine Mutter schüttelt die Hand und nickt, mein Vater wünscht dem Gegenüber »Tach«, ich lache herzlich. Als die Hostie verteilt wird, bleiben auch sie sitzen.

Das letzte Lied ist wieder »O du fröhliche«. Obwohl ich es schon oft gehört habe, ist es anders, es hier in der Kirche zu singen, weil ich jetzt viel mehr auf den Text achte: »Welt ging verloren, Christ ward geboren. Freue, freue dich, o Christenheit!«

Ich singe trotzdem einfach mit, meine Familie neben mir brummt schließlich auch, es ist ja Weihnachten.

Irgendwann da in diesem Gottesdienst vergeht meine miese Laune der letzten Tage.

Als die Messe um 18.30 Uhr vorbei ist, kommen schon die Besucher für die Messe um 19 Uhr und besetzen Bänke. Die leitet aber Franziskus' Mitbewohner Christian, wir haben Pause. Meine Eltern gehen schon einmal ins Pfarrzentrum, ich laufe Franziskus hinterher, der zufrieden, aber nicht entspannt aussieht, eine Messe kommt ja noch. Vor der Kirche treffen wir Gemeindemitglieder, alle wünschen sich jetzt frohe Weihnachten. Es klingt anders, als ich es kenne. Wenn wir zu Hause »Frohe Weihnachten« wünschen, sagen wir es wie eine Begrüßung, wie »Guten Tag«. Wir freuen uns auf die Familienzeit und Weihnachten ist der Anlass. Aber wir wünschen uns eben nicht wirklich eine frohe geweihte Nacht. Die Menschen hier schon. »Frohe Weihnachten!« – sie sagen es voller Freude, das steckt an.

Beim Weihnachtsessen im Pfarrzentrum mit meiner Familie und Franziskus gibt es vorzüglichen Kartoffelsalat. Und Geschenke. Von Franziskus bekomme ich ein Tablett, wie ich es während des Besuchs bei seinen Eltern bewundert habe. Es hat ein Kissen untendrunter, sodass man es sich auf die Oberschenkel setzen kann. Nie wieder Rückenschmerzen wegen eines zu niedrigen Couch-Tischs! Von mir bekommt er eine Discokugel zum Aufstellen. Wenn man sie anmacht, wirft sie farbige Punkte in den ganzen Raum. Es ist sein erstes nicht frommes Einrichtungsstück. Dazu noch bunt. Und es verbreitet trotzdem Licht.

Als ich um 22 Uhr allein die Kirche in Albachten betrete – meine Familie meint, eine Messe pro Jahr reiche –, bin ich emotional schon etwas aufgeweicht, wegen zwei Gläsern Rotwein. Das hat mir ein Freund geraten, der sonst nie in die Kirche geht, es an Weihnachten aber liebt. Er bezeichnet sich selbst als U-Boot-Christen.

Es ist ruhig. Ich laufe auf Zehenspitzen zu einem Platz. Die Kirche ist gut besetzt, aber nicht überfüllt. Ich freue mich auf die Messe, ein bisschen Ruhe, Weihnachtslieder; dann eben zum dritten Mal.

Am Anfang ist die Kirche dunkel, nur ein paar Kerzen brennen. Während der Messe wird sie immer heller, zuerst die Lichterketten, dann die Lampen. Das ist wahrscheinlich jedes Jahr der gleiche Effekt, aber bei mir funktioniert es komplett. Als wir dann »Hört der Engel helle Lieder« singen, das einzige Gloria, das ich schon vor diesem Jahr kannte, fühle ich mich wie nach drei Gläsern Rotwein.

Dann hält Franziskus seine Predigt, beinahe 20 Minuten lang. Es ist die Predigt, die er am längsten vorbereitet hat, und sie formuliert ein paar Kerngedanken, die schon heute Nachmittag vorkamen, noch mal aus. Franziskus spricht vom Wort des Jahres, »postfaktisch«, und davon, dass einem einige Ereignisse des vergangenen Jahres wirklich Angst einjagen könnten – zum Beispiel der Anschlag am Breitscheidplatz in Berlin, bei dem zwölf Menschen starben. Unsere Ängste und Sorgen würden nie ganz verschwinden, sie dürften jedoch nicht dazu führen, dass wir missgünstiger oder liebloser werden.

»Ich glaube fest daran«, sagt er dann weiter, »dass Jesus uns aus den Wellen der Angst und der Sorgen herausziehen möchte. Wir dürfen das alle glauben. Aber eben nur, wenn wir uns auch darauf einlassen.« Wir sollten auf Gott vertrauen und darauf, dass wir nicht alles allein schaffen müssen und sollen. »Viele denken, Christsein bedeutet, dass wir niemandem etwas Böses tun und einigermaßen nett zueinander sind. Aber Christsein ist viel mehr. Christsein ist zuerst eine Beziehung, nämlich mit Christus. Christsein steht für die wichtigste Beziehung in unserem Leben.«

Ich höre gern zu. Es ist ein schönes Bild, wie Franziskus da steht, zwischen satten grünen Tannen, roten Adventssternen, den Lichtern, und er im makellosen weißen Gewand. Er spricht eindringlich, unterstreicht mit den Händen seine Worte.

Während der Messe gehe ich nach hinten, um ein Foto zu machen. Da stehen drei Menschen, die aussehen, als ob sie nicht aus Münster kommen und als ob sie an Weihnachten noch nicht so oft in einer katholischen Kirche gewesen sind. Ich stelle mich ein Stück hinter sie, schaue nach vorn und versuche, das alles durch die Augen einer Fremden zu sehen. Vielleicht sogar einer, die aus einem Land kommt, in dem Krieg herrscht.

Die hohen Stimmen, die andächtigen Blicke, Lichter, Orgelmusik, Weihrauch in der Luft. Es ist ... ja, wie beschreibt man das? Es schrubbt wie eine weiche Bürste an deiner harten Schale, bis nur noch der weiche Kern da ist und offen liegt. Es fühlt sich wie Frieden an. Und wie Angenommensein.

Nach der Eucharistiefeier strahlt Franziskus endlich, es ist 23.10 Uhr, Heilige Nacht. Er steht hinter dem Altar und ruft uns, der Gemeinde, entgegen: »Frohe Weihnachten! So, jetzt bin auch ich angekommen.«

Das Programm heute Nachmittag, das war vor allem für die Gemeindemitglieder wichtig. Das hier ist für ihn wichtig. In diesem Moment, erzählt er mir später, ist er erleichtert, dass alles geklappt hat. »Und ja«, setzt er hinzu. »Jesus ist geboren. Ich habe das wirklich so gespürt und gemerkt: Jetzt ist Weihnachten.«

Am nächsten Tag fahre ich mit meiner Familie in Richtung Heimat, *Tabu* spielen – und in diesem Jahr das erste Mal selbst die Weihnachtsfrau sein. Es sind schöne Tage, sehr schöne. Aber irgendetwas ist anders. Es ist, als würde etwas fehlen.

Ich spiele die Bilder der letzten Messe immer wieder in meinem Kopf durch, wie man es manchmal tut, um schöne Erlebnisse noch einmal zu durchleben. Das mache ich nach Konzerten, Reisen oder einem schönen Abend mit Freunden. Nach einem Gottesdienst, und von denen habe ich in den vergangenen Monaten einige besucht, habe ich das bisher noch nie gemacht. Es ist, als würde etwas nachwirken, zum ersten Mal. Ich denke an das Gefühl. Dieses Gefühl des Friedens. Es fühlte sich so echt an. Ich vermisse es fast. Das Zusammensein mit meiner Familie tut mir gut wie immer. Aber als wir jetzt »O du fröhliche« singen und nach vier Zeilen den Text nicht mehr wissen, ist es nicht so lustig wie sonst. Es fühlt sich irgendwie an wie eine Kopie. Und dann muss ich an dieses letzte »O du fröhliche« denken, als ich dort hinten in der Kirche stand und mein weicher Kern offen lag.

Und frage mich, warum mir das so nachgeht. Und frage mich, warum ich einige meiner Freunde in Berlin eigentlich wirklich in Kirchen schleppe; und mich wundere, dass

andere nicht mitgehen. Warum ich so viel darüber nachdenke. Wenn ich doch eigentlich schon entschieden habe.
Wenn ich doch weiß, dass es die Atmosphäre ist.

Weiß ich das?

Oder klingt das nur vernünftiger? Und gibt die Atmosphäre nur einem Gedanken Form, den meine Rationalität
sonst sofort wieder zerschlägt?

Ich frage mich: Bin ich eine verkappte Christin und will
es aus atheistischem Trotz nicht wahrhaben?

Glauben

Die volle Distanz

Es ist ein paar Wochen her, im November war es, dass ich Franziskus fragte, was ich noch tun müsse, um ihn komplett zu verstehen. Meiner Meinung nach war ich schon weit gekommen. Wusste, dass der Glaube es schaffen kann, dich zu halten, wenn das Leben dich gerade mal wieder fallen lässt, zum Beispiel. Oder dass man nicht unbedingt wegen seiner Vernunft glaubt, sondern trotzdem; dass der Kopf dann einfach versucht zu erklären, was man mit dem Herzen schon weiß, ja geradezu physisch spürt, vom Nacken bis in die Zehenspitzen. Dass wir Gott nicht mit rationalen Argumenten widerlegen können, weil genau das eben Glauben ist. Ich hatte verstanden, wieso Franziskus die katholische Kirche liebt, trotz des Unheils, das die Institution angerichtet hat und sicherlich auch noch manchmal anrichtet. Wieso er ihre Moral, ihre Ideale, ihre Regeln für Schätze hält, auf die man aufpassen muss: weil sie dafür da sind, auch auf ihn aufzupassen. Und ich hatte verstanden, warum Franziskus es schafft, den Tod nicht zu fürchten, sondern sich für die Verstorbenen sogar freuen kann.

Insgesamt dachte ich also, es läuft ganz gut.

Dann bat ich Franziskus im November um eine Art Zwischenfazit: einen Brief, den er mir per E-Mail schickte. Als ich ihn las, musste ich ein paarmal schlucken. Darin standen viele nette Sachen, er bedankte sich bei mir für meinen Mut und meine Bereitschaft, mich so lange auf eine neue Situation einzulassen. Aber im Kopf blieb mir eine andere Stelle, in der er infrage stellte, ob ich »in der Tiefe« nachvollziehen könne, was einen Seelsorger tatsächlich bewegt. Und weiter: »Wie viel Du tatsächlich schon erfahren hast, von dem, was mich letztlich antreibt, diesen verrückten priesterlichen Weg zu gehen, das scheint mir noch ›ausbaufähig‹. Ich habe den Eindruck, dass ich Dir wünschen darf, noch mehr nachvollziehen zu können, woher diese personale Liebe zu Jesus Christus kommt.«

Peng.

Das saß.

Ich fühlte mich wie eine Schülerin, die ein Gedicht geschrieben hat, das all ihre Klassenkameradinnen toll finden. Und dann kommt der Lehrer und legt es ihr mit einer roten Vier und der Bemerkung »ausbaufähig« zurück auf den Tisch. Es hat mich enttäuscht, dass Franziskus das geschrieben hat. Weil es sich nicht gut anfühlt, wenn du etwas wirklich versuchst und dann wird dir knallhart ins Gesicht gesagt, dass das nicht genug ist.

Als ich Franziskus danach das erste Mal wieder sah, fragte ich ihn also, was ich seiner Meinung nach noch tun müsse, um ihn komplett, auch »in der Tiefe«, zu verstehen.

»Du musst mich begleiten«, sagte er.

»Aber das tue ich doch«, sagte ich.

»Du musst mich einfach *mehr* begleiten.«

»Ich war schon bei allen Aufgaben, die zu deinem Priesterleben gehören, dabei. Und du sagst, es sei nicht genug. Ergo muss ich etwas anders machen. Dann musst du jetzt bitte auch sagen, was.« Irgendwann war ich nicht mehr nur enttäuscht, sondern gereizt.

Franziskus blieb dabei: »Du musst mich einfach mehr begleiten.« Ich merkte, dass das Gespräch sinnlos war, und gab die Fragerei auf.

Am Tag danach bekam ich von Franziskus wieder eine E-Mail. Er schrieb:

Mich hat das Ende unseres letzten Gesprächs nicht mehr losgelassen, vornehmlich Deine Frage, was Du meiner Meinung nach ändern könntest, um meine Glaubensperspektive besser nachvollziehen zu können. Mir ist aufgegangen, dass die Antwort scheinbar ganz einfach und logisch, aber für Dich wahrscheinlich nicht haltbar bzw. zumutbar ist. Die möglicherweise gleichzeitig (von mir nicht als solche intendierte!) provokante, aber einzig richtige Antwort lautet nämlich: dass Du vielleicht noch eine gewisse innere Distanz aufgeben müsstest; dass Du dem Entdecken und Nachvollziehen dahingehend noch mehr Zeit geben müsstest; dass Du versuchst, Dich noch mehr auf eine mögliche Gottesbegegnung einzulassen und Dich bewusst dafür zu öffnen, was Gott Dir womöglich schenken möchte. Das würde dann bedeuten, dass Du nicht »nur« wie bisher da bist und zuhörst, sondern quasi zu Gott (dessen Existenz Du für Dich noch nicht ausdiskutiert haben magst) sagst: ›Wenn ich mehr nachvollziehen soll, dann hilf mir doch dabei. Wenn Du mir mehr zeigen willst, dann zeige es. Wenn es Dich gibt, dann zeig Dich.‹ Und ihm dann ausreichend Gelegenheit gibst, es zu tun.

Am Ende der E-Mail schrieb Franziskus, dass er sehr lange überlegt habe, ob er mir das schreiben solle. Er fürchte, dass ich es als Affront verstehen könnte, und wolle nichts kaputt machen, aber: »Ich schicke die E-Mail nun doch ab, weil es für mich die einzig schlüssige Antwort auf Deine Frage ist.« Als ich zu Ende gelesen hatte, rief ich Franziskus an, um ihm zu sagen, dass alles in Ordnung sei, ich hätte ja gefragt. Er atmete hörbar erleichtert auf. Und ich war von seinem Brief nicht mehr verletzt, weil ich jetzt wusste, was er gemeint hatte. Und natürlich hatte er recht. Denn eigentlich hat er nur in Worte gefasst, was ich selbst schon gedacht hatte: dass ich von außen auf die Sache schaue, weil ich nicht selbst suche. Ich bin die Außerirdische, die die Liebe nicht versteht. Klar habe ich mich in Rom in die Messe gesetzt und ein paarmal »danke« gedacht. Aber eigentlich auch nur, um sagen zu können, ich hab's probiert. Ein journalistischer Selbstversuch. Ich nahm nie an, dass es wirklich etwas ändern würde. Bei mir. In meinem Leben. In dem, was ich glaube. Das Einzige, was mich dazu gebracht hätte, wäre wohl gewesen, wenn sich die Himmelspforten vor mir aufgetan hätten, Jesus runtergestiegen wäre und mich nach einem Taschentuch gefragt hätte.

Vor einigen Monaten hatte ich bereits den Gedanken, ob ich für ein Verstehen vielleicht annehmen müsste, dass Franziskus recht haben könnte, mit den Dogmen, Jesus, Gott. Aber ich verwarf ihn schnell. Stattdessen versuchte ich, die andere Seite der Wand zu sehen, Franziskus' Perspektive nachzuvollziehen. Dabei ging ich immer von zwei Seiten aus, zwei zu respektierenden Sichtweisen auf ein Ding. Nie dachte ich tatsächlich darüber nach, dass

Franziskus' Seite die wahre Seite sein könnte – also auch für mich.

Aber: Kann das möglich sein?

Nach Weihnachten frage ich mich das. Ich suche nicht mehr nur nach Worten, nach Vergleichen mit Franziskus' Glauben. Ich frage mich, ob er recht haben könnte. Ich schabloniere wieder. Ich nehme die Schablone »Gott« und lege sie über diese Welt.

Was würde das dann heißen?

Wenn es wahr ist?

Wenn es einen Gott gibt?

Wenn es Gott gibt?

Die Frage

Die Frage begleitet mich jetzt. Sie ist eine ruhige Wegge-
fährtin, nicht aufdringlich. Meistens läuft sie ein Stück hinter mir, lässt mich weitermachen wie immer und beobachtet nur. Manchmal blicke ich mich bewusst nach ihr um.
Manchmal klopft sie mir auf die Schulter. Sie erwartet
keine Antwort. Sie will mich nur kurz erinnern, dass sie
noch da ist.

Sie ist da.

An Silvester in Berlin, mitten in der Nacht, als mir die
Boxen den Techno-Bass auf meine Augenlider drücken.

Am 6. Januar, Heilige Drei Könige, als ich in Roxel durch
den Schnee stapfe, mit Kindern und Jugendlichen, die sich
als Kaspar, Melchior und Balthasar verkleidet haben.

Sie ist da, als ich neben den Priestern am Mittagstisch
stehe und sie beten und ich wie immer nur auf die Salatschüssel schaue.

Als ich mit Franziskus und seinen Messdienern auf dem
Friedhof sitze und sie über den Tod reden und sie ganz
leicht dahinsagen, dass sie an das Danach glauben.

Die Frage ist da.

Was, wenn es Gott gibt?

Einmal, im Januar, sitze ich in Franziskus' Wohnzimmer
zwischen einem halben Dutzend Jugendlicher. Es ist ein

Mittwochabend, die Schule ist erst seit Kurzem aus, morgen früh geht sie weiter. Und trotzdem sind sie hier. Sie sind zwischen 14 und 17 Jahre alt und haben das Bedürfnis, über Gott zu reden. Franziskus hat diesen Jugendkreis gegründet. Sie treffen sich alle zwei Wochen. Zuerst singen sie gemeinsam, Emmanuel-Lobpreis, danken dabei, bitten und beten. Dann erzählen sie, wie Gott ihnen begegnet ist, wie oft sie in die Kirche gehen, wie sie beten – oder wie es ist, in ihrem Umfeld die Einzigen zu sein, die glauben. Ein Mädchen sagt, sie könne jetzt noch nicht genau benennen, was Gott für sie sei; vielleicht sei Gott eine Haltung.

Mich fasziniert die Selbstverständlichkeit, mit der sie seine Existenz annehmen. Einige werden bestimmt noch einmal zweifeln, vielleicht haben sie es schon, aber jetzt, hier, sind sie sich einig, auch wenn sich ihr Glaube im Einzelnen unterscheidet. Die Stimmung ist gelöst, der Kreis wirkt für mich wie ein Ort, um Kraft zu tanken.

Heute, in Franziskus' Wohnzimmer, entsteht zwischen zwei der Jugendlichen eine Diskussion. Die eine sagt, dass Gott alles wisse. Daher kenne er schon jetzt den Rest unseres Lebens. Der andere sagt Nein. Denn dann müsse alles vorbestimmt sein und Gott würde uns das Wichtigste nehmen, was er uns geschenkt habe: die Freiheit. Und die Erste entgegnet wieder, aber es sei doch Gott, er müsse es doch wissen.

Und ich schaue mich nach der Frage um. Sie kommt, holt mich ein, läuft wieder ein Stück neben mir: Als wir aufstehen und uns verabschieden; als ich rüber ins Hotel gehe, als ich da nicht bleiben will und wieder rausgehe und um den kleinen Roxeler Marktplatz Kreise laufe und auf die Kirche schaue.

Wenn es Gott gibt

Wenn es Gott gibt – dann haben beide Jugendliche in Franziskus' Wohnzimmer recht. Dann kennt er, dann weiß er unsere Zukunft, aber gleichzeitig sind wir frei in unseren Entscheidungen. Dann ist unser Leben wie ein unendliches Baumdiagramm, in dem wir selbst über jede Abzweigung entscheiden, aber er trotzdem immer schon sieht, wie es weitergeht, weil er alle Möglichkeiten kennt.

Wenn es Gott gibt – dann war er es, von dem ich sprach, als ich 14 Jahre alt war. Als ich sagte, ich will nicht konfirmiert werden, weil ich zwar an Gott glaube, aber nicht an die Kirche. Dass ich ihn vergaß, ist dann kein Beweis dafür, dass es ihn nicht gibt, sondern dafür, dass man sich immer von ihm abwenden kann. Weil Gott kein Zwang ist. Kein Müssen. Gott ist: Du darfst.

Wenn es Gott gibt – dann war dieses »Bitte nicht« in Polen nicht nur ein Gedanke, sondern ein Gebet, dann war er, als wir da standen, mitten unter uns.

Wenn es Gott gibt – dann ist Frau De Palo jetzt bei ihrem Pino. Und dann wird – irgendwann einmal – auch Grazyna bei ihnen sein, aber sie wird kein Olivenöl mehr brauchen.

Wenn es Gott gibt – dann sind Worte das Mittel, das wir brauchen, um über ihn denken und reden zu können. Aber dann sind sie doch nie genug, weil sie begrenzt sind und Gott unendlich. »Gott« ist eine Krücke, weil *Ersieeswirihrsie* sich nicht in vier Buchstaben einfangen lässt.

Wenn es Gott gibt – dann verändert er sich nicht dadurch, dass einige ihn nicht sehen. Ein Brötchen bleibt das Backwarengemisch, ob man es nun »Semmel« oder »Schrippe« nennt. Gott bleibt Gott. Ob man an ihn glaubt oder nicht.

Wenn es Gott gibt – dann ist er nicht nur ein Wunsch. Aber dann kann ein Wunsch vielleicht ausreichen, um ihn zu erkennen.

Wenn es Gott gibt – dann zeigen die Sterbenden, die sich an ihn wenden, nicht, dass Menschen bereit sind, in Todesangst alles zu glauben. Sondern dann sind sie Zeugen dafür, dass er einen immer erwartet und es nie zu spät ist.

Wenn es Gott gibt – dann ist er nicht einfach nur Atmosphäre, die deinen weichen Kern mit Kerzen und Musik bloßlegt. Dann ist er sowieso immer da und die Atmosphäre ein Hilfsmittel, entgegen jeder Vernunft zuzulassen, dass er sich zeigt, sodass der Glaube an ihn zu einem Wissen werden kann.

Wenn es Gott gibt – dann ist er auch auf dem Mittelmeer, bei den Geflüchteten, die ertrinken. Doch dann sterben sie nicht einfach nur, dann werden sie Frieden finden können. Dann gibt es Hoffnung, auch für sie.

Wenn es Gott gibt – dann war er auch in Auschwitz. Dann war er der letzte Halt und die einzige Hoffnung.

Wenn es Gott gibt – dann steigert sich Franziskus nicht in eine Einbildung hinein. Dann lebt er nicht in der Matrix, weil das Leben mit der Idee eines Gottes leichter scheint. Sondern dann ist es leichter, seinetwegen, wegen Gott. Dann ist es Wirklichkeit.

Mein Gott

Vor einigen Monaten saß ich in meinem Hotelzimmer in Roxel. Den ganzen Tag war ich mit Franziskus unterwegs gewesen, wir hatten viele verschiedene Leute gesehen. Ein Mann erzählte mir bei einem der Treffen von seiner Hochzeit. Statt »Glückwunsch!« zu rufen, flüsterte ich es nur, weil Franziskus im Nebenraum war. Und dieser Mann keine Frau geheiratet hatte, sondern einen anderen Mann. Als ich am Abend in meinem Hotel saß und daran dachte, wurde ich zuerst wütend. Dass jemand es für nötig halten muss, einen der schönsten Tage seines Lebens vor Franziskus geheim zu halten. Es geht nicht darum, wie Franziskus tatsächlich reagiert hätte, die katholische Moral arbeitet von allein, und Franziskus gibt ihr durch seine Überzeugungen ein Fundament.

Dann wurde ich traurig. Aber nicht über den Zustand der Welt. Sondern darüber, was das über Gott aussagt.

Und daran denke ich jetzt wieder.

Wenn es Gott gibt – dann würde er das doch nicht wollen. Dann würde er nicht wollen, dass jemand Franziskus seine Hochzeit verschweigt, weil der einer Moral anhängt, die Menschen als anders stigmatisiert und ausschließt.

Das ist zumindest der einzige Gott, den ich denken kann. Dieser Gott voll Liebe und Barmherzigkeit würde nicht wollen, dass seine Diener mit ihrem Handeln und ihrer Moral eine Welt aufrechterhalten, in der jemand sein Glück verheimlichen muss.

Aber Franziskus ist der Überzeugung, dass Gott die Ehe zwischen Frau und Mann schützen will, und wieso sollte ich Gottes Willen besser kennen als Franziskus?

Franziskus ist ein guter Mensch, der im Sinne Gottes handeln will. Er muss es besser wissen als ich. Weil der einzige Gott, den ich denken kann, seinen Willen einem wie Franziskus nicht vorenthalten würde, sich nicht verschließen würde.

Trotzdem kann das, was Franziskus in dieser Sache glaubt, nicht von Gott kommen, zumindest nicht von diesem für mich einzig vorstellbaren.

Und da dachte ich, damals im Hotelzimmer: Es geht nicht. Wenn da hinter der Wand Gott sein sollte und ich ihn wie eine Schablone nehme und über dieses geflüsterte »Glückwunsch« lege, dann passt es nicht. Es funktioniert nicht. Der Gott, von dem vielleicht eine dunkle Vorstellung, eine Idee, tief in mir vergraben ist, den kann es nicht geben. Und wenn es ihn so nicht gibt, dann ist es nicht Gott. Dann kann es Gott nicht geben.

Und irgendwie machte mich das traurig.

Und an diese Traurigkeit,
als Gott nicht funktionierte,
denke ich jetzt wieder.
Und wieder.
Denke Gedachtes.
Und Neues.
Denke weiter.
Und zurück.
Vorwärts.
Und im Kreis
und in Spiralen.
Meine Gedanken rasen umher.
Flattern.
Weil die Frage sich nicht schert,
ob sie funktionieren kann.

Was passiert, wenn ich einen großen Sack nehme und alles hineinstopfe, was mich stört? All die Steine der Wand, die nicht nur Franziskus und mich trennt, sondern mich auch in der Antwort auf die Frage nicht weiterkommen lässt. Auf dem einen Stein steht, dass Homosexuelle nicht in der Kirche heiraten dürfen; auf einem anderen, dass Unverheiratete keinen Sex haben sollen; auf dem nächsten, dass Frauen in katholisch geprägten Ländern heimlich abtreiben müssen und sterben. Dann Steine wie der Katechismus, die Kirchenmoral, der Zeigefinger. Das Knien vor dem Tabernakel, die Macht des Papstes, das Männerpriestertum. Die Märsche für das Leben. Der Reichtum des Vatikans, der Wahrheitsanspruch. Floskeln wie: Die Wege des Herrn sind unergründlich.

Wenn ich alle Steine nehme, in einen großen – und reißfesten – Sack packe. Und ihn für einen Moment ganz fest zumache, in eine Ecke hieve, sodass die Steine nicht mehr im Weg liegen. Und da nur noch die Frage bleibt, was hinter der Wand ist, was jetzt noch da ist.

Was ist dann da?

Zwei Monate lang, im Februar und März, sehen Franziskus und ich uns nicht. Aus praktischen Gründen. Ich bin im Urlaub, er viel unterwegs.

Die Frage bleibt bei mir.

Im Februar.

Sie ist da, als in Berlin ein Auto auf mich zurast, aber ich trotzdem ganz ruhig bleibe, genau wie die Leute, die neben mir über die Straße gehen. Weil die Fußgängerampel auf Grün steht, die des Autofahrers auf Rot und ich, obwohl ich ihn nicht kenne, darauf vertraue, dass er stehen bleiben wird. Er tut es, einen halben Meter vor mir. Eine alltägliche Situation, aber da fällt mir ein, dass Franziskus immer sagt, Glaube, das sei auch Vertrauen. Und ich schaue zur Frage und denke, dass ohne Vertrauen nicht einmal die Straßenverkehrsordnung funktionieren würde.

Im März.

Sie ist da, als ich im Urlaub am Strand sitze und auf die Stelle schaue, wo die Sonne ins Wasser plumpst und Himmel- zu Wasserblau wird. Ein Bild, wie man es eigentlich nur von Postkarten kennt. Dieser Sonnenuntergang haut mich überhaupt nicht so um, wie er sollte, weil ich das gefühlt schon tausendmal gesehen habe, obwohl es doch nur Abbilder waren. Ich kann, da am Strand, nicht realisieren, dass das die Wirklichkeit ist, obwohl ich sie direkt vor mir sehe. Und ich schaue zur Frage und denke, dass man das Wahre manchmal einfach nicht fassen kann.

Anfang April.

Nehme ich die Frage mit ins Gespräch mit einem Kollegen. Einem, der auch in meiner Welt steht, mir viel ähnlicher ist als Franziskus, aber sagt, wenn er daran denke, dass Jesus für uns gestorben sei, könne er anfangen zu heulen. Und ich erzähle ihm von meinen Gedanken damals im Hotelzimmer, von der Schablone meines Gottes, die nicht passt über Franziskus' Gott; und davon, dass ich dachte, Gott funktioniert nicht. Und er schaut mich an, mit dem Lächeln eines Vaters im Gesicht, der seinem Kind erklären muss, dass Italien ein anderes Land ist als Deutschland, obwohl es auch dort Wasserrutschen gibt, und sagt: »Aber so einfach denkt doch Gott nicht.«

Und wieder schaut die Frage mich an.
    Glaubst du es?

Mittendrin

Ich bin wieder in Roxel. Ohne letzte Antwort, ohne Erleuchtung, ohne zwei finale Sätze, die ich ab sofort immer antworten kann, wenn mich jemand fragt, ob ich an Gott glaube.

Ich brauche noch Zeit, ein bisschen noch.

Es ist Frühling geworden, April, die Sonne scheint, der Himmel ist blau und die Kirschblüten in Pastors Garten blühen wieder. Genau wie damals, als ich Franziskus das erste Mal gesehen habe. »Damals« – so lange bin ich schon hier, dass ich das denken kann. Es sind unsere letzten gemeinsamen Tage, und sie fühlen sich so selbstverständlich an, dass ich mir kaum vorstellen kann, dass sie bald enden.

Beim Jugendkreis stehe ich wieder zwischen diesen Mädchen und Jungen und ihrer Selbstverständlichkeit Gottes und finde es immer noch beeindruckend, als eine von ihnen, 16 erst, während des Gebetes ganz leicht in die Runde sagt: »Danke, dass du uns das Leben geschenkt hast und wir mit dem Tod zu dir zurückkehren.«

Beim Mittagessen erklärt mir Franziskus die Liturgie der anstehenden Ostertage, den Ablauf der Messen. Und mir fällt ein, dass ich am Anfang nicht wusste, was »Liturgie« heißt, die Gespräche zwischen Franziskus, Timo und Christian kaum verstand und allabendlich mit Tabernakel-Monstranz-Kopfschmerzen im Bett lag.

Der Rassel-Schlüsselanhänger, den ich Franziskus aus dem Urlaub mitgebracht habe, baumelt am Autospiegel zwischen uns, als ich ihn zu den Terminen in den Nachbarorten fahre. Er musste seinen Führerschein für einen Monat abgeben, weil er zu schnell gefahren ist. Tja, Priester sind auch nur Menschen.

Beim Familienwochenende der Gemeinde dann, zu dem ich ihn ebenfalls fahre, verbringen wir zwei Nächte auf der Burg Gemen, 60 Kilometer von Roxel entfernt, mit 170 Frauen, Männern und Kindern aus der Pfarrei. Es gibt verschiedene Workshops, Spieleabende, ein Lagerfeuer und einen Burggraben. Franziskus teilt in seinem Workshop »Eheversprechen Reloaded« an Ehepaare das Versprechen aus, das sie sich bei ihrer Trauung gegeben haben; bei einigen liegt das schon mehr als zwanzig Jahre zurück. Dann gibt er ihnen Fragen zu ihrer Beziehung, über die sie bei einem Spaziergang sprechen sollen; und lädt sie ein, danach in die Kapelle zu kommen, wo er ihre Beziehung noch einmal segnen würde. Alle nehmen an. Franziskus steht vor dem Altar, je ein Paar stellt sich dazu, die anderen Männer und Frauen singen »Ubi caritas et amor deus ibi est«: Wo die Liebe ist, da ist Gott. Und mich berührt es immer noch, zu sehen, was das, was Franziskus tut, mit Menschen macht. Wie sie sich während des Segens anschauen, mit Tränen in den Augen, als ob die Hochzeit nicht zwanzig Jahre her wäre. Ich weiß nicht, welche Rolle Gott für sie dabei spielt. Aber sie hätten ja auch weiter spazieren gehen können.

Und ich denke, dass die Tage so sind wie immer, bis mir einfällt, wie schwer es am Anfang manchmal war.

So rast die Zeit dahin, als ob sie sich das von 1000-Meter-

Läuferinnen abgeschaut hätte, die auf der Zielgerade noch einmal beschleunigen. Und sie rast auf Ostern zu. Den Höhepunkt des Kirchenjahres, das Zentrum des Christentums – und das liturgische Finale des gemeinsamen Jahres von Franziskus und mir.

Ostern ist für alle Christinnen noch bedeutender als Weihnachten. Heiligabend soll Jesus geboren sein, das kann jeder. An Ostern aber, da ist er auferstanden. Franziskus erzählt mir seit Wochen, nein, Monaten, wie wichtig ihm sei, dass ich auch diese Tage wirklich mitfühle. »Ostern ist einfach total genial!«, ruft er mehr, als dass er es sagt. »Wir feiern drei Tage, was uns als Christen auszeichnet. Dass Christus uns zu neuen Menschen macht!« Wenn Franziskus »drei Tage feiern« sagt, meint er die Dramaturgie der Messe. Das Osterfest dauert von Gründonnerstag über Karfreitag bis zur Osternacht; über diesen Zeitraum erstrecken sich die festen Bestandteile, die zu jeder Messe gehören: Die Messe wird an Gründonnerstag eröffnet, aber erst in der Osternacht mit dem Schlusssegen beendet.

Heute, am 13. April, ist Gründonnerstag – der Tag, an dem Jesus das letzte Abendmahl gefeiert haben soll. Er hat die zwölf Apostel eingeladen, hat Brot und Wein mit ihnen geteilt und dabei die Worte gesprochen, die Franziskus in jeder Messe während der Wandlung sagt: »Dies ist mein Leib, der für euch hingegeben wird.« Gründonnerstag ist damit der Geburtstag der Eucharistie.

Franziskus und ich fahren zu Gemeindemitgliedern, denen er die Krankenkommunion bringt. So sollen auch sie, die es nicht in die Kirche schaffen, mit Geburtstag feiern – und auch die leibhaftige Gegenwart Jesu spüren.

Eine von ihnen ist Frau Kuhmann. Es ist das zweite Mal, dass ich Franziskus zu ihr begleite. Elisabeth Kuhmann ist unfassbare 102 Jahre alt, 1914, als der Erste Weltkrieg begann, ist ihr Geburtsjahr. Seit ein paar Monaten bringt Franziskus ihr die Krankenkommunion.

Frau Kuhmann lebt im ersten Stock eines Hauses, das sie sich mit ihrer Schwiegertochter teilt. Sie kann kaum noch hören und wenig sehen, aber die Treppe schafft sie immer noch allein runter, mit zwei Händen fest am Geländer, Schritt für Schritt, lachend, laut rufend: »Sehen Se!« Sie ist noch fit im Kopf, das sagt sie selbst und das merkt man auch. Wundern tut sie sich nur, wenn ihr dann doch mal kurz ein Name nicht einfällt. Aber Frau Kuhmann sieht schön aus. Ihre Augen sind glasklar und ihr Blick wirkt durchdringend, obwohl sie doch eigentlich nicht so gut sehen kann. Wenn sie konzentriert zuhört, um Wörter zu erfassen, sitzt sie leicht nach vorn gebeugt da, mit gefalteten Händen. Und wenn sie etwas versteht, sagt sie auf eine ganz bestimmte Art, die sich einprägt: »Ja?« Ein erstauntes »Jaaaah?«, ein bisschen heiser, am Ende höher werdend.

Heute nehme ich einen Stuhl und rücke ihn direkt neben Frau Kuhmann. Franziskus ist seit zwei Tagen krank. Gestern war seine Stimme komplett weg, heute kann selbst ich ihn gerade so verstehen, weil er nur flüstert. Er muss für die Ostermesse schonen, was zu schonen ist. Daher soll ich seine Worte in Lautstärke übersetzen. Auf dem Tisch vor uns steht eine Kerze, Franziskus zündet sie an; sie brennt nur bei Besuch, Frau Kuhmann kann das kleine Licht überhaupt nicht mehr erkennen.

Franziskus setzt sich in den Sessel neben mich, schaut Frau Kuhmann an und flüstert: »Hallo, wie geht es ihnen?« Ich beuge mich zu Frau Kuhmann, bis ich ganz nah an ihrem Gesicht bin, und wiederhole die Worte. Als sie mich nicht versteht, noch einmal, etwas lauter und deutlich, schließlich antwortet sie: »Jaaaaah, schön, dass Sie gekommen sind!«, und lächelt, aber nur kurz.

Dann beginnt diese alte, schöne Dame neben mir bitterlich zu weinen.

»Ich sitze ja nur noch da und warte auf den Tod«, schluchzt sie in das Schütteln hinein. »Zwei Ehemänner hatte ich, beide sind tot. Sieben Geschwister – alle tot.« Es ist nicht nur ein Schluchzen, es ist ein Ganz-Körper-Zusammenbruch. Sie sagt nur noch: »Alle weg, alle weg«, ich könnte mitweinen. Und schaue Hilfe suchend zu Franziskus. Aber er schweigt, hält die Situation wohl einfach aus, es macht mich wahnsinnig. »Alle tot, alle tot.« Ich lege meine Hand auf ihre Schulter. Schaue zu Franziskus, frage ihn, flüsternd, mit rudernder Handbewegung: »Auferstehung? Tod? Wiedersehen? Fragezeichen?« Aber Franziskus nickt nur. Und Frau Kuhmann schüttelt sich, »Alle tot«, ich fühle mich hilflos, schaue Franziskus noch mal an, drehe mich schließlich zu ihr um, schaue ihr in die Augen und sage:

»Sie sind nicht tot! Sie leben ewig! Sie werden alle wiedersehen! Wir sind heute hier, weil Gründonnerstag ist! Der Tag der Eucharistie!«

Frau Kuhmann schluchzt, aber schweigt, hört zu, mit gefalteten Händen und leicht vornübergebeugt.

»Jesus hat an diesem Tag seinen Leib für uns hingegeben!«, sage ich. »Beim letzten Abendmahl! Jeden Tag feiern wir in der Messe seine Auferstehung! Damit feiern wir auch unsere eigene, weil er für uns gestorben ist! Wir werden auferstehen, genau wie er es tat! Wir werden alle, die wir lieben, wiedersehen! Gleich dürfen Sie das mit Franziskus feiern!«

»Jaaaaah?«, fragt Frau Kuhmann.

»Ja, ganz sicher! Sie warten hier nicht auf den Tod, sondern auf das ewige Leben! Sie werden Ihre Geschwister wiedersehen! Sie werden Ihre Männer wiedersehen!«

»Ich will sie so gern wiedersehen!«, sagt Frau Kuhmann, noch schluchzend.

Franziskus, heiser: »Das dürfen wir glauben und hoffen.«

Ich: »Das dürfen wir glauben und hoffen! Und darauf dürfen Sie sich freuen! Sie werden Ihre Männer und Geschwister wiedersehen!«

Lüge ich?

Ich schaue zu Franziskus. Er lächelt.

Wenn ich Franziskus später nach den Höhepunkten unseres Jahres fragen werde, wird er immer von dieser Krankenkommunion erzählen. Weil er da, sagt er, gemerkt habe, dass ich nicht mehr nur beobachte, sondern Teil bin: »Das war so ein Moment, in dem für mich die Liebe Gottes erfahrbar war.«

Frau Kuhmann und Franziskus feiern einen kleinen Gottesdienst, singen, beten, am Ende gibt er ihr die Kommunion, die geweihte Hostie. Ich übersetze nicht mehr, es ist nicht nötig. Franziskus muss nur ein Wort etwas lauter sagen, und Frau Kuhmann stimmt in das Gebet mit ein. Zum Schluss bedankt sie sich noch ein Dutzend Mal, immer noch ein bisschen weinend, und sagt: »Wie schön, dass Sie hier waren.«

Als wir gehen, bin ich traurig. Darüber, dass wir nicht viel öfter kommen können. Und darüber, dass Frau Kuhmann nach so vielen Jahren am Ende so unglücklich ist. Dabei ist sie nicht einmal so allein wie viele andere alte Menschen.

Aber ließe man das zu nah an sich ran, würde man überhaupt nicht mehr kommen. Und damit wäre auch niemandem geholfen. Also versuche ich das Positive zu sehen. Es war gut, dass wir da waren. Und dass ich überhaupt hier bin. Frau Kuhmanns Enkel hat Franziskus um die Krankenkommunion für seine Oma gebeten, nachdem er in meinen Artikeln von dieser Möglichkeit gelesen hatte. Dieses Jahr hat also schon allein dadurch einen Sinn bekommen, dass Franziskus jetzt manchmal zu Frau Kuhmann fährt und sie gemeinsam die Gegenwart Jesu feiern. Das ist doch etwas.

Ostern:
A-U-F-E-R-S-T-E-H-U-N-G

Christen glauben an die Auferstehung. Aber nicht nur an so ein Seelen-Ding oder Geist-Etwas, sondern an die *leibhaftige*. Auf Griechisch heißt Leib *sōma*, und das meint mehr als Körper, nämlich auch Person und Identität. Der Glauben an die leibhaftige Auferstehung hat also nichts mit Zombies zu tun. Er heißt im Kern, dass unsere Person mit dem Tod nicht verschwunden sein wird, sondern wir für andere und uns selbst erkennbar sein werden. Dass also unsere Beziehungen miteinander über den Tod hinaus bestehen. Christen glauben, wir werden uns wiedersehen – alle, auch die, die das selbst nicht glauben.

An Ostern feiern die Christen also das ewige Leben. In der Auferstehung werden wir, so der Glaube, bei Gott sein – und das hat Jesus möglich gemacht. Er wurde gekreuzigt und hat all unsere vergangenen und zukünftigen Sünden auf sich genommen. Weil er für uns gestorben ist, hat er quasi endlich bereinigt, was Adam und Eva vermasselten, als sie in den Apfel bissen.

Das Ostergeschehen, mit allen Tiefen (Tod) und Höhen (Auferstehung) spiegelt sich in der dreitägigen Messe wider. An der zeigt sich, wie schon an Weihnachten, dass die Kirche an ihren dramaturgischen Effekten schon eine Weile feilt. Jedes Detail hat eine Bedeutung.

Das ist die Kurzfassung der Liturgie – wie sie in quasi allen römisch-katholischen Messen an den Ostertagen abläuft:

Die Messe am Abend des Gründonnerstags beginnt festlich. Der Priester trägt sein weißes Gewand, die Farbe für die Hochfeste. Zum Gloria, dem Lobgesang auf Gott, spielt die Orgel, die Messdiener läuten die Schellen. Es ist die Feier des letzten Abendmahls, das eben – deswegen der festliche Beginn – *das* Abendmahl schlechthin ist. Aber es ist auch das letzte. Am nächsten Tag wird Jesus sterben. Daher verstummt die Orgel nach dem Gloria für zwei Tage, das einzige Mal im Jahr. Nach der Eucharistiefeier räumen die Messdiener den Altarraum leer. Blumen, Schmuck, Kerzen, alles kommt weg. Es gibt keinen Schlusssegen, damit kein offizielles Ende der Messe. Dafür werden die vom Abendmahl übrigen geweihten Hostien aufgestellt, allerdings nicht in einer Monstranz, sondern in einer zugedeckten Schale. Nach dem letzten Abendmahl soll Jesus die ganze Nacht gebetet haben. Auch er hatte Angst, weil er wusste, dass er am nächsten Tag geholt und ans Kreuz genagelt würde. Und – das ist der Clou am ganzen Christentum – Jesus war nicht nur Gott, sondern auch Mensch. Die haben halt mal Angst, wenn sie wissen, dass sie sterben werden. Seinen Jüngern soll Jesus gesagt haben: »Bleibet hier und wachet mit mir«, die sind aber leider alle eingeschlafen. Die Christen heute sollen das nachholen. Viele Kirchen, in denen die abgedeckten Hostien stehen, bleiben geöffnet, die Menschen sind eingeladen, mit Jesus zu wachen und zu beten.

An Karfreitag beginnt der Gottesdienst um 15 Uhr, weil das die Stunde von Jesu Tod gewesen sein soll. Es gibt kei-

nen Weihrauch, keine Orgel, keine Wandlung. Die Messdiener machen Geräusche mit Holz-Ratschen. Das Kreuz
wird enthüllt, während der Fastenzeit war es mit einem
Tuch verdeckt. Was dann kommt, nennt sich Kreuzvereh-
rung. Die Menschen knien vor dem Kreuz nieder, legen
manchmal Blumen ab oder küssen es. Es ist das Zeichen
von Jesu Tod – aber auch das Zeichen, dass wir durch seinen Tod gerettet sind.

Das Finale der Osterliturgie ist die Osternacht. Die
beginnt Samstagabend mit dem Osterfeuer vor der Kirche, an dem die Osterkerze entzündet wird. Von der wird
das Licht an viele Teelichter weitergegeben, bis vor jedem eines steht, die Lampen in der Kirche sind aus. Jesus
kommt ins Dunkel und bringt Licht. Die Lesungen aus
dem Alten Testament sind an diesem Abend die Klassiker:
wie Gott in sieben Tagen die Welt erschuf; wie Abraham
beinahe seinen eigenen Sohn erschlug; wie Moses das
Meer teilte; und weitere sind möglich. Diese Messe kann
mehr als vier Stunden dauern.

Und dann kommt der Höhepunkt. Der Moment der
Auferstehung. Das elektronische Licht geht an, die Orgel
setzt ein, die Gemeinde singt das Gloria. Und dann das
Halleluja – während der ganzen Fastenzeit wurde es nicht
gesungen. Aber selbst wenn man das nicht weiß: Den
Moment der Momente – den bekommt man mit.

So feiern die katholischen Christen die Auferstehung.
Seit Jahrhunderten. Und auch heute. In all ihren Kirchen
auf der ganzen Welt.

Ich bin in diesem Jahr das erste Mal Teil davon. Am Gründonnerstag stehe ich in der Messe und drücke vor allem

die Daumen, dass alles gut geht, weil ich ja dabei war, als Franziskus und die Messdienerinnen den Ablauf geprobt haben. In der Nacht zu Karfreitag fahre ich mit Franziskus um 2 Uhr morgens in die Kirche für die Nachtanbetung. Es gibt keine romantische Musik wie beim »Nightfever«, nur viel zu grelles Licht, vier weitere Gemeindemitglieder – und Stille, aber anders als am Anfang des Jahres finde ich sie nicht mehr unangenehm. Ich hatte mir vorgenommen, das Beten noch einmal zu versuchen, wenn nicht jetzt, wann dann. Aber meine Müdigkeit lässt keine großen Gedanken zu. Ich wäre als Jüngerin Jesu wohl auch eingeschlafen. Am Karfreitag ist der hintere Altarraum hier in der Kirche in Albachten hinter einem großen Tuch verborgen, das von der Decke hängt, sodass man nur den kahlen Altar und das Kreuz sieht. Aus dem Gottesdienst bleibt mir vor allem ein Satz aus Franziskus' Predigt in Erinnerung: »Wir sind nicht geheilt durch seine Wunder, sondern seine Wunden.« In der Osternacht stehe ich hinten in der Kirche – genau da, wo ich an Weihnachten stand, als mein weicher Kern bloßlag –, als der Moment der Momente kommt: Die Orgel setzt ein, die Menschen singen das Gloria, das Tuch wird heruntergelassen, und der ganze Altarraum ist wieder zu sehen, er ist voller Blumen. Die Auferstehung.

Franziskus wollte, dass ich verstehe, was das heißt. Was er da feiert; er und alle Christen: Jesus ist auferstanden.

Das schreibt man einfach so hin, ohne vermitteln zu können, was es für Franziskus bedeutet: A-U-F-E-R-S-T-E-H-U-N-G. So, wie ich es verstanden habe, heißt das etwas wie: Der Mensch, den man am meisten liebt, ist tot – und dann plötzlich wieder da. Und dann multipliziert man dieses Gefühl mit, ähm, fünf, weil man sicher sein kann, dass es wahr ist: Wir sind nie allein, aber immer geliebt, und zwar, egal was wir tun. Und noch einmal mit fünf, weil wir jetzt wissen, dass auch wir nicht sterben werden. Wieder fünf, weil wir alle, die jemals gestorben sind, wiedersehen. Wir sind gerettet, wir und die ganze Welt; und alles, was schwer ist, kann uns egal sein – multipliziert mit ich weiß nicht wie viel. Das wäre ja tatsächlich verrückt, ein Wunder.

Habe ich das wirklich verstanden?

Glaube ich es?

Die Auferstehung?

Den Kern des Christentums?

Und wenn nicht: Habe ich Frau Kuhmann angelogen?

Das frage ich mich, als ich auf die Blumen und den strahlenden Franziskus schaue. Würde ich das glauben, müsste ich gerade ausrasten, die Arme in die Luft reißen, rausstürmen, einmal um die Kirche rennen und brüllen: »JAAAAA!« Doch mir fällt es ganz leicht, einfach hier stehen zu bleiben. Auch in mir ist es ganz ruhig. Weihnachten hat mich mehr berührt. Das bedeutete mir jedoch schon vorher etwas und Rotwein hatte ich auch getrunken. Jetzt, hier, an Ostern, finde ich die Liturgie faszinierend; die Symbolik beeindruckend; die Geschichte spannend. Für mich bleibt sie aber vor allem das: eine Geschichte.

Doch wenn ich darüber nachdenke, was ich Frau Kuhmann gesagt habe, merke ich, nein, komplett gelogen habe ich nicht. Nicht wissentlich. Ich habe ihr einfach gesagt, was auch ich glaube. Was ich eigentlich schon immer geglaubt, nur bisher nie in Worte gefasst habe.

Wenn ich am Grab von meinem Opa und meinen Urgroßeltern stehe, rede ich mit ihnen. Wenn etwas Wichtiges in meinem Leben passiert, ist etwas in mir davon überzeugt, dass sie es wissen. Sie müssen also noch irgendwo sein. Und wenn sie also dort sind, dann kann ich doch dorthin kommen, und dann werden wir uns wiedersehen. Auch wenn ich nicht weiß, wie. Das glaube ich. Und sei es nur, weil ich alles andere nicht glauben kann.

Ich würde mit dieser Position nie in einem Debattier-Klub antreten, auch nicht versuchen, jemanden mit einer emotionalen Valerie-Predigt davon zu überzeugen. Mir ist völlig bewusst, dass das Quatsch sein könnte. Dass wir mit dem Tod vielleicht einfach weg sind. Aber, na ja: Ich glaube es nicht.

Doch dieser Glaube an ein Danach hat für mich nichts mit Jesus Christus zu tun. Auch bei der Frage, ob es Gott gibt, klammere ich ihn völlig aus. Dann kann der, über den ich da nachdenke, ja aber auch nicht Gott sein, oder? Zumindest nicht der, an den Franziskus so intensiv glaubt.

»Er ist auferstanden!«, ruft Franziskus. Er steht vorn am Ambo, dem Lesepult, ganz in Weiß, um ihn die Blumen, und beginnt seine Predigt. Er strahlt. Noch mehr als an Weihnachten. Als ob er innerlich einmal um die Kirche rennen und »JAAAAA!« schreien würde. Er lebt! Er ist bei uns! Der Tod ist besiegt! Nicht nur heute an Ostern, sondern immer! Später erzählt Franziskus mir: »Ich war selbst überrascht, wie ich in die Predigt eingestiegen bin. Das ist mir irgendwie so rausgerutscht.«

A-U-F-E-R-S-T-E-H-U-N-G.

Am nächsten Morgen, Ostersonntag, ist Franziskus noch immer gut drauf. Er läuft grinsend durch die Gegend, pfeift die ganze Zeit, und verteilt kleine Schoko-Schäfchen. Es ist einer der letzten Morgen, die ich in Roxel verbringe, nur noch ein Mal werde ich wiederkommen. Für ein bisschen Fazit und Sentimentalwerden.

Nach dem Frühstück fahre ich mit dem Zug in die Altmark in Sachsen-Anhalt, wo meine Familie lebt. Zum Osterfeuer, wie jedes Jahr am Ostersonntag. Das wird nicht gesegnet. Die freiwillige Feuerwehr hat aber daneben einen Bierwagen aufgestellt.

Als ich im Zug sitze, erinnere ich mich doch wieder kurz an das Gefühl nach Weihnachten. An dieses Gefühl, dass etwas fehlt.

Ostern, das waren drei Tage durchstrukturierte Sinnhaftigkeit. Drei Tage nur diese eine Geschichte, diese eine Geschichte mit dem Mega-Happy-End. Drei Tage lang die Aussicht darauf, drei Tage lang alles gut; und was nicht gut ist, auch egal. Drei Tage zwischen unendlich gut gelaunten Menschen, die sich freuen, wie man sich halt so freut, wenn man ewig leben kann. Da wirkt die Welt außerhalb des christlichen Kosmos irgendwie leer. Die Welt feiert nicht. Es gab nicht mal Oster-Deko beim Bäcker am Bahnhof. Das ist nicht schlimm, nur kurz seltsam.

Dann greife ich zu meinem Handy und öffne die Nachrichten-App. Ich lese von 110 Menschen, die bei einem Bombenattentat in Syrien getötet worden sind. 64 davon Kinder, zum Anschlagsort gelockt mit Kartoffelchips.

Und da klopft mir auf einmal wieder die Frage auf die Schulter. Wenn es Gott gibt? Den von Franziskus?

Dann wären sie nicht einfach tot, sondern trotzdem gerettet.

Und da wünsche ich, dass es wahr ist.

Der Elefant

Ich habe mich in Berlin noch einmal mit meinem Kollegen verabredet. Der, dem ich erzählt habe, dass Gott nicht funktioniert, und der mit dem Vater-Lächeln meinte, so einfach denke doch Gott nicht. Ich will von ihm wissen, wie dann. Von ihm, weil er Christ ist, Protestant, tiefgläubig, aber sicher, dass Gott nichts gegen die gleichgeschlechtliche Ehe hat. Ich frage ihn, wie er sich das erklärt: dass Franziskus an denselben Gott glaubt wie er. Dass Franziskus aber überzeugt ist, die gleichgeschlechtliche Ehe sei nicht Gottes Wille. Klar, man könnte einfach sagen, Gottes Wille entziehe sich jeder Logik, aber damit würde man es sich ganz schön leicht machen. Und klar, wenn es Gott nicht gibt, dann ist das alles egal. Mir ist es aber nicht egal.

Natürlich gibt es auch viel größere Widersprüche zwischen einem barmherzigen Gott und dem Handeln von Menschen, die sich auf diesen berufen. Menschen töten, hassen und nennen sich dennoch Christen. Trotzdem bleiben meine Gedankenschleifen immer wieder bei der Ehe hängen, wegen des Mannes, der mir nur flüsternd von seiner Hochzeit erzählte. Weil das Beispiel so nah ist und so konkret. Und weil es um Franziskus geht. Bei gläubigen Hassern oder Mördern kann man immer behaupten, in Wahrheit verschließen sie sich Gott. Aber Franziskus kenne ich. Er versucht wirklich, Gottes Willen zu verstehen.

»Man ist nie nur gläubig«, antwortet mein Kollege, als ich ihm all das noch mal erkläre, und weiter: »Man wächst in kulturellen, geografischen und sozialen Umständen und Konstrukten auf, die einen prägen.«

Die Antwort reicht mir nicht. Franziskus wollte sich auf meine Bitte hin noch mal im Gebet mit der Frage auseinandersetzen, ob Gott gegen die gleichgeschlechtliche Ehe ist. Bisher hat er seine Meinung deswegen nicht geändert, ich bin mir ziemlich sicher, dass das auch so bleiben wird. Und ich frage mich weiterhin, wie Gott funktionieren soll.

»Wenn Franziskus Gott wirklich bittet, ihm seinen Willen zu zeigen«, sage ich zu meinem Kollegen, »wieso wird Gottes Wille dann für Franziskus nicht erfahrbar? Wieso verschließt sich Gott dann vor einem treuen Diener wie Franziskus?«

»Gott verschließt sich niemandem.«

»Dann hält er sich aus seinem Gebet raus.«

»Ich glaube, Gott ist immer mit dabei.«

»Wie soll das denn zusammenpassen?«

»Gott hat, glaube ich, mit allem, was passiert, etwas zu tun. Aber man kann aus dem, was passiert ist, kein Prinzip über Gottes Willen für die Zukunft ableiten.«

»Okay.«

»Zum Beispiel: Wenn Menschen an Krebs sterben – dann hat Gott damit etwas zu tun. Dann ist er bei ihnen. Weil nichts ohne Gott passiert. Aber daraus kann man nicht ableiten, dass Gott nun will, dass wir alle an Krebs sterben.«

»Okay.«

Okay?

»Ich will damit sagen«, fährt er fort, »wenn Franziskus weiterhin gegen die ›Ehe für alle‹ ist, spielt Gott in diese Entscheidung, natürlich, mit hinein. Das heißt aber nicht, dass sich aus Franziskus' Entscheidung – auch wenn sie im Gebet getroffen wurde – Gottes Wille ableiten lässt.«

Irgendwie ergibt das Sinn, was er sagt. Aber dann auch wieder gar nicht. In meinem Kopf fängt ein kleines rothaariges Mädchen an zu singen: »Ich mach mir die Welt, widdewidde wie sie mir gefällt.«

»Aber ich muss auch sagen«, erklärt mein Kollege dann weiter, »selbst wenn in der Bibel wörtlich stünde, Gott sei gegen Homosexualität, wie wir sie heute verstehen – was es nicht tut –, ich würde mich trotzdem dafür einsetzen, dass Menschen diese Liebe in der Ehe leben können. Das zu sagen ist für uns Protestanten aber natürlich leichter, weil seit Luther die Ehe kein Sakrament mehr ist, sondern ein ›weltlich Ding‹.«

»Du würdest dich gegen Gottes Willen stellen?«

»Nein, im Gegenteil. Nur bestärken mich andere Bibelstellen in meiner Überzeugung. In der Bibel steht auch, dass wir in Beziehungen leben sollen. Wenn ich diese Stelle verinnerliche und logisch weiterdenke, dann kann ich nur zu dem Schluss kommen, dass Gott damit auch homosexuelle Beziehungen meint und nichts gegen deren Eheschließung hat.«

»Ich habe im letzten Jahr gelernt, Gottes Wille lasse sich nicht logisch erklären.«

»Gott mag sich unserer Logik entziehen. Aber wir müssen unsere ethischen Entscheidungen logisch treffen, weil wir eben Menschen sind.«

Das ergibt jetzt Sinn.

Ein paar Tage nach diesem Gespräch sitze ich auf einer Bank an dem Spielplatz, der hundert Meter von meiner Wohnung entfernt liegt. Spazieren gehen tut bestimmt gut, dachte ich, aber weiter habe ich es nicht geschafft, weil in meinem Kopf noch die letzte Nacht wuchert. Es ist Sonntagnachmittag, ein bisschen zu frisch, aber sonnig, keine Ecke des Spielplatzes ist ungenutzt. Im Sandkasten schaufeln die Kleinen, die noch nicht klettern dürfen. Ein Mädchen arbeitet sich über die Rutsche zum dritten Mal hinauf. Auf der Schaukel schubst ein anderes Mädchen einen Jungen an, scharf beobachtet von den Eltern, die beide ermahnen, vorsichtig zu sein. Immer wenn die Erwachsenen nicht gucken, schubst das Mädchen ihn ein bisschen zu dolle und der Junge lacht.

Meine Hände habe ich tief in die Tasche vergraben, meine Nase im Schal, ich schaue so vor mich hin. Dabei springen meine Gedanken durch die Zeit – was ich nächste Woche tun muss, was ich letzte getan habe –, und so landen sie auch noch einmal bei meinem Kollegen. Seine Antworten spule ich innerlich noch mal ab, wie ich es schon öfter getan habe. Aber etwas ist anders. Da sitze ich, sogar verkatert, und merke auf einmal, dass ich mein eigenes Problem überhaupt nicht mehr verstehe.

Wochenlang war ich, basierend auf der Vorstellung des einzigen Gottes, den ich denken kann, an diesem Punkt nicht mehr weitergekommen: Gott verschließt sich nicht jemandem wie Franziskus, trotzdem kommt Franziskus zu einer Meinung, die nicht der Wille Gottes sein kann. Aber jetzt denke ich: Na und? Das heißt ja nicht, dass Gott nicht funktionieren kann.

Denn natürlich existiert man mit seinem Glauben in keinem Vakuum. Der Glaube landet mit unseren Erfahrungen, Überzeugungen, unserer Erziehung, unserem Leben in einem Mixer, und wir Menschen sind der Mischmasch, der dabei herauskommt. So einen Mischmasch kann man nicht mehr in die einzelnen Zutaten zerlegen, selbst wenn »Gott« mit drin steckt, und egal wie viel von ihm. Daher lässt sich aus einem Menschen, und sei er noch so gläubig, auch nicht Gottes Wille ableiten.

Es ist wie mit der Geschichte von den Blinden und dem Elefanten – ein buddhistisches Gleichnis. Eine Handvoll blind geborener Männer soll ihrem König einen Elefanten beschreiben. Sie tasten herum, jeder an einer anderen Stelle. Als sie erklären sollen, was ein Elefant ist, beschreibt jeder etwas anderes: Schwanz, Kopf, Rüssel, Ohr, Bein. Sie alle sind überzeugt, dieser eine Teil, das sei der ganze Elefant. Weil sie ihn nicht komplett erkennen können.

Nur weil Franziskus gegen die Ehe für alle ist, ist das noch lange nicht Gottes Wille.

Und nur, weil es nicht Gottes Wille ist, heißt das nicht, dass Gott nicht da und greifbar für Franziskus wäre.

Wenn es Gott gibt, dann würde er seinen Willen, wie auch immer der aussehen mag, nicht über die anderen Zutaten stellen, die unseren menschlichen Mischmasch ausmachen. Denn was würde das heißen? Alle Menschen, die nur mal ehrlich genug nachfragen, denken das Gleiche. Haben die gleichen Überzeugungen. Meinungen. Handeln gleich. Klingt furchtbar langweilig.

Wenn es Gott gibt, dann lässt er uns doch gerade unterschiedlich sein. Weil das ja sein größtes Geschenk an uns ist: die Freiheit.

Wenn es Gott gibt – dann funktioniert es, dann ist der einzige Gott, den ich denken kann, auch der Gott von Franziskus.

If God Was One of Us

Ich bin mit dem Fahrrad durch Berlin unterwegs und halte gerade an einer Ampel, als auf meinem Handy das nächste Lied einsetzt, »What if God Was One of Us« von Joan Osborne. In meinem Ohr beginnen Gitarre und Schlagzeug diese Melodie aus dem Jahr 1995 zu spielen, es ist eine dieser Melodien, die einem das Gefühl geben, sich in seinem eigenen Musikvideo zu befinden, in dem sich alles außer einem selbst nur noch in Zeitlupe bewegt. Man gleitet durch die Welt, in der alle ihr Ding machen, aber man ist schneller als sie, kann sie genau beobachten. Ein Lied, das einem kurz das Gefühl gibt, den Überblick zu haben. Und als Joan Osborne anfängt zu singen: »If God had a name, what would it be?« – Wenn Gott einen Namen hätte, wie würde er heißen? –, springt die Ampel auf Grün, ich stoße mich leicht mit der rechten Hand von der Laterne ab und gleite in die Zeitlupe hinein.

Sehe den Mann, der aus dem Imbiss kommt und in seinen Döner beißt. Die zwei lachenden Frauen vor der Bar mit einem Glas Wein in der Hand. Den alten Mann, der nach der leeren Flasche greift, die neben dem Mülleimer steht. Die vier Freunde, die die Treppe zur U-Bahn hinuntersteigen. Den Jugendlichen, der raucht, obwohl er zu jung dafür ist. Die Frau, die an mir vorbeiradelt, obwohl ich doch die Einzige bin, die sich hier nicht in Zeitlupe bewegt.

Und Joan Osborne stellt in meinem Ohr ihre zwanzig Jahre alten und noch viel älteren Fragen: »Was wäre, wenn Gott einer von uns wäre? Nur so ein Typ wie wir? Nur so ein Fremder im Bus, der irgendwie nach Hause kommen will?«

Ich habe das Lied schon oft gehört. Noch nie habe ich lange über den Text nachgedacht, ihn aber intuitiv immer so verstanden, dass es Gott nicht geben kann. Den Refrain »God is great« – Gott ist groß – habe ich für Ironie gehalten. Das Lied sagte für mich, dass Gott eben keiner von uns sei. Denn wäre er es, wüsste er, wie schwer es manchmal ist – und dann wäre es nicht so schwer. Dann würde vieles anders laufen.

Und so fällt mir wegen des Liedes in dem Moment wieder eine andere Frage ein. Eine, die so groß ist, dass ich nicht mehr an sie gedacht, sondern einfach akzeptiert habe, dass es darauf keine Antwort gibt. Obwohl sie doch jeder, der nicht an Gott glaubt, zuerst stellt. Obwohl doch auch ich sie Franziskus gleich am Anfang gestellt habe. Wie soll Gott einer von uns sein, barmherzig sein und allmächtig, wenn es so viel Schlechtes gibt auf der Welt?

»Was passiert, wenn alle Menschen dafür beten, dass es keine Kriege mehr gibt?«, fragte ich Franziskus. Es war in unserer ersten oder zweiten gemeinsamen Woche.

»Es kann trotzdem wieder passieren«, antwortete er, »das liegt ja auch an der Freiheit, die Gott uns lässt.«

»Okay, aber da frage ich mich: Es gibt Menschen, die haben nichts Schlimmes getan und ihre Gebete werden trotzdem nicht erhört. Geflüchtete Männer, Frauen und Kinder, die auf dem Mittelmeer ertrinken. Die haben sicherlich auch vor-

her Stoßgebete zum Himmel geschickt. Was hat ihnen das ge-
bracht?«

»*Sie haben ihre Beziehung zu Gott anerkannt und waren dadurch nicht komplett hilflos. Sie konnten sich an ihrem Glauben festhalten. Sie haben sich selbst transzendiert auf einen anderen …«*

»*Dieser andere hat aber nicht geholfen, Franziskus.«*

»*Er war für sie aber trotzdem Ansprechpartner. Und das ist ja ein Anker.«*

Ich radle durch die Berliner Zeitlupe, an den Leuten vorbei, ganz normaler Alltag, kein besonders großes Leiden, so gewöhnlich, aber mit Joan Osbornes Stimme im Hintergrund irgendwie anmutig. Und auf einmal verstehe ich Franziskus' Antwort.

Wenn es Gott gibt, dann hat er uns die Freiheit geschenkt; und dann ist sie absolut. Dann endet sie auch nicht, wenn wir leiden. Auch dann nicht, wenn wir anderen Leid zufügen. Im kleinen Kontext und im globalen. Egal, wie grausam es ist. Egal, wie herzzerbrechend und zum Himmel schreiend ungerecht. Aber: Er ist dann trotzdem einer von uns. Er ist der Anker. Der Halt. Gott, wenn es ihn gibt, verändert nicht die Welt. Weil das sein Geschenk an uns war: dass das nur wir können. Aber er kann uns verändern. Er kann uns Kraft geben, zu ändern; die Stärke, auszuhalten; oder Hoffnung, wo es keine mehr gibt.

Wenn er uns alles Schlechte nehmen würde, dann würde er unserem Leben die Tiefen nehmen, und damit auch die Höhen. Dann nimmt er uns auch das Streben, Hoffen, Sehnen, Wünschen. Das Verlieren, das Gewinnen. Das Zusammenbrechen aus Angst, das Schreien vor Glück.

Wenn es Gott gibt, könnte er uns von allem Schlechten befreien, aber er würde uns dann doch das Menschsein nehmen.

Was, wenn Gott einer von uns wäre?, fragt Joan Osborne. Und ich antworte: Vermutlich wäre alles, wie es ist.

An der nächsten Ampel klopft mir die Frage wieder auf die Schulter. Eine Weile ist sie schon wieder neben mir hergelaufen.

Und ich schaue sie an, jetzt auch in Zeitlupe, wie man das so macht vor einem großen Finale. Ich blicke ihr tief in die Augen, Osborne singt im Hintergrund, die Autos sind nur noch bunte Lichter um uns herum; wenn es Tag wäre, würden jetzt Vögel zwitschern.

Und die Frage sagt: »Valerie. Nu' komm endlich mal zu Potte.«

Was glaube ich?

Gott funktioniert. Seit Wochen versuche ich, die Welt so zu sehen, wie sie wäre, *wenn es Gott gibt*. Und das Ergebnis: Wenn es Gott gibt – ist es am Ende immer noch die gleiche Welt. Man kann die Schablone »Gott« darüberlegen, ohne etwas übersehen zu müssen, ohne etwas zu verdecken, ohne besonders unvernünftig zu sein, irrational oder bescheuert. Es funktioniert, diese Welt, diese Menschen, dieses Leben, sie passen zu Gott. Dem von Franziskus. Und dem, den ich denken kann. Was kein Beweis für ihn ist. Aber für mich ein Beweis dafür, dass man ihn auch nicht widerlegen kann. Franziskus lebt nicht in der Matrix – zumindest nicht mehr als wir alle. Er blickt nur von der anderen Seite auf die Wand, hat eine andere Perspektive auf die Dinge. Eine mögliche. Die Glaubensperspektive.

Was die Frage jetzt noch wissen will: Ist es auch meine Perspektive?

Manchmal denke ich Ja. Weil es schön wäre und ein Wunsch doch ausreichen müsste. Weil mich die Selbstverständlichkeit vieler, die glauben, so fasziniert. Und mich die Idee der letzten Gerechtigkeit, der Liebe für alle, anzieht. Weil ich doch sowieso schon mit Toten rede.

Oft denke ich, nein. Weil mir der Glaube zu sehr, zu

offensichtlich nur eine Geschichte zu sein scheint. Eine Geschichte, die zwar helfen kann, aber trotzdem eine Geschichte bleibt. Ein psychologisches Konzept, das wir Menschen brauchen.

Aber sobald ich denke, okay, ich glaube eben nicht an Gott, ist etwas in mir damit noch nicht zufrieden. Denn was würde das am Ende heißen? Dass alles, was Franziskus glaubt, Einbildung ist, und all die Leute, die ich im vergangenen Jahr kennenlernte, Spinner sind. So wie ich, wenn ich in Polen bete, am Grab mit Verstorbenen rede oder in Kirchen plötzlich das Bedürfnis verspüre, Kerzen anzuzünden. Wenn ich sowieso an etwas glaube, das nicht fassbar ist, wieso sollte dieses Etwas dann nicht Gott sein?

Vor einigen Monaten besuchte ich einen Vortrag von Markus Tiedemann, Professor für Didaktik der Philosophie und für Ethik an der Technischen Universität in Dresden. Er ist unter anderem auf das Thema Glauben spezialisiert, steht Religion und Kirche aber skeptisch gegenüber. Was er sagte, fand ich so spannend, dass ich ihn einige Wochen später noch einmal anrufe.

Er erklärt mir eine seiner Hauptthesen näher: dass es keine Atheisten gibt. Wir Menschen könnten nicht nicht glauben. Weil wir in Kausalketten denken: Ursache – Wirkung. Bei allem, was wir sehen, fragen wir danach, woher es kommt. Wie Kinder es schon tun, in ihren Warum-Fragen, die mit der Schlafenszeit beginnen und enden bei: Warum ist der Mensch eigentlich hier? Wir würden im Denken notwendig immer die Idee einer ersten Ursache hervorbringen. »Wir können diese regulative Idee eines

Glaubensgegenstands, einer letzten Transzendenz gar nicht ganz aus unserem Hirn verbannen«, sagt Tiedemann. Aber diese Idee einer ersten Instanz, die in unserer Hirnstruktur einfach so angelegt sei, die geht für ihn nicht notwendig mit einem religiösen Glauben einher. »Sie nennt sich mal Urknall, mal Gott.«

Wir sprechen auch darüber, woran man denn sonst noch glauben könnte, wenn nicht an Gott. An das Gute? Das ist für Tiedemann praktisch Kants kategorischer Imperativ: Handle so, dass die Maxime deines Handelns jederzeit allgemeines Naturgesetz werden könnte. Dieses Sittengesetz funktioniert für Tiedemann auch ohne Gott. »Durch die Fähigkeit, abstrakt zu denken, sind wir zum Guten fähig«, sagte Tiedemann. Wir können also nicht nur so handeln, wie wir es wollen, sondern danach, wie wir denken, dass es sein sollte. Zum Beispiel: Der Kellner vergisst, meine Eisschokolade abzurechnen. Was ich will: gehen und mir im nächsten Café von dem Geld noch eine kaufen. Was ich tue: ihn darauf aufmerksam machen. Warum: weil ich weiß, dass es so sein *sollte,* dass man den Kellner nicht auf dem Getränk sitzen lässt. Danach handle ich.

Ich frage Tiedemann auch, ob er an Gott glaube. Er antwortet: »Wenn man das als emphatische, emotionale Ebene beschreibt, dann gibt es bei mir so eine glaubende Hoffnung auf eine letzte Transzendenz«, setzt aber schnell hinzu: »Aber natürlich holt der wache Geist mich ein und sagt: Na ja, das ist jetzt aber auch ganz schön niedlich, was du da glaubst.«

Das zu hören beruhigt mich. Tiedemann ist Religions- und Kirchenskeptiker. Er kann mit beidem ziemlich hart ins Gericht gehen, auf eine ziemlich amüsante Weise. Aber selbst er sagt, dass da eine Idee ist, die ihn, auch wenn er sie vielleicht gern überwinden würde, einholt.

Es ist beruhigend, weil es mir dann leichterfällt, zuzugeben, dass auch ich ein paar Dinge glaube, die *mein wacher Geist* für *ganz schön niedlich* hält. Die glaube ich nicht erst, seit ich mit Franziskus unterwegs bin. Nur habe ich sie bisher nie hinterfragt.

Ich glaube nicht nur an das Prinzip des Guten, den kategorischen Imperativ oder daran, dass etwas Gutes in jedem Menschen steckt. Ich glaube an mehr, nämlich daran, dass es auch gut *wird*. Ich habe eine Art Grundvertrauen. Eine Grundzuversicht, einen Glauben an Gerechtigkeit. Das klingt bescheuert. Und naiv. Und eben *ganz schön niedlich*. Das Leben und meine Nachrichten-Apps zeigen mir schließlich täglich, dass es dafür keine Garantie gibt.

Und auch mein *wacher Geist* holt mich ständig ein, um mir zu sagen: Du kannst dieses Vertrauen nur haben, weil du extrem privilegiert bist. Du musstest nie kämpfen für deine Freiheit, dein Wohl oder das der Menschen, die du liebst. Klar kannst du dir die Welt rosa malen – von da aus, wo du stehst. Ich bin mir dessen völlig bewusst. Aber wenn ich ehrlich zu mir bin, ist dieses Grundvertrauen trotzdem da.

Vielleicht haben alle so ein Vertrauen, und es ist völlig unnötig, dass ich bei der Suche nach Worten Blut und Weihwasser schwitze. Vielleicht auch nicht. Vielleicht verbirgt sich hinter diesem Vertrauen etwas Göttliches. Vielleicht nur ein Kniff meiner Psyche.

Ich glaube außerdem auch, wie Franziskus es in seiner

Weihnachtspredigt sagte, dass wir nicht alles allein schaffen müssen. Deswegen denke ich wohl manchmal »Danke«, wenn etwas gut läuft. Das richtet sich nicht an mich selbst, auch nicht an ein abstraktes Privileg. Woran dann?

Generell fühle ich mich nicht allein, auch wenn gerade niemand neben mir steht. Ob grübelnd allein am Strand, singend auf dem Fahrrad, ob zu Hause, wenn kurz etwas über einen hereinbricht. Vielleicht liegt das an dem Bewusstsein, dass da viele andere sind und waren, die genau das Gleiche taten: So viele schauten sich am Strand den Sonnenuntergang an und wunderten sich, wie schön unwirklich das aussieht. Oder saßen allein zu Hause und wussten kurz nicht, was jetzt. Oder waren der festen Überzeugung, etwas nicht zu schaffen, aber dann ging es doch irgendwie. Mein *wacher Geist* sagt mir, dass ich mich nie allein fühle, weil ich es nicht bin. Dass ich wirklich nichts allein schaffen muss, weil es Menschen gibt, die ich anrufen könnte, egal, wie spät es ist, egal, wo sie oder ich gerade sind. Dass ich das Wissen um den Schatz, den ich an diesen Menschen habe, in mir trage. Und vielleicht ist ja dieser Schatz schon das eigentlich Göttliche. Aber gleichzeitig erkenne ich dieses Gefühl auch bei Menschen wieder, die beispielsweise den Jakobsweg gehen. Sie berichten, dass das Wissen darum, wie viele das schon geschafft haben, einen weitergehen lässt. Man fühlt sich verbunden mit Menschen, die man noch nie gesehen hat und die vielleicht schon lange nicht mehr leben.

Immer wenn ich darüber nachdenke, was ich glaube, lande ich am Ende nicht bei einem Wort. Sondern bei Situationen.

Ich glaube, dass es Begegnungen gibt, die einfach kein Zufall sein können, auch wenn mein wacher Geist nie bestreiten würde, dass es vielleicht einfach Zufall ist.

Ich glaube, dass es nicht sinnlos ist zu beten, wenn man nicht mehr weiterweiß.

Ich glaube, dass es etwas bewirkt, wenn Menschen aneinander denken. Dass wir verbunden sein können, auch ohne nebeneinanderzustehen und auch ohne technische Hilfsmittel.

Ich glaube, dass wir scheinbar Unmögliches schaffen können, wenn wir daran glauben.

Ich glaube, dass wir in der Lage sind, Unverzeihliches zu verzeihen, wenn wir das wollen.

Ich glaube, dass wir über uns hinauswachsen können, dass wir größer sein können als diese physischen ein bis zwei Meter, in denen wir voreinanderstehen.

Ich glaube an das Gute im Menschen, an die Liebe in uns.

Auch wenn das irrational scheint.

Ich hoffe, dass es Gerechtigkeit geben wird.

Viele sagten mir im Laufe dieses Jahres, sie würden etwas, vielleicht einen Glauben, bei mir erkennen, da sei doch was. Und ja, das stimmt. Aber ich denke, so ist es bei den meisten. Oder zumindest bei vielen. Ob wegen unserer Hirnstruktur oder weil tatsächlich mehr hinter alldem steckt. Doch auch wenn ich an all diese Dinge glaube; auch, wenn ich die Möglichkeit anerkenne, dass es Gott geben könnte, so wie Franziskus an ihn glaubt und wie ich ihn mir vorstelle: Ich kann nicht sagen, dass ich an »Gott« glaube.

Vor Kurzem habe ich, auch auf der Suche nach Antworten, Hape Kerkelings Buch *Ich bin dann mal weg* gelesen. Darin beschreibt der Comedian, wie er den Jakobsweg geht. Anfangs überlegt er häufiger, aufzugeben, doch verschiedene Zeichen stimmen ihn immer wieder um. Als er wieder eines – ein Lied – entdeckt, schreibt er: »Vielleicht möchte ich auch einfach, dass dieser Weg wundervoll ist, und deshalb ist er es dann auch.« Am Ende findet Hape Kerkeling zu Gott. Er sagt, er glaube, dass es ihn gibt. Gott habe auf dem Jakobsweg mit ihm, Kerkeling, gesprochen. Kerkeling schafft es in diesen paar Wochen, mit Gott zu sprechen, was ich in einem Jahr nicht schaffte.

Wie?

Er wollte es eben.

Immer wenn ich denke, dass ich will, versuche ich mir noch einmal die Wand vorzustellen. Diese Wand, die mich davon abhielt, auf Franziskus' Seite zu gelangen, in der jetzt aber ein Loch ist, weil die Steine an der Seite liegen, sodass ich nur hindurchgehen müsste. Ich versuche meine Füße gedanklich in Bewegung zu setzen. Aber sobald das klappt, muss ich wieder anhalten. Weil da auf einmal wieder eine Mauer steht. Was für eine? Die einen würden sagen: atheistischer Trotz. Die anderen: mein Verstand. Vielleicht beides. Auf jeden Fall ist sie ein von mir selbst errichtetes Hindernis. Ich komme nicht vorbei. Man könnte jetzt sagen, man muss den Kopf auch mal ausschalten, um sich auf eine mögliche Gottesbegegnung einzulassen. Vielleicht. Das Ding ist: Ich mag meinen Kopf. Und zwar eingeschaltet.

Und so halte ich mich selbst zurück. Ich glaube, ich will es einfach nicht wirklich.

Damals, als Franziskus und ich auf der Bank an der Hönne in Menden saßen, erzählte ich ihm von meinem heiligen Rausch auf der Papst-Wiese, fragte ihn, was uns unterscheide, und er antwortete: »Dass ich darin Gott sehe, weil ich an Gott glaube.« Das irritierte mich, weil ich dachte, er gebe damit zu, dass sein Glaube auch Einbildung sein könnte. Doch sein Glaube ist keine Einbildung. Der ist echt. Ich habe ihn gesehen. Aber er basiert auf einer Entscheidung, die Franziskus getroffen hat. Es ist diese Entscheidung, die uns unterscheidet.

Es kommt eben nicht nur darauf an, ob Franziskus und ich das Gleiche fühlen, wie ich so lange dachte. Es ist eine Frage der Perspektive, aber welche wir einnehmen, entscheiden wir – zumindest ein Stück weit – selbst: Will man in diesem warmen Gefühl am Strand Gott sehen? Oder seine Zufriedenheit? Will man in Menschen, die sich für andere einsetzen, ihre Fähigkeit sehen, den kategorischen Imperativ zu denken? Oder Gottes Wirken? Glaube ich, dass meine Verstorbenen mich hören? Oder denkt sich das meine Psyche aus, weil es leichter ist? Ist das unsere Hirnstruktur oder die Wahrheit? Nennt man das Gefühl »Liebe« oder »Gott«, sieht man Zeichen oder Zufälle, führt man Selbstgespräche, wenn man betet, oder kommt das irgendwo an?

Wenn man sich entscheidet, darin Gott sehen zu wollen, dann geht man auf die Suche nach ihm. Dann kann man ihn finden.

Aber ich tue das nicht.

Die vier Buchstaben »Gott« sind für mich mit der christlichen Vorstellung verbunden. Mit den Wesensmerkmalen, die einfach zu ihm gehören, weil es sonst nicht *Gott* ist. Da ist zum Beispiel die Vorstellung, dass Gott *die* Wahrheit ist. Ich glaube nicht, dass es *die* Wahrheit gibt. Oder dass Gott an erster Stelle kommt, immer. »Christsein steht für die wichtigste Beziehung in unserem Leben«, sagte Franziskus an Weihnachten. Wenn man an Gott glaubt, mag dieser Satz Sinn ergeben, nicht schwer zu akzeptieren sein und sicherlich ein Bedürfnis ausdrücken. Aber für mich kann Gott niemals über Menschen stehen, die ich liebe. Ich finde auch nicht, dass wir nett zueinander sein sollten, weil Gott in jedem von uns ist; sondern weil sich das so gehört.

Vor allem kann ich nicht behaupten, an Gott zu glauben, weil ich nicht an Jesus Christus glaube. Dieser personale Gott geht tatsächlich über meine Vorstellungskraft hinaus.

Klar, Christen haben kein Patent auf den Namen Gott. Aber wenn ich ohnehin schon weiß, dass ich etwas anderes meine, ist es doch sinnlos, zu sagen, ich glaube an ihn.

Doch dann ist da wieder etwas, das mir die Antwort auf diese Frage so schwer macht: Ich glaube nicht an Gott, aber ich glaube Franziskus. Und all den anderen. Damit meine ich nicht nur, ich glaube, dass sie selbst glauben, die Wahrheit zu sagen. Nein, ich glaube ihm tatsächlich. Wenn Franziskus mir erzählt, dass wir alle, auch ich, geliebt und gehalten sind und keine Angst zu haben brauchen – und sei es eben durch Jesus Christus –, dann beruhigt mich das in diesem Moment.

Mein *wacher Geist* sagt, dass das nicht zusammenpasst. Nicht an Gott zu glauben, aber Franziskus zu glauben, wenn er von ihm spricht. Aber der wache Geist hat auch keinen Lösungsvorschlag.

Vielleicht könnte ich meinen diffusen, nicht benennbaren Gefühlen weiter nachgehen und am Ende der Meinung sein, zu Jesus gefunden zu haben. Vielleicht würde es klappen, wenn ich mich dafür entscheiden würde.

Aber ich tue es nicht. Weil ich mir selbst im Weg stehe. Mit meiner selbst gebauten Mauer. Und weil ich kein Bedürfnis in mir verspüre, sie zu überwinden. Mir fehlt nichts. Ich glaube an bestimmte Dinge, ja, aber auf eine eher pragmatische Weise, die Sehnsucht nach mehr ist nicht groß genug, um dafür meine Routinen zu ändern, wenn dieses Jahr vorbei ist.

Doch ich kann auch nicht garantieren, dass ich nie wieder in eine Kirche gehen werde, wenn meine Welt mal wieder ins Wanken gerät. Dann werde ich vielleicht eine Kerze anzünden. Klar, das könnte ich auch einfach so tun. Aber es ist doch schöner zu glauben, dass es etwas bringt.

Wir

Wo zwei versammelt sind

Franziskus und ich sitzen auf einer Bank auf einem kleinen Berg im Münsteraner Land und essen Müsliriegel. Die Sonne scheint nicht, der Wind pfeift, aber die Haltestelle, zu der die Bank gehört, heißt Baumbergschnecke. Franziskus trägt Mütze, Wanderschuhe und seine gelbe windfeste Regenjacke. Ich trage, was ich auch in Berlin tragen würde. Die Müsliriegel hatte dann auch Franziskus dabei.

Es ist Anfang Mai. Drei Wochen nach Ostern. Unsere letzte Woche. Das Einzige, was jetzt noch kommt, ist sehr viel Tschüs: Abschiedsabende. Abschiedswein. Abschiedsfrühstück. Abschiedswhiskey. Abschiedsmesse. Abschiedsspaziergang. Abschiedsparty. Noch mal Abschiedswein. Die Erinnerungen an diese Woche werden verschwimmen in einer Wolke aus Sentimentalität.

Heute ist das Abschiedspilgern dran. Man könnte es auch Wandern nennen, aber wir sind auf dem sogenannten St.-Ludgerus-Weg unterwegs, und irgendwie passt es so besser ins Gesamtkonzept. Der Ludgerus-Weg ist nur leider nicht auf der Karte eingezeichnet, die wir dabeihaben. Kein Problem, meinte Franziskus, wir müssten nur den lila Schildern folgen. Seitdem sind wir zweimal falsch abgebogen und standen einmal vor dem Schild: »Betreten auf eigene Gefahr«. Jetzt sitzen wir auf einem kleinen Hügel, dem Westerberg, stolze 187 Meter hoch.

An Tagen mit guter Sicht, sagt der Reiseführer, soll man hier Hunderte Leute treffen. Franziskus und ich sind allein. Aber wir haben ja schon gelernt: Es geht nicht darum, was wir tun, sondern darum, dass wir es tun. Hauptsache, man hat ein bisschen freie Zeit, ohne Drehbuch, wenn man sich kennenlernen und verstehen will. Könnte natürlich egal sein, jetzt, wo das Jahr vorbei ist. Nun, hier sitzen wir also.

»Hat dich im letzten Jahr mal etwas zweifeln lassen?«, frage ich Franziskus.

Ich kenne die Antwort schon.

»Nein«, antwortet er schnell.

Wusste ich!

»Im Gegenteil«, sagt er, »das Jahr hat mich noch einmal bestärkt, diesen Glauben weiter zu leben.«

»Haben die Gebete dir geholfen?«

»Sehr. Vor allem die Gebete der anderen haben mich getragen. Ich glaube schon, dass ich manchmal über mich hinausgewachsen bin, dabei, das alles zeitlich neben meinen eigentlichen Aufgaben zu schaffen, aber auch bei einigen Antworten. Unsere Gespräche waren für mich vom Heiligen Geist geführt.«

Als ich später einer Freundin davon erzähle, kritisiert sie, dass nicht der Heilige Geist irgendetwas geführt habe, sondern ich. Sie findet es paternalistisch, dass Franziskus mir meine Handlungskraft und Selbstwirksamkeit abspreche, indem er meint, Gott habe das erledigt. Ich verstehe ihren Punkt. Vor einem Jahr hätte ich ihr vermutlich zugestimmt. Jetzt denke ich, dass es ein Kompliment ist, wenn Franziskus in unseren Gesprächen Gottes Führung sieht. *Wenn es Gott gibt*, dann spielt er sowieso überall mit hinein.

Dann hat er Franziskus zu diesem Projekt gebracht, genau wie mich, und uns zusammen hierher zur Baumberg-schnecke.

Franziskus weiß nichts von meiner Wenn-es-Gott-gibt-Schablone. Ich finde es sinnlos, ihm davon zu erzählen, weil Gott für ihn keine Möglichkeit ist. Gott ist für ihn die Wahrheit. Gemeinsam suchen geht nicht, wenn Franziskus schon am Ziel ist und es für ihn nur das eine wahrhaftige Ziel gibt. Das bleibt ein wichtiger Unterschied zwischen uns: Ich kann sagen, Gott ist möglich. Franziskus kann nicht das Gegenteil sagen. Ich bin in der Lage, zumindest theoretisch, seinen Lebensentwurf als genauso gut wie meinen anzuerkennen. Aber in seinen Augen wird mir immer etwas fehlen, wie allen, die sich Gott nicht öffnen. Das ist so. Ich nehme das Franziskus nicht übel, nicht mehr. Der Wahrheitsanspruch gehört zu seinem Glauben nun mal dazu. Was er konnte, hat er mir gegeben: Antworten, in denen er versuchte, seinen Glauben, seinen Gott, seine Liebe in Worte zu packen. Was die für mich bedeuten, will ich mit mir selbst ausmachen.

Wir laufen weiter. Den Westerberg runter, rechts, auf der Suche nach den lila Schildern zurück auf die Straße, auf der wir gekommen sind. Wir finden sie nicht, fragen in einem Restaurant nach, sollen umdrehen, also wieder zurück zum Westerberg und von da aus links in die andere Richtung.

»Was nimmst du aus diesem Jahr mit?«, frage ich.

»Einer der wichtigsten Schlüsse ist für mich, wie sehr sich Ehrlichkeit und Offenheit zwischen Menschen auszahlen, in diesem Fall zwischen uns beiden. Und ganz besonders auch Vertrauen.«

»Stimmt.«

Man denke an die Straßenverkehrsordnung.

»Das Jahr hat mir auch noch einmal gezeigt«, sagt Franziskus weiter, »wie wichtig Toleranz ist. Auch das Ertragen der Andersartigkeit des anderen.«

»Zum Beispiel?«

»Ich musste ertragen, dass du erst mal mit deinen Themen kamst und nicht mit meinen. Du musstest ertragen, was ich so erzählt habe, und all das, was du als ›verrückt‹ beschrieben hast.«

»Bis zum Schluss fiel es mir schwer, manches ernst zu nehmen. Zum Beispiel das Leitungswasser, das Weihwasser wird.«

»Das habe ich in dem Moment überhaupt nicht wahrgenommen, dass das für dich irritierend war.«

»Wirklich nicht?«

Weglächeln will gekonnt sein.

»Nein«, sagt Franziskus, »dabei ist es ja eigentlich logisch. Das zeigt mir, dass ich nicht in dich hineinschauen konnte. Wie du letztlich auch nicht in mich. Aber vielleicht stand auch diese ganze Fremdheit einer möglichen Gottesbegegnung im Weg. Weil dich die Riten eher abgeschreckt haben und du dich so nicht in sie hineinfallen lassen konntest.«

»Sicherlich, es war ja eine ganz andere Welt.«

»Das ist auch wichtig für mich oder die Kirche. Deine Welt haben wir zu wenig auf dem Schirm. Wir denken, Glaube und Gott würden alle interessieren. Mit so einer Einstellung drohen wir uns von der Realität zu entfernen. Wir müssen aber an ihr andocken.«

»Verstehst du, warum einige Themen, die Katholiken

nicht mehr hören können, für Außenstehende so wichtig sind?«

»Ja, das ist für mich eine Erkenntnis. Themen, die mir sekundär erscheinen, haben für andere Menschen mehr Relevanz. Dafür bin ich sensibler geworden. Ich verstehe auch besser, warum viele an unserer Sicht auf Homosexualität so einen Anstoß nehmen.«

»Wieso?«

»Es schränkt für sie unsere Glaubwürdigkeit ein, weil wir ja immer von Liebe sprechen.«

Aha, geht doch.

»Aber leider wissen die wenigsten, welcher Tiefgang und welche Schönheit hinter der katholischen Sexuallehre stecken.«

Ich grinse innerlich, sage aber nichts. Was meinte Franziskus? Man muss Andersartigkeit aushalten.

Eine halbe Stunde laufen wir geradeaus, dann tauchen vor uns die Kirchtürme von Billerbeck auf. Wir sind am Ziel, ein Schild haben wir zwar nicht gesehen, aber ich vermute, das lag an uns. Billerbeck ist ein Wallfahrtsort, weil hier der heilige Liudger, Gründer des Bistums Münster, gestorben ist. Ein niedliches Städtchen mit gepflasterten Wegen und Fachwerkhäusern. Franziskus und ich setzen uns in eine Gaststätte, die »Am Schmiedetor« heißt und bis 14 Uhr Mittagstisch hat. Er bestellt zwei Buletten, ich einen vegetarischen Burger. Vor dem Essen warte ich, meine Hände neben dem Teller, die Augen auf Franziskus gerichtet. Der faltet seine Hände, schließt die Augen, öffnet sie wieder, bekreuzigt sich, sagt »Amen«, ich »Guten Appetit«. Manchmal in Berlin bin ich jetzt kurz irritiert, wenn jede einfach so zu essen beginnt.

»Du hast mir ganz am Anfang mal gesagt, du verstehst nicht, wieso Menschen nicht glauben«, sage ich zu Franziskus. »Verstehst du es jetzt?«

»Das ist für mich weiterhin ein Phänomen«, antwortet er. »Ich will mich nicht über jemanden erheben oder den fehlenden Glauben als Defizit sehen. Es ist eher ein: ›Mensch … ja, schade, dass sie die Schätze, die mich tragen, nicht verstehen können.‹«

Franziskus kennt die Gründe, warum Menschen nicht glauben: wegen des Leids, ihrer Vernunft oder fehlender Notwendigkeit. Aber er begreift sie nicht. Genauso wie ich am Anfang zwar Franziskus' Antworten hörte, sie aber nicht wirklich verstand.

Franziskus schaut mich über seine Gabel mit der Bulette hinweg an: »Und du?«

Das war ein Jahr

Wieso wird man heutzutage Priester? Wie kann man sich für ein Leben in Verzicht entscheiden, wenn man alles andere hätte machen können?

Ich kann noch immer nicht in Franziskus hineinschauen. Kann nicht fühlen, wie es ist, wenn der Glaube an Gott zur Gewissheit wird, die das Leben prägt. Aber: Ein Jahr lang konnte ich Franziskus bei seinem Leben zusehen. Konnte die Zärtlichkeit beobachten, die beim Beten in seinem Blick liegt. Konnte hören, wie er versucht, das Unbegreifliche in Worte zu fassen. Dadurch bin ich nicht bekehrt worden. Trotzdem kann ich Zeugnis ablegen. Ich bin Zeugin von Franziskus' Glauben. Zeugin davon, was ihn trägt.

Die Wand zwischen Franziskus und mir ist nicht verschwunden, aber wir rennen nicht mehr dagegen. Immer noch steht jeder auf seiner Seite, nur wissen wir jetzt, wo die Lücken sind, durch die wir uns verständigen können. Und wir wissen, welche Steine der Wand unverrückbar sind. Einige von Franziskus' Standpunkten werde ich nicht akzeptieren, aber ich kann akzeptieren, dass er sie vertritt. Weil ein Mensch mehr ist als ein Standpunkt. Das heißt nicht, dass ich der Meinung bin, dass man Konfrontationen vermeiden sollte. Oder dass man mit jedem Menschen ein Dosenbier trinken muss. Manche Unterschiede können so groß sein, so grundsätzlich, dass man nicht anders kann, als der Person den Rücken zu kehren. Aber wenn man sofort aufgibt, geht auch viel verloren. Wir sind alle Teil einer Gesellschaft, einer sich verändernden Gesellschaft – um sie gemeinsam zu gestalten, müssen wir im Gespräch bleiben. Mit denen, die Neues bringen; mit denen, die Altes bewahren. Franziskus hätte ich unter anderen Umständen wohl den Rücken gekehrt. Dabei ist er jemand, der das Glück für jeden Einzelnen und jede Einzelne will. Der die Menschenwürde hochhält und die Nächstenliebe, und das abseits von Geschlecht, Herkunft und Alter. Klar, wir haben (zum Teil völlig) verschiedene Vorstellungen davon, was das im Konkreten heißt. Aber wenn wir diese Prinzipien, Menschenwürde und Nächstenliebe, schon einmal teilen, mit wem sollte ich sonst reden, wenn nicht mit ihm. Und so konnte ich lernen, dass die Welt nicht schwarz-weiß ist – und ein Mensch eben auch nicht. Das hätte ich schon vor diesem Jahr unterschrieben, jetzt habe ich es verinnerlicht, wenigstens für den Moment. Für dieses Wissen bin ich sehr dankbar. Genauso wie für die Erkenntnis, dass es zwei Menschen möglich ist, herzlich miteinander umzugehen, sich wirklich zu mögen, obwohl sie so unterschiedlich sind. Was vielleicht banal klingen mag. Aber es eigentlich nicht ist.

Es wäre gelogen, zu sagen, es war einfach. Es war anstrengend. Die Überforderung am Anfang. Dieses Zuviel von allem. Besonders zu viel von den Dingen, über die man normalerweise nur Sprüche machen würde. Das Unterdrücken dieser Sprüche. Das Kontrollieren der Gesichtszüge. Das Rennen gegen die Wand. Die Wut. Der Wille, alles ernst zu nehmen. Die endlosen kreisförmigen Diskussionen. Irgendwo zwischen diesen Punkten endet ein Gespräch normalerweise. Franziskus und ich machten weiter. Weil wir mussten.

Aber es funktionierte.

Nicht nur der Glauben ist eine Entscheidung. Auch das Verstehen ist es. Ich entschied mich, zu verstehen.

Zuerst nur, weil ich Franziskus mochte. Ich wollte nicht schlecht von ihm denken, sondern wissen, wieso jemand, den ich für einen guten Menschen halte, bestimmte Standpunkte vertritt. Dann wegen der Gegenseitigkeit. Weil ich merkte, dass auch er gibt, was er kann: Zeit und Antworten. Er zeigte mir, dass es ihm nicht egal ist, wie es mir geht. Er behandelte dieses Projekt, behandelte mich als mehr als einen Job, also tat ich das auch. Vor allem schenkte er mir Vertrauen. Komplett, von Anfang an. Das wollte ich nicht enttäuschen, sondern ihm etwas zurückgeben, indem ich es wirklich versuchte. Und zuletzt entschied ich mich dafür, weil ich an diese Geschichte glaubte. Ich wollte, dass sie wahr ist: dass zwei Menschen, die verschieden sind, die zu verschieden zu sein scheinen, sich begegnen können.

Es gibt ein Kirchenlied, das jetzt auch auf der Liste meiner christlichen Lieblingssongs steht. Wofür mich Franziskus schon belächelt hat, weil es ein Kinderlied ist. Aber, na ja, manchmal ist die wichtigste Botschaft die einfachste. Der Text lautet zusammengefasst so: »Wo Menschen sich vergessen, die Wege verlassen; wo sie sich verschenken, die Liebe bedenken; und wo sie sich verbünden, den Hass überwinden – und neu beginnen, ganz neu: Da berühren sich Himmel und Erde, dass Friede werde unter uns.«

Es geht nicht nur um Franziskus und mich. Wir stehen nur stellvertretend für die vielen Menschen, die sich unter normalen Umständen nie begegnen werden. Ob wegen zu wenig Zeit oder zu vieler Vorurteile. Aber vielleicht können wir auch dafür stehen, dass es bei den meisten möglich wäre, wenn man es versucht. Wenn man sich bewusst macht, dass es oft nur etwas Zeit und Willen bräuchte, um einen Menschen zu verstehen und ihn vielleicht sogar zu mögen, dann kann man allen ganz anders gegenübertreten. Dann ist es leichter, sich nicht gleich abzuwenden. Man kann immer neu beginnen, wie es in dem Liedtext heißt. Und wenn man diesem Text weiter folgt, was man ruhig mal tun kann, weil doch immer alle sagen, man solle die Welt durch Kinderaugen sehen, dann könnte auf diese Weise doch ein bisschen Frieden werden unter uns. Diese Hoffnung auf Frieden, das war ja eigentlich der heilige Rausch, den ich damals in Polen hatte. Und diese Hoffnung kann doch wahr werden, ob man an Gott glaubt oder nicht.

Weil ich also entschied, dass ich verstehen und nicht mehr gegen Wände rennen wollte, hörte ich Franziskus irgendwann anders zu. Als er »trotzdem« sagte, sagte ich nicht »aber«, sondern fragte: »Wie?« Meine Fragen waren keine Argumente mehr. Sondern Versuche. Es ging nicht mehr um meine Perspektive, sondern um seine. Darum, die Welt durch Franziskus' Augen zu sehen. Die Welt so zu sehen, wie sie ist, *wenn es Gott gibt*.

Und irgendwo da begann meine Außenperspektive auf die katholische Kirche zu einer Innenperspektive zu werden. Von der Beobachterin wurde ich zur Teilhaberin. Ich weiß noch längst nicht alles über die katholische Theologie, kenne nicht den Katechismus auswendig. Aber ich verstehe die katholische Kirche durch Franziskus. Vieles von dem, was ich begriff, hat Franziskus mir schon von Anfang an gesagt. Aber erst nach meinem Perspektivwechsel kam es bei mir an. Dass Franziskus nichts vermisst. Dass Kirche Halt und Gemeinschaft ist. Dass Gott Freiheit schenkt. Die Antworten haben sich nicht verändert. Aber ich nahm sie plötzlich anders wahr.

So, wie ich jetzt auch die Kirchengebäude anders wahrnehme, wenn ich durch Berlin gehe. Sie sind nicht mehr nur die alten Gemäuer, die neben den Wohnblöcken zur Hintergrundkulisse meines Alltags gehören. Ich sehe sie jetzt. Ich weiß, dass Menschen dort hineingehen. Dass Kirche noch immer lebendig ist. Und dass das gut ist.

Ich kenne jetzt beide Perspektiven. Die derer, die Gott für ein psychologisches Konzept halten. Und die von denen, die weiter alles für Gott geben, weil ihnen der Glaube so viel gibt. Und ich kann sagen, beide ergeben Sinn. Beide sind sinnvoll. Beide kann ich, zumindest zum Teil, verstehen. Manchmal erkläre ich nicht gläubigen Menschen, wie Franziskus gegen die gleichgeschlechtliche Ehe sein, aber trotzdem das Beste für jeden Einzelnen wollen kann. Gleichzeitig versuche ich natürlich weiterhin, Menschen, die religiöse Gründe nennen, um gegen die gleichgeschlechtliche Ehe zu sein, zu erklären, warum das Quark ist. Wenn mir Gläubige sagen, ohne Gott und die Auferstehung wäre das Leben sinnlos, erkläre ich ihnen, wieso das nicht stimmt. Wenn mir Atheisten sagen, dass es Gott einfach nicht geben kann, erkläre ich ihnen, wieso doch. Wenn Katholiken sich darüber aufregen, dass die »Reizthemen« für die Kirche nicht wichtig seien, sage ich ihnen, warum das so viele anders sehen. Wenn Kirchenferne argumentieren, die katholische Kirche sei eine verbrecherische Institution, verteidige ich sie.

Wieso wird man heutzutage Priester? Als ich damals während meiner ersten Woche in der letzten Reihe in der Kirchenbank saß und darüber nachdachte, glaubte ich, irgendetwas könne mit Franziskus nicht stimmen. Jetzt, ein Jahr später, kann ich sagen: Ich habe mich geirrt. Er ist nur genauso verrückt wie jeder von uns.

Die Antwort ist eigentlich gar nicht so schwer. Für Franziskus von Boeselager, mittlerweile 39 Jahre alt, blond, blaue Augen, eine beinahe rahmenlose Brille auf der Nase und immer ein Stück weißes Plastik vor dem Kehlkopf, ist dieses Leben kein Verzicht. Es ist ein Geschenk. Und mir fällt kein besseres für ihn ein.

20. Mai 2017

Kein Abschied ohne Party. Auch das könnte mein Lebens-
motto sein. Aber eigentlich auch nur, weil ich Abschiede
hasse. Wenn man am letzten Abend eine Party veranstaltet – sie muss immer so gelegen sein, dass man am Morgen
danach früh rausmuss und auf jeden Fall zu wenig schläft –,
besteht zumindest die realistische Möglichkeit, dass Rest-
Alkohol und Schlafmangel dieses dumpfe Gefühl der Endgültigkeit übertönen.

Schon seit einigen Monaten ist klar, dass Franziskus und
ich heute, an unserem letzten gemeinsamen Tag, irgendetwas veranstalten wollen – den Hang zu akribischer Plane-
rei haben wir ebenfalls gemeinsam, es braucht schließlich
immer einen Plan, damit man etwas hat, wovon man abweichen kann. Fast hundert Leute sind zu unserer Abschiedsparty gekommen: Gemeindemitglieder, Mitglieder
der Gemeinschaft Emmanuel, Freunde von Franziskus,
seine Mitbewohner, seine Eltern, seine eine Schwester,
mit der wir versucht haben, in der Weihnachtszeit, pardon, Adventszeit, nach 21 Uhr in Münster einen Glühwein
zu finden, und seine andere Schwester, die ich bisher noch
nicht kennengelernt hatte. Auch meine Eltern sind da,
meine andere Oma, meine Freundinnen aus Berlin, die
Kollegen von der Kirche und die aus Köln, an die ich mich
so gewöhnt habe.

Es ist Samstag, der 20. Mai 2017. Genau vor einem Jahr ist der Blog online gegangen. Dass ich das erste Mal in einer Kirche in Münster saß, ist sogar schon länger her. Und jetzt, es ist kurz vor 18 Uhr, sitzen wir alle gemeinsam hier, in der St.-Pantaleon-Kirche in Roxel, von der aus es nur eine Minute zum Priesterhaus ist und eine Minute zu meinem Hotel. Gleich beginnt die Messe, die heute natürlich dazugehört, sie ist schließlich die höchste Form der katholischen Party. Ich durfte die Lieder aussuchen. »Laudato si« und »Da berühren sich Himmel und Erde« sind dabei. »Danke für diesen guten Morgen« hätte ich auch gern genommen, aber Franziskus hat ein weiteres Kinderlied verboten.

Es könnte alles so schön sein, doch leider gibt es zwei Probleme. Nummer eins: Ich sitze in der ersten Reihe und erleide anscheinend einen Anfall von Wahnsinn. Hinter mir sitzen meine Freunde und Kolleginnen, der unkatholische Teil des Publikums, die zuerst weiter hinten saßen, bis ich sie gezwungen habe, in die zweite und dritte Reihe zu kommen. Sie verlassen sich darauf, von ihren Vorderpersonen abschauen zu können, was sie in den nächsten vierzig Minuten tun müssen. So wie ich es im vergangenen Jahr gemacht habe. Jetzt gibt es in der ersten Reihe aber nur mich, meine Eltern und meine Oma. Keine Katholiken, aber vier Schönians.

Problem Nummer zwei: Ich muss während der Messe etwas sagen. Statt der Predigt führen Franziskus und ich ein Frage-und-Antwort-Gespräch. Es ist wichtig, das »Katechese« zu nennen, weil außer den Priestern niemand predigen darf. Ich habe schon öfter vor Leuten gesprochen.

Aber noch nie in der Kirche, nie neben Franziskus, nie über meinen Glauben. Sollte ja eigentlich kein Problem darstellen, ich habe ja im letzten Jahr ein, zwei Mal darüber nachgedacht.

Mir ist ein bisschen schlecht. Eigentlich ziemlich schlecht. Ein komischer Mix aus zu vielen Gefühlen bahnt sich den Weg in meine Tränendrüse. Freude. Panik. Traurigkeit. Endgültigkeit. Rührseligkeit. Aufregung. Oh Gott, viel zu viel Rührseligkeit. Es liegt auch an dem Bewusstsein, dass es das jetzt war. Dass ich morgen fahre und nicht mehr zurückkommen werde. Es sind auch die lieben Abschiedsnachrichten, die mir jetzt schon geschickt wurden. Und die Leute, die heute hier sind. Links steht der Chor. Franziskus meinte, vielleicht kämen ein oder zwei für Solos. Jetzt sind fast alle da.

Franziskus taucht wieder neben mir auf. »Meine Familie kommt nach vorn«, sagt er. Und da sind sie schon, Wilderich, Maria-Inez und Franziskus' Schwestern setzen sich rechts neben mich in die erste Reihe. Sie lächeln, ich lächle zurück, erleichtert, schaue zu Franziskus, sage: »Danke.« »Du schaffst das«, sagt er und lächelt, sein Franziskus-Lächeln.

Zwanzig Minuten später tritt Franziskus, der Priester, jetzt ganz in Weiß, vor den Altar und schaut zu mir. Mein Part. Ich husche von meinem Platz und stelle mich neben ihn. Er stellt die Fragen, die wir abgemacht haben. Ich gebe die Antworten, die wir abgemacht haben, und sage eigentlich genau das Gleiche, was ich schon in meinen Artikeln geschrieben habe. Die konnte jeder lesen. Jetzt rede ich vor lediglich hundert Leuten, die mir außerdem wohlgesinnt sind. Es dürfte eigentlich nicht so schwer sein. Aber es ist so schwer. Neben Franziskus in seiner weißen Montur zu stehen, das Mikro in der Hand, und Dinge zu sagen, die ausgesprochen noch viel unfassbarer klingen und von denen ich ja auch nicht komplett überzeugt bin. Sondern nur denke, dass ich sie glaube. Manchmal mehr, manchmal weniger. Es fühlt sich an, als würde ich von jemand anderem erzählen. Das Gute ist, dass viele Zuhörerinnen nur die Hälfte verstehen, wie ich später erfahre, weil ich viel zu schnell spreche. »Mensch, da habe ich ja jetzt richtig Zeugnis abgelegt«, beende ich meine Nicht-Predigt. Was für ein Spruch. Haha. Na ja. Ich husche schnell wieder zurück auf meinen Platz in die erste Reihe.

Viele Katholiken sagten mir schon am Anfang des Jahres, wie beeindruckend sie es fänden, dass ich über so etwas Persönliches wie Glauben öffentlich spreche. Es hat mir nie sonderlich viel ausgemacht. Zumindest nicht, als ich auf der Suche nach Worten noch bei Brötchen-Vergleichen landete. Da gestand ich mir noch nicht ein, dass auch ich manchmal Dinge glaube, die nicht fassbar sind. Jetzt ist es anders. Es ist persönlich geworden. Jetzt ist es schwer. Ich übersetze gern zwischen Gläubigen und Nicht-Gläubigen oder erzähle von Franziskus' Glauben. Aber die Zeit, in der ich von meinem eigenen Glauben in ein Mikro spreche, entscheide ich, als ich wieder in der Kirchenbank sitze, die ist erst mal vorbei.

Hab ich eigentlich erzählt, dass Franziskus Gitarre lernt? Seit ein paar Monaten steht der Notenständer in seinem

Wohnzimmer, zehn Minuten will er täglich vor dem Schlafengehen üben. Das wusste ich. Nur was er übt, das wusste ich nicht.

Nach der Messe gehen wir alle rüber ins Pfarrzentrum, es folgen großartige Abschiedsreden von Kollegen. Eigentlich war ich dafür, denen das zu überlassen, aber Franziskus wollte auch etwas sagen. Wegen der Frauenquote stelle ich mich also auch noch mal ans Mikro.

Ich bedanke mich bei Familie, Freundinnen, Kollegen, der Gemeinde, Franziskus natürlich, überreiche ein paar Geschenke – für Franziskus ein Fotoalbum und für alle einen Pfeffi – und setze mich wieder. Dann ist Franziskus dran. Auch er bedankt sich bei allen, die ich genannt habe, und zuletzt, wie er ankündigt, bei zwei Frauen. Die eine ist Maria, die Mutter Jesu. Ein unkatholischer Kollege kommt deswegen später zu mir und sagt: »Du hast es dir ja wirklich nicht ausgedacht.« Die andere bin ich. Franziskus überreicht mir einen Blumenstrauß: Rosen, keine Sorge, nur gelbe und weiße. Die Farben des Blogs und des Vatikans. Ich umarme ihn, sage: »Danke«, flüstere: »Lass uns nachher reden, wenn uns nicht alle angucken«, will mich setzen. Doch er sagt: »Das war's noch nicht!«, dreht sich um und holt unter einem Tisch seine Gitarre hervor. An seinen Notenständer hängt er ein »Metallica«-T-Shirt, weil die Welt durch einen meiner Artikel erfahren hat, dass er die Band manchmal hört, und ein Basecape, auf dem »Der Priester« steht, beides hat er geschenkt bekommen. Dann beginnt Franziskus, fast wie ein Profi, die Melodie von »Wer hat an der Uhr gedreht?« vom *Pink Panther* zu spielen. Dazu singt er, den Text hat er selbst gedichtet:

»*Valerie hat's überlebt:*
Ein Jahr Priester abgedreht.
Ob sie wohl, was denkt ihr Leut',
Das Projekt nun doch bereut?

Jesus, beten, Messgewänder,
überall ständig nur Männer!
Diskussionen, lange Reisen,
musstest du doch Texte schreiben …
Und so war verstehen miiiiich,
nicht unmöglich hoffentliiich.

Ob sie wohl, was denkt ihr Leut',
Das Projekt nun doch bereut?
Stimmt es, dass es sein muss:
Machen wir heut wirklich Schluss?
Ja, für jetzt ist wirklich Schluss!«

Wie traurig wäre es, wenn niemand traurig wäre.

Epilog

29. September 2017

Als ich gerade das dritte Mal an der Kirche vorbeilaufe, ohne mich hineinzutrauen, kommt ein Mann, geht ohne Zögern die Steintreppe hoch, auf die schwere Holztür zu und drückt die Klinke – doch nichts passiert, die Tür ist verschlossen. Er ist verwirrt, ich bin verwirrt, er schaut auf den Aushang neben der Tür. Ich beobachte ihn aus den Augenwinkeln, hole mein Handy heraus und setze mich wie zufällig auf die Treppe, als ob ich mich nur kurz ausruhen müsste.

Es ist schon dunkel. Nicht mehr zu verleugnen, dass der Sommer vorbei ist. Noch sind viele Bäume grün, aber an ihren Rändern breitet sich der Herbst aus, als würden sie das Orange von Baum zu Baum weitergeben. Viele Leute sind unterwegs. Es ist Freitagabend, und das hier ist Kreuzberg. Die Männer tragen Haardutt und Sieben-Tage-Bart, die Frauen Hochwasserhosen und Plateau-Schuhe. Jeder ist irgendwohin unterwegs, niemand, wirklich niemand, trägt ein Kreuz oder gar einen Kollar, und keiner beachtet das dunkle Steingemäuer, auf dessen Stufen ich sitze. Die Kirche müsste gar nicht echt sein, man hätte sie auch mit ein paar Tricks in den Himmel malen können. Eigentlich sollte hier eine Messe stattfinden, 19.30 Uhr, ich hatte extra eine ausgesucht, während der es schon dunkel ist.

Ich war seit Monaten nicht mehr in der Kirche. Genau genommen nicht ein einziges Mal, seit ich wieder in Berlin bin. Mein Leben verläuft wieder in den gleichen Bahnen, auf denen sich die Leute vor mir bewegen. Na ja, fast. Ich habe ein Buch geschrieben und das Jahr mit Franziskus im Kopf noch einmal durchlebt. Außerdem wollen in Gesprächen jetzt immer viele Leute wissen, wie es denn mit dem Priester war. Warst du da wirklich ein Jahr? Ja. Trägt er immer den Kollar? Ja. Bist du jetzt katholisch? Nein. Was war noch einmal los an Pfingsten? Das ist eine lange Geschichte.

Die Fragen sind ganz verschieden, je nachdem, ob Christen sie stellen oder nicht, aber zwei sind so gut wie immer dabei: Seid ihr jetzt Freunde? Und: Was hat das Jahr mit dir gemacht? Dann erzähle ich immer vom großen Verständnis-Projekt. Viele haken dann noch einmal nach: Aber mit dir und deinem Glauben? Mit dir und der Kirche? Und deswegen sitze ich jetzt, an einem Freitagabend, in Kreuzberg, vor einer Kirche.

Nachdem ich mich in Roxel verabschiedet hatte, war in Berlin alles bald wieder so normal, dass ich keinen Unterschied bemerkte. Bis ich irgendwann, nach einigen Wochen, gerade auf meinem Balkon saß, als die Glocken der Kirche nebenan zu läuten begannen. 18 Uhr. Früher war mir das Läuten vor allem dann aufgefallen, wenn es mich nervte, weil es mich weckte oder beim Musikhören störte. Ansonsten war es einfach im Alltagsrauschen zwischen Autogeräuschen und Kindergeschrei untergegangen. Aber in diesem Moment auf dem Balkon realisierte ich, dass etwas anders war. Ich *hörte* das Läuten jetzt. Es klang vertraut. Vielleicht, als würde ich eine Nachbarin, die ich seit zehn Jahren kenne, hören, wie sie ihre Kinder vom Spielen ins Haus ruft, weil es heute Buchstabensuppe gibt. Das wohlige Wissen um eine heile Welt, ein bisschen zumindest, direkt nebenan. Außerdem ließen die Glocken in mir, nur kurz, für den Bruchteil eines Moments, eine Erinnerung aufkommen: daran, dass sie nicht grundlos läuten, sondern dass sie einladen. Dass sie auch mich einladen, wenn ich will. Schon das zu wissen ließ ein gutes Gefühl zurück. Wer wird nicht gern eingeladen.

Aber ich ging nie. Das Bedürfnis war einfach nicht da. Ich hatte auch aufgehört, mich zu fragen, was wäre, *wenn es Gott gibt*. Zumindest bis vor drei Wochen, als ich beim Durchleben des Jahres bei Weihnachten ankam und damit wieder bei der Frage. Wenn es Gott gibt. Und ich wollte es wissen. Schon wieder oder jetzt endlich. Ob ich es glaube.

In diesen Tagen las ich das Buch *Gott braucht dich nicht. Eine Bekehrung* von Esther Maria Magnis. Das hatte mir Franziskus' Mitbewohner Timo zum Abschied geschenkt, ich wollte nur mal reinblättern, blieb aber hängen. Denn wie Magnis schreibt. Sie nimmt ihre Gefühle in die Hand, wirft sie auf die Seiten, man sieht ihnen zu, wie sie Gestalt annehmen, und spürt sie gleichzeitig in sich. Ich stimme ihr bei Weitem nicht in allem zu, kann auch vieles nicht nachvollziehen. Aber einige ihre Beschreibungen sind so gut, so treffsicher, nicht nur die von Gott, sondern auch die von Schmerz, von Wahnsinn, dass ich manchmal Gänsehaut bekam. Magnis erzählt in diesem Buch, wie sie zurück zu Gott findet, und beschreibt ihre Gefühle bei dieser Suche unter anderem als ein Ziehen: »Ich glaube, die Liebe in uns zieht. Sie kann nicht beruhigt werden. Nur vorläufig, aber nie ganz. Sie zieht. Zu Gott. Und darum leiden wir.« Und weil meine Gedanken so tief in diesem Buch steckten, nahmen sie mich mit. Ich dachte nach: Viel vielleicht, und ja. Nein. Vielleicht, irgendwie. Doch, nein, wenn, und wenn, was wenn, vorwärts, zurück, im Kreis und in Spiralen, dachte, was das ist. Ist das was? Dachte: ein Ziehen?

Ich setzte mich an meinen Schreibtisch und versuchte es in meinen Kopf hineinzudenken. Wenn es Gott gibt. Und sah wieder die Mauer, meine eigene, und wollte hinüber. Ich schloss die Augen, weil es nicht klappte. Und ich las noch einmal die E-Mail von Franziskus von damals, als er meinte, ich müsse meine innere Distanz fallen lassen, mich Gott öffnen und ihm sagen: »Zeige dich!« Ich ging zu meinem Schrank, auf dem meine Schmuckdose steht, und holte ein Armband heraus, das mir Franziskus' Mutter, Maria-Inez, zum Abschied geschenkt hat. Es ist ein selbst gemachter Rosenkranz, mit türkisfarbenen Perlen, an denen man die Gebete abzählen kann, dazwischen baumeln ein kleines silbernes Kreuz und eine Medaille mit einem Marienbild darauf. Franziskus hat es gesegnet. Ich legte es vor mich auf den Schreibtisch, schaute es eine Weile an und versuchte wieder, es mir vorzustellen: Wenn es Gott gibt. Ich schloss meine Augen, legte meinen Kopf in die Hände, Vernunft kämpfte mit Vorstellungskraft, ich presste mein Gesicht in die Finger, flüsterte: »Zeige dich«, mehrmals, bis ich mich an Harry Potter erinnerte, der mit Schlangen spricht, und mir so dämlich vorkam, dass ich es bleiben ließ.

An diesem Tag hatte ich meine Wal-Socken an. Auf jeder Socke ist die eine Hälfte des Tieres abgebildet. Wenn man sie wie vorgesehen trägt und seine Füße nebeneinanderstellt, ist es ein ganzer Wal. Aber ich hatte sie falsch herum an, das Gesicht des Wals schaute auf seinen eigenen Schwanz.

Seitdem war keine Zeit, in die Kirche zu gehen. Trotzdem hatte ich das Gefühl, als sei etwas in mir aufgebrochen, wieder oder zum ersten Mal. Die Idee eines Ziehens, der Gedanke, wie es wäre, an Gott zu glauben, glauben zu können, hatte sich in meinen Kopf gesetzt, und wenn ich ihn gerade vergessen hatte, läuteten irgendwo Glocken und brachten ihn zurück. Ich hatte auf einmal wieder das Bedürfnis, nach so vielen Wochen, darüber zu sprechen. Und ich packte den Rosenkranz in meinen Rucksack. Ich trug ihn einfach mit mir herum. Und manchmal, da nahm ich ihn kurz in meine Hand und dachte, bitte. Es hat geholfen, wie auch das Freundschaftsarmband einer Freundin helfen würde. Als Erinnerung an den Schatz. Ein Freundschaftsbändchen von Maria-Inez, Franziskus und allen, die daran glauben. Es half.

Das ging nicht lange so. Ein paar Tage nachdem ich das Buch von Magnis ausgelesen hatte, waren diese Idee des Ziehens und das Bedürfnis, es wissen zu wollen, wieder weg. Aber ich hatte mir den Kirchbesuch schon in den Kalender geschrieben und deswegen bin ich jetzt hier.

Wir, der fremde Herr, der gerade erfolglos die Türklinke drückte, und ich, stehen vor der falschen Kirche, wie ich realisiere, als ich noch mal auf mein Handy schaue. Nur hundert Meter weiter gibt es noch eine andere. Die habe ich noch nie bemerkt, obwohl ich oft hier in der Gegend bin. Wir gehen beide rüber, er vor und rein, ich ein Stück hinter ihm. Als ich am Eingang stehe, zögere ich noch einmal. Die Tür ist zwar offen, aber die Kirche wirkt leer. Doch die Frage, hallo, da ist sie wieder, gibt mir einen Ruck.

Die Kirche ist riesig. Der Grund, warum ich von draußen niemanden gesehen habe, ist, dass alle Besucherinnen im Seitenschiff stehen, wo die Messe stattfindet. Wobei *alle* zu viel gesagt ist – es sind elf Leute. Alle älter als ich, die Damen grau, der Haaransatz der Männer nach hinten verschoben. Ich setze mich hinter sie, zehnte Reihe etwa, und obwohl ich die liturgischen Texte noch nicht vergessen habe, verstehe ich kaum ein Wort. Der Priester spricht erstens zu leise und hat uns zweitens oft den Rücken zugekehrt. Er feiert die Messe in Richtung Kreuz, nicht in Richtung Gemeinde. Ich dachte, das hätten wir mit dem Zweiten Vatikanischen Konzil hinter uns gelassen. Damit verliert er mich sofort wieder.

Ich sehe mich in der Kirche um. Sie ist grell erleuchtet, aber eben leer. 1000 Leute könnten hier sitzen, das schaue ich später nach. Es wirkt irgendwie traurig, noch mehr weil das Gebäude selbst so imposant sein will. Alles hier ist golden. In der Kuppel über dem Altar befindet sich ein gigantisches, wirklich gigantisches, Jesus-Fresko. Die Bildhauereien an den Wänden zeigen Säulen, die von Menschen, gekrümmten Menschen, getragen werden, die nicht sehr glücklich dabei aussehen. Alles hier drinnen sagt: Großer Gott, dienende Menschen.

Vorn werden die Glocken geläutet, wie immer bei der Wandlung. Ich schaue wieder zum Priester, sehe seinen Hinterkopf und die Hostie, die er über sich hält, sehe die elf Besucher vor ihren Bänken knien und denke: Nein, das glaube ich einfach nicht.

Als die Messe vorbei ist, habe ich eigentlich das Bedürfnis zu gehen. Doch es findet noch eine Anbetung statt, für die will ich bleiben, dem Ganzen weiter eine Chance geben. Interessant, wenn man bedenkt, dass es gerade die Anbetungen waren, um die ich früher einen großen Bogen – sogar über Pfarrzentrum-Zäune – gemacht habe. Ich stehe auf und laufe ein bisschen herum, hinten in der Kirche ist eine kleine Kapelle, in der Kerzen stehen. Ich krame 50 Cent heraus und zünde eine an. Dann schaue ich sechs Frauen dabei zu, wie sie im Altarraum Klappstühle aufstellen und Decken auslegen, Kinder laufen herum. Eine Frau zündet Kerzen an, eine andere holt ihre Gitarre heraus. Als in der Kirche, endlich, das grelle Licht ausgeht, setze ich mich in eine Bank. Außer mir und den Frauen sind noch zwei andere Leute hier. Ein Mann in der ersten Reihe, von dem ich nur Umrisse erkenne. Und eine junge Frau mit schönen roten Haaren, sie kam noch etwas später als ich zur Messe. Sie sitzt zwei Reihen vor mir. Nein, sie kniet. Sie trägt eine Hochwasserhose und Plateau-Schuhe und sieht eigentlich wie jemand aus, der an einer Kirche vorbeigehen würde. Als das Tabernakel aufgeschlossen wird, hebt sie ihre Hände auf Schulterhöhe, die Innenflächen nach oben gerichtet, als wolle sie Jesus Christus begrüßen. Dann faltet sie ihre Hände, legt sie auf der Bank vor sich ab, blickt nach vorn. Zehn Minuten vielleicht bleibt sie einfach so sitzen, dann steht sie auf und geht.

Und dann sitze ich da. Habe niemanden mehr, den ich näher beobachten könnte, außer mich selbst, die Damen im Altarraum sind zu weit weg. Auf der Bank vor mir liegt mein Notizblock, in den ich Gedachtes schreibe und Neues. Und Spiralen und Kreise.

Nach einer Weile lege ich ihn neben mich, den Kuli drauf und meine Hände in den Schoß.

Ich bin dankbar für dieses Jahr. Für all die Erfahrungen, Menschen, Gedanken, die es mir brachte. Und die es, da bin ich mir sicher, ob dann mitgeschrieben oder nicht, noch bringen wird.

Ich meine: Alter! Ich habe ein Jahr mit einem Priester verbracht! Wie irre ist das eigentlich!

Hat das etwas mit mir gemacht? Ja. Weil ich weiß, dass ein Verstehen möglich ist, bin ich gelassener. Mir fällt es leichter, andere Perspektiven nachzuvollziehen – was oft dazu führt, dass auch meine besser nachvollzogen wird. Und mit meinem Glauben? Manchmal denke ich, ich glaube, manchmal wieder, ich kann nicht. Also: Vielleicht. Eine bessere Antwort als diese wird es heute nicht mehr geben.

Und Franziskus und ich? Wir haben uns bisher einmal wiedergesehen, im Rahmen einer Veranstaltung, auf der wir etwas über unser Jahr erzählt haben, dann sind wir gemeinsam durch Würzburg spaziert. Es fühlt sich nicht so an, als ob es nur einmal gewesen wäre, es gibt ja Mails, WhatsApp und ich hatte sowieso noch oft genug Nachfragen wegen dieses Buches. Auch wenn wir uns nicht mehr so oft sehen und mal nicht so viel schreiben, fühle ich mich ihm ein Stück weit verbunden. Wann ist etwas Freundschaft? Darüber habe ich in den letzten Monaten viel nachgedacht. Weil es dafür kein Regelwerk gibt, ist auch Freundschaft letztlich eine Entscheidung. Nachdem ich also wieder einmal gefragt wurde, ob Franziskus und ich Freunde seien, schickte ich ihm am Abend eine E-Mail, in der ich schrieb, dass er nicht zu antworten brauche, ich ihm aber sagen wolle, dass ich ab jetzt auf diese Frage antworten werde: Für mich schon. Weil ich überhaupt nicht wüsste, wie ich ihn sonst nennen soll. Er antwortete dann trotzdem und schrieb, das dürfe ich gern tun und er sei gern mein Freund. Nur befürchte er auch, dem nicht gerecht werden zu können, wegen der fehlenden Zeit und räumlichen Distanz zum Beispiel. Ich antwortete, dass Christen ja auch daran glauben, dass Beziehungen über den Tod hinaus Bestand haben, dann werden sie wohl so ein bisschen fehlende Zeit überstehen. Franziskus antwortete: Auf die ewige Party im Himmel!

Nachwort
von Franziskus von Boeselager

»V. u. d. P.« – das war mein Kürzel für den Internetblog, der meinen Alltag von April 2016 bis Mai 2017 quasi täglich bestimmte: »Valerie und der Priester«. Was wie eine Soap klingt, das war Leben pur! Dieses Buch reflektiert nun noch einmal unser Abenteuer ganz von der einen Seite des Projektes. Es bietet viele neue Szenen, Gedanken und Erkenntnisse, die über den Inhalt des Blogs weit hinausgehen. Beides, Blog und Buch, zeigt meines Erachtens das bemerkenswerte journalistische Talent von Valerie.

Es ging bei diesem Projekt um die Begegnung von zwei Welten, zwei Sprech- und Verhaltensmustern, zwei Zugängen zu einer letztlich zwar gemeinsamen, aber zum Teil völlig unterschiedlich wahrgenommenen Wirklichkeit. Es ging um eine ungewöhnliche, weil umgekehrte Mission: Nicht der machte sich auf, der von der Schönheit der Kirche ganz erfüllt ist und dies weitergeben möchte; sondern es kam eine, der der Glaube und das Leben eines Priesters unvernünftig, antiquiert und weltfremd vorkamen – aber die aus ihrer kritischen Perspektive heraus dennoch verstehen wollte.

Von Valerie haben Sie, liebe LeserInnen – gegendert nur für Valerie ;-) –, nun Seite um Seite gelesen, und sie gibt so manches von sich preis. Doch über mich liest man fast ebenso viel – aus Valeries Sicht. Ich war also bereit, ihr auch für dieses Buch meinen Namen zur Verfügung zu stellen, mein Gesicht, meinen Glauben, meine Zeit, die Antworten; so viel, wie es mir möglich war zu geben. Ich stehe dadurch sehr im Mittelpunkt. Ich bin, wenn man nach dem Namen des Blogs geht, »*der* Priester«.

Aber gibt es überhaupt *den* Priester? Es ist mir ein persönliches Anliegen, festzuhalten: Nein. Bei uns in Köln sagt man: »Jeder Jeck ist anders.« So ist es auch bei den Priestern: Jeder ist anders! Valerie hat über zwölf intensive Monate nur *ein* solches »Exemplar« begleitet. Sie hat *sein* persönliches Umfeld, seine Biografie, manches von seinem Wesen, von seinen Werten und Einstellungen kennenlernen können. Sie konnte dadurch vieles neu sehen. Und dennoch: Dieser Priester bin nur ich. Ich bin ein Exemplar, kein Exempel. Ich kann und ich will nicht für alle stehen. Ich verkörpere nicht die gesamte römisch-katholische Kirche.

Warum habe ich trotzdem mitgemacht? Die Bibel betont, dass es tatsächlich *einen* wahren Priester gibt: Jesus, der Christus. »Christus« (auf Hebräisch »Messias«) heißt »der Gesalbte«. Weil dieser besondere eine Priester mein Leben verändert und durchdrungen hat; weil er mich auch durch dieses Projekt geführt hat, weil er – davon bin ich fest überzeugt – mir wie allen Menschen (ja, bestimmt auch Valerie!) die bedingungslose Liebe Gottes und somit die Freude am Glauben schenken möchte: Deshalb darf dieses Buch jetzt auch ganz beispielhaft von meiner persönlichen Franziskus-Perspektive berichten. Weil ich hoffe, davon Ihnen, liebe LeserInnen, etwas weitergeben zu können. Ich bin nicht Priester geworden, um bekannt zu werden, sondern um andere daran teilhaben zu lassen, wie wunderbar es ist, Christ zu sein. Ich lebe dafür, dass ein anderer bekannt wird: Jesus, der Christus und *der* Priester.

Dass es dazu auch schon kam, habe ich bereits während des Jahres wahrgenommen. Ich habe viele E-Mails und Briefe bekommen, mit Dank, mit Fragen, auch mit Bitten um seelsorglichen Rat. Ich konnte nicht alle beantworten, wie sie es verdienten. Und das werde ich auch in Zukunft nicht können. Ich bin ein sehr kontaktfreudiger Mensch, aber mit begrenzten Kapazitäten. Daher habe nun ich eine recht ungewöhnliche Bitte: Scheuen Sie sich nicht, über Glauben zu sprechen, nach Gott zu fragen, über die Kirche zu diskutieren. Suchen Sie dazu Seelsorger vor Ort auf, egal, welcher Konfession oder Religion; sprechen Sie mit Ihren Stammtisch-Kollegen oder Ihrer Sportsfreundin. Reden Sie darüber, was Glaube, Gott und Kirche Ihnen bringen – oder auch, was Ihnen fehlt. Ich hoffe, dieses Buch trägt dazu bei, dass Menschen wieder anfangen, über ihren (Un-)Glauben zu reden. Und ich freue mich sehr, dass ich meinen Beitrag dazu leisten konnte.

»V. u. d. P.«, die Abkürzung ist doppeldeutig. Denn »u. d. P.« steht für das französische »unis de prières«, auf Deutsch »im Gebet verbunden«. In diesem Sinne, liebe Valerie, liebe Leserinnen und Leser, verbleibe ich, *ein* Priester Gottes, mit hoher Wertschätzung und großem Dank an Dich, Valerie – Gott schütze Dich!

Dein, Ihr und Euer
Franziskus

Dank

So in der Hand wirkt ein Buch leichter, als es war. Dass es tatsächlich fertig geworden ist, liegt an einer Reihe von Menschen, denen mein Jubel und mein Dank gilt.

Zuerst danke ich Franziskus. Natürlich. Für das Vertrauen, die Zeit, die Ehrlichkeit, die Erinnerungen. Dafür, dass es mehr als ein Job sein konnte.

Den Menschen in Aaseestadt, Albachten, Roxel und Mecklenbeck danke ich dafür, dass sie mich so herzlich, so selbstverständlich aufgenommen haben, sodass es nie schwer war zu kommen und so viel Spaß machte. Christian und Timo dafür, dass sie mich sogar in ihr Haus gelassen haben. Außerdem Dank an all die anderen Leute, die Franziskus und mich in diesem Jahr begleitet haben, ob in Münster, Rom, Polen, München, in Berlin oder in Gedanken.

Ich danke Erik Flügge für seine genialen Ideen und die Chance. Und mit ihm allen großartigen Kollegen von »Squirrel & Nuts« aus Köln für die ständige Unterstützung. Ingmar Neumann für den ehrlichen Rat. Martina Hecht für die gute Grammatik. Manuel Vowinkel und Frédéric Ranft für die Effekte. Oliver Zeisberger für die Erreichbarkeit. Can Erdal für die Witze. Daniel Sandmeier für die technische Rettung. Lucas Gerrits für den Anruf. Michael Maas, dem Zentrum für Berufungspastoral und

Matthias Kopp danke ich für das Vertrauen, das sie mir entgegengebracht haben.

Ich danke Anja Hänsel, meiner Lektorin, Martina Schwarz fürs Unterstützen und Heike Wilhelmi, meiner Agentin, dafür, dass sie aus dem Blog ein Buch gemacht haben – und immer daran glaubten, dass es fertig wird.

Danke an alle, die auf ihre Weise dazu beigetragen haben, dass dieses Buch dieses ist, besonders Alisa Raudszus, Ronja Seifenreicht, Cecilia Fernandez, Tobias Kerber, Martin Machowecz, Raoul Löbbert, Matthias Bolsinger, Stephanie Probst, Jessica Schober, Martin Stuflesser, Oliver Westerhold, Hannes Leitlein, Lars Langenau, Patrik Schwarz und Anne Hähnig. Für die Unterstützung von Anfang an danke ich Jörg Mantzsch.

Und ich danke all den Menschen, die dafür sorgen, dass ich mich angenommen fühle. Mäggi, Julius, Flo, Moritz, Livia, Maren – dafür, dass sie da sind, immer, fürs Buch und für mich. Sandra, Louise, Christin, Franzi, Fanny dafür, dass sie mich durch mein Leben begleiten. Kim und Carmen, für die Ablenkung, wenn möglich, Ruhe, wenn nötig, die vielen verbalen Beruhigungstees und das Wegräumen meiner Teebeutel. Laila, für dich und uns. Weil ich's ohne dich nicht schaffen würde.

Danke, meiner Mutter, meinem Vater, meinem Bruder, meinen Omas, meinem Opa, meiner ganzen Familie, für ihre beständige Liebe, die mein Halt ist.

Glossar

Altes Testament: erster Teil der christlichen Bibel. Es entspricht in größten Teilen dem Tanach, der Heiligen Schrift des Judentums. Der Tanach umfasst die fünf Bücher Mose, die kleinen und großen Propheten.

Anbetung: Die hier gemeinte eucharistische Anbetung ist eine Form des Gebets, das entweder still passiert oder begleitet wird von Musik, vorgelesenen Bibelstellen oder anderen Gebeten.

Diakon: ein katholischer Geistlicher. Wer Priester werden will, wird zuerst zum Diakon geweiht. In diesem Stadium darf man schon segnen und predigen, Paare trauen und Kinder taufen – jedoch nicht die Hostien wandeln.

Eucharistie (vom griechischen *eucharistéo*, »Ich sage Dank«): bezeichnet meistens den klassischen katholischen Gottesdienst im Ganzen, also die Messe. Im engeren Sinn besteht eine Messe aus der Eucharistiefeier und dem Wortgottesdienst. Höhepunkt der Eucharistie ist die Wandlung von Brot und Wein.

Evangelium (vom altgriechischen *eu-angélion*, »gute Nachricht« oder »frohe Botschaft«): Die Verkündigung des

Evangeliums ist der Höhepunkt des Wortgottesdienstes. Entnommen sind die Texte immer aus den Schriften der vier Evangelisten, die das Neue Testament eröffnen: Matthäus, Markus, Lukas und Johannes.

Fürbitten: fester Bestandteil der Messe, werden aber auch im persönlichen Gebet an Gott gerichtet, z. B. im Abendgebet der Kirche, der Vesper.

Gemeinde: meint im kirchlichen Kontext die Menschen, die in einer Gegend leben (Territorialgemeinde) oder die im selben Kontext leben (Kategorialgemeinde) – also sonntags in dieselbe Kirche gehen.

Geistliche Gemeinschaften: geistliche Gruppen, die sich zusammenschließen, um ihren Glauben über ihre Gemeinde hinaus anders zu leben, als es dort üblich ist. Sind nicht territorial gebunden, oft sind sie international oder auch konfessionsübergreifend. Wie genau das aussieht – ob liberaler oder konservativer, kritisch oder spiritueller –, ist sehr unterschiedlich.

Gloria (lateinisch, »Ruhm« oder »Ehrerbietung«): Das Gloria ist Bestandteil der Messe, der Lobgesang auf Gott, wird aber nur an Sonntagen und besonderen Festen gesungen. Es entfällt in der Advents- und in der Fastenzeit.

Gottesdienst: Gottesdienste gibt es im Katholischen und im Evangelischen. Im Katholischen unterscheidet man noch einmal zwischen Wortgottesdiensten und Messen. Wortgottesdienste können auch von Diakonen gehalten werden, vermehrt sogar von Laien, weil es immer weniger Priester gibt.

Halleluja (vom hebräischen *hallelu-Jáh,* »Preiset den Herrn!«): Das Halleluja ist wie das Gloria ein Bestandteil der Messe. In der Messe wird es gesungen, bevor das Evangelium vorgelesen wird, es kündigt damit das Wort Gottes feierlich an und begrüßt es. Nur in der Fastenzeit vor Ostern wird es nicht gesungen.

Hostie: eine Oblate aus Weizenmehl und Wasser. Wird in der Messe während der Eucharistiefeier gewandelt und ist danach, so der katholische Glaube, der Leib Christi. Katholische Synonyme für die gewandelte Hostie: das Allerheiligste, Kommunion, Eucharistie.

Kaplan: das, was Franziskus ist. Bezeichnet nichts Spirituelles, sondern etwas Institutionelles. Kapläne sind Priester, aber keine Pfarrer. Sie sind so eine Art Priester in Ausbildung zum Pfarrer.

Katechese (vom griechischen *katechein,* »begleiten«): Katechese wird die Vorbereitung zum Empfang der Sakramente genannt. Sie bezeichnet darüber hinaus alles, was irgendwie der Glaubensvermittlung zugerechnet werden kann.

Katechismus: das Regelwerk des Glaubens. Also das Buch, das sich mit den Fragen des christlichen Glaubens auseinandersetzt – und das Handlungsanweisungen beinhaltet, die aber oft verschieden ausgelegt werden.

Kollar: der Priesterkragen, das weiße Stück Plastik vor Franziskus' Kehlkopf.

Kommunion (vom lateinischen *communio,* »Gemeinschaft«): Sie beschreibt einerseits den sonntäglichen Empfang des Leibes Christi in der Eucharistie, andererseits aber auch die Erstkommunion: also die Feier von neunjährigen Katholiken, bei der sie neben vielen Geschenken eben auch zum ersten Mal die Kommunion empfangen – die gewandelte Hostie.

Krankenkommunion: sagt man, wenn ein Priester, Diakon oder Kommunionhelfer die gewandelte Hostie zu Leuten bringt, die wegen Alter oder Krankheit selbst nicht mehr in die Kirche können.

Kyrie: Kurzform von *Kyrie eleison* (mittelgriechisch, »Herr, erbarme dich!«). Bestandteil der Messe. Kommt nach dem Schuldbekenntnis, vor dem Gloria, gehört noch zur Eröffnung des Gottesdienstes. Wird von allen gesungen.

Laien: alle Nichtgeweihten. Also zum Beispiel Pastoralreferenten oder Gemeindemitglieder.

Leib Christi: die gewandelte Hostie. Katholiken glauben, dass Jesus darin leibhaftig gegenwärtig ist.

Leibhaftig: Wenn Christen von »leibhaftig« sprechen, zum Beispiel bei der leibhaftigen Gegenwart Jesu und der leibhaftigen Auferstehung, meinen sie mehr als nur den

Körper. Auf Griechisch heißt Leib *sõma*, dieser Begriff meint auch Person und Identität.

Liturgie: Überbegriff für unterschiedlichste gottesdienstliche Feiern (Wortgottesdienst, Eucharistie, Stundengebet, Anbetung, Segnungsfeiern …), also so etwas wie Form und Ablauf der Messe.

Lobpreis: gesungenes Gebet.

Messe: ein Gottesdienst mit Eucharistiefeier, also mit Wandlung. Jede Messe ist auch ein Gottesdienst, aber nicht jeder Gottesdienst eine Messe. Sie besteht aus der Eröffnung, dem Wortgottesdienst, der Eucharistiefeier und dem Abschluss, die sich wiederum in einzelne Bestandteile gliedern.

Monstranz (vom lateinischen *monstrare*, »zeigen«): Sieht oft aus wie ein Kerzenständer mit einer goldenen Sonne obendrauf. Darin wird die gewandelte Hostie gezeigt.

Neues Testament: zweiter Teil der christlichen Bibel, der sich mit Jesus Christus und seinem Leben beschäftigt.

Pfarrer: Leiter einer Pfarrei. Gibt es im Katholischen und im Protestantischen. Im Katholischen müssen Pfarrer auch Priester sein, aber nicht jeder Priester ist Pfarrer. Pfarrer zu sein meint die institutionelle Ebene, einen Dienstgrad; die Priesterweihe die spirituelle.

Priester: gibt es nur bei Katholiken und Orthodoxen, dürfen nur heterosexuelle Männer werden. Priester sind von Gott geweiht. Sie sind die Einzigen, die alle Sakramente (bis auf die Priesterweihe) spenden, also auch die Hostien wandeln dürfen.

Primiz: die erste Messe, die ein Priester nach seiner Weihe feiert. Wenn er also das erste Mal die Hostien wandelt.

Rosenkranz: eine Form des Gebets, die man mithilfe einer Kette betet, dem sogenannten Rosenkranz. Er hat in der Regel 59 Perlen und ein Kreuz. Die Abfolge der Gebete ist genau festgelegt, dazu gehören unter anderem das Vaterunser und das Ave-Maria.

Sakrament (vom lateinischen *sacramentum*, »Heilsmittel, sichtbares Zeichen der verborgenen Heilswirklichkeit«): Sakramente sollen die Wirklichkeit Gottes auf Erden verdeutlichen – und zeigen, dass er uns an dieser Wirklichkeit teilhaben lässt. Dazu gehören im katholischen Glauben Taufe, Firmung, Eucharistie, Beichte, Ehe, Weihe, Krankensalbung.

Sakrileg (vom lateinischen *sacrilegium*, »Tempelraub«): das Gegenteil von Sakrament. Meint ursprünglich die Entweihung heiliger Orte, Personen oder Dinge durch Angriffe, Raub, Schändung oder Missbrauch.

Tabernakel (vom lateinischen *tabernaculum*, »Hütte, Zelt«): so etwas wie ein gesegneter Safe. Da werden die Hostien aufbewahrt, die während der Messe schon gewandelt, aber nicht mehr verteilt wurden.

Theologie (vom griechischen *theología*, »Lehre von Gott«): meint, kurz gesagt, die wissenschaftliche Auseinandersetzung mit dem Glauben. Es gibt – sehr – viele Unterdisziplinen.

Trinität (griechisch, »Dreizahl«): meint, sehr kurz gesagt, die Dreifaltigkeit Gottes. Es gibt nur einen Gott, der sich als Vater, Sohn und Heiliger Geist offenbart.

Wandlung: Höhepunkt der Messe. Der Priester spricht die Einsetzungsworte und die Hostie wird zum Leib Christi: »Dies ist mein Leib, der für euch hingegeben wird.«

Zeugnis: Wer Zeugnis ablegt, spricht vor einem Publikum über seinen eigenen Glauben.